"八五"普法宣传教育指导用书

SHENGHUO FALÜ ZHINAN

54个问题　98个案例

# 生活法律指南

## 以案说法版

李涛　李丹萍／著

中国法制出版社

CHINA LEGAL PUBLISHING HOUSE

# 带着问题去学法

记得小时候我有一本《小学生作文指南》，那时候课外书还不丰富，这样一本作文"指南"几乎被我翻烂，让我爱不释手，受益良多。后来，我在学校四年级小学生作文比赛中获得了一等奖，这本"指南"功不可没，给我的童年留下了非常美好的回忆。

之后我又接触到了各种各样的"指南"，印象最为深刻的就是司法考试"指南"，当时有套司法考试辅导教材就叫作"指南针"。还记得夏日炎炎，挑灯夜战，"指南针"陪伴我度过了那段难忘的备考岁月。那时候的"指南"已经不仅仅是一套书，而是一起并肩作战的伙伴，成为一种必胜的信心和信念。

万万没想到，时至今日，我们居然也会动手写一本"指南"。指南，顾名思义，就是要为人们提供有益的指引。指南的本义是找到正确方向，进而可以引申为解决实际问题，好比作文指南教会我们如何动笔写作，司法考试指南引导考生正确高效地备考，这本《生活法律指南》就是要帮助公众解决生活中遇到的各种法律问题。当年，我们因"指南"而受益,今天,我们也要将这份"指南"传递出去,帮助更多有需要的人们。

学习法律,问题就是最好的老师。在法律的语境里,解决问题才是硬道理。

本书围绕公众关心的热点法律问题而展开,以答疑解惑为目标和线索,共分为金钱诱惑、网络疑云、职场困境、人在囧途、成长烦恼、家事风波、不测风云七个章节,涵盖职场、家事、网络环境、旅游安全、未成年人保护以及常见易发、多发法律风险等内容。在生活问题的驱动下,引领读者去寻找法律答案,解除心中的疑惑,完成一次法律上的学习和纠纷解决的操作。

在每个具体问题的回答上,我们先以简短导语引出问题,再用生动案例展开问题,然后依据现行法律分析问题,最后借助温馨提示强调问题,从而完成发现问题、分析问题、解决问题的思维过程。

本书问题的发现源于现实生活,案例的选择多取材于真实案例,法律分析力求通俗易懂,温馨提示力争抓住读者最关心的点。例如,在《用POS机刷自己的信用卡套现,违法了吗?》一文中,先以生活中一些人想赚快钱的想法,引出利用POS机刷卡套现的社会现象,再用一则真实案例把用POS机刷卡套现的问题展现出来,然后从是否构成犯罪、如何定罪处罚等法律角度进行分析,最后得出结论,并温馨提示POS机刷卡套现需注意区分正常套现与违法犯罪行为的界限。

我国《民法典》被称为"社会生活的百科全书"。本书在写作过程中,我们尤其注意宣传《民法典》的内容,注意用平实的语言对法条内容进行转化和阐释,尽可能少用晦涩的专业术语,避免因为法律概念理解带来的阅读障碍。例如,在《孩子高空抛物,责任由谁来承担?》一文中,重点讲解群众特别关心的城市小区高空抛物问题。结合《民法典》和《刑法》的最新规定,指出出现小区高空抛物现象的,有关机关应依法及时调查,造成严重后果的,行为人不仅要承担民事责任,还可能承担刑事责任。同时明确建筑物管理人应当采取必要安全保障措施,如果未采取必要措施的,应依法承担相关侵权责任。通俗地讲就是，小区物业如果没有采取必要措施防止高空抛物的，也要承担一定责任。

社会生活是如此丰富多彩，远非一本"指南"所能尽述。全书共有7章内容、54个问题、98个案例，希望我们选择的问题中有您关心的内容，能够真正发挥出"指南"的作用，帮助您解决生活中的法律疑惑。

带着问题去学法，怀揣感情去普法。法律与每个人的生活息息相关，需要公众来关注他、理解他、尊重他、维护他。期待这本"指南"能像当年的小学生作文指南、司法考试指南一样，给需要他的人递上一把解决问题的钥匙。

让这本《生活法律指南》帮您推开一扇窗，一同观看这精彩的法治生活吧！

李涛　李丹萍

2023 年 9 月于广州黄埔

# 目录 CONTENTS

# 第一章
# 金钱诱惑

## 1. 在商业利益诱惑面前，如何守住法律底线？

在国家鼓励"大众创业、万众创新"的今天，不少年轻人怀揣梦想和情怀投身到创业浪潮中。创业辛苦，冷暖自知。在创业过程中难免经受各种各样的诱惑，是随波逐流还是拒而远之？这让不少创业者思前顾后、犹豫不决。在利益面前如何守住法律底线？这是每一位创业者都必须面对的现实拷问。

### 案情回顾

**案例 1：创业小哥一时贪念身陷囹圄**

小刘大学毕业后毅然投入社会创业大潮中，经过几年的拼搏终于成立了一家信息咨询公司，小刘任公司总经理。在小刘的带领下公司发展迅猛，成功拿下多个项目，其中与广东某森林度假区房地产公司的合作项目是小刘的得意之作。双方在合同中约定，由信息咨询公司担任该房地产项目的场外销售代理，但不直接委派销售人员，必须与房地产公司销售负责人张总进行对接。咨询公司介绍的客户由张总指定销售人员负责跟进，每笔交易成功后咨询公司再收取佣金。

合作期间，张总提出，自己可以将本属于房地产公司内部的客户计入咨询公司名下，咨询公司在获得佣金后可以截留一部分作为"手续费"，把剩余部分送给自己即可，这就是所谓的商业"潜规则"。小刘为了顾及张总的面子和双方的合作关系，想着反正自己还能截留一部分"手续费"，便答应了张总的所谓的合作模式，顺从了"潜规则"。小刘先后三次以误餐费、交通费、加班费等名义送给张某 19 万元，后房地产公司通过内部审计发现问题，立即报警将张总、小刘抓获。

经法院判定，张总构成非国家工作人员受贿罪，被判处有期徒刑 5 年；小刘构成对非国家机关工作人员行贿罪，被判处有期徒刑 3 年。

## 以案说法

### 1. 警惕商业"潜规则"

当前市场竞争较为激烈，为了谋取竞争优势，在激烈的竞争中脱颖而出，不少经商者选择以回扣、返点等形式行贿商业对象，这就是不少从商者内心认同的商业"潜规则"。

案例 1 中，张总在接受小刘贿款时丝毫不避忌他人，甚至认为这是理所当然，这个情节让"潜规则"的普遍性和危害性暴露无遗。

但是，顺从商业"潜规则"带来的是商业行为的高风险，甚至可能触犯《刑法》，引来牢狱之灾。唯有诚信经营，致力于提高产品核心竞争力和经营管理水平，改善服务态度和客户满意度，才能在激烈的市场竞争中立于不败之地。

### 2. 为谋取不正当利益而行贿的构成行贿罪

根据我国《刑法》规定，为谋取不正当利益，给予公司、企业或者其他单位的工作人员以财物，数额较大的，构成对非国家工作人员行贿罪。单位犯该罪的，对单位判处罚金，并对其直接负责的主管人员和其他直接责任人员予以定罪处罚。

因此，所谓的"潜规则"根本就不是什么正当的商业规则，情节严重的，将会构成刑事犯罪。案例 1 中，小刘为了顾及张总的面子，也为了从中拿一点好处费，选择顺从商业"潜规则"，亲手送给张总 19 万元，其行为已构成对非国家机关工作人员行贿罪。而张总利用职务上的便利，为小刘谋取利益，数额较大，依法构成非国家工作人员受贿罪。

### 3. 认清"潜规则"的本质

"潜规则"，实际上就是为了谋取不正当利益，给有权的一方财物，以钱买权。

在行贿犯罪中，"权钱交易+谋取不正当利益"是基本的模式。对行贿一方而言，必须是谋取不正当的利益，如果谋取的是正当的利益，就不构成行贿罪。

根据我国相关司法解释的规定，所谓谋取不正当利益，是指行贿人谋取的利益违反法律、法规、规章或者政策规定，或者要求对方违反法律、法规、规章、政策、行业规范的规定，为自己提供帮助或者方便条件。通俗地讲，就是拿不上台面、见不得光的利益。

案例1中，小刘谋取到的利益没有合法依据，而且明显损害了张总所在公司的利益，因此属于不正当利益。一般而言，商业行贿谋取的不正当利益，大多表现为排挤竞争对手，追求不正当的高额经济利润。而在案例1中，小刘并没有通过行贿排挤其他场外销售竞争对手，也没有因此获得更多的交易机会，假设小刘没有截留一部分利益作为"好处费"，那么小刘就没有谋取到不正当利益，其行为就不构成犯罪，不需要承担刑事责任。

现实情况却是，小刘为了贪一点小便宜，选择顺应"潜规则"，给别人送钱，自己也得点"好处"，谋取了不正当利益，最终让自己身陷囹圄，小刘的教训是惨痛的，对所有创业者来说都具有警示教育意义。

### 💡 温馨提示

#### 1. 行贿与人情往来的本质区别

在认定向公司、企业人员行贿时，要注意划清与人情世故、请客送礼的界限。现实生活中，公司、企业之间免不了有些商务应酬，请客吃饭、互赠礼品都较为常见。那么创业者在对自己的客户进行公关应酬时，怎样判断自己的行为是正常的人情往来还是行贿呢？

区别人情往来与行贿主要看四点：背景、缘由、时机、方式。

一般而言，礼尚往来发生在特定情感场景下，请客送礼大都以公开方式进行，礼品的价值一般较小，行为人没有谋取不正当利益的动机和目的。而行贿则发生在利益输送背景下，一般是私底下进行，礼品价值不菲，超出一般人对人情理解的范围，谋求的是上不得台面、见不得光的不正当利益，这与礼尚往来有着本质的区别。

**2. 区别行贿与人情往来的具体方法**

第一，看有无明确的不正当的请托事项。如果你带着明显的不正当目的去请客送礼，就可能存在行贿犯罪的风险。例如，为了取得某个项目、排挤其他竞争对手、争取更大的利润等，因为这就涉及行贿罪的构成要件之一"为谋取不正当利益"。

第二，看有无利用职务之便搞权钱交易。"以钱换权"是行贿犯罪最明显的特征，这也是行贿类职务犯罪的本质所在。行贿方通过金钱攻势，换取受贿方职权上的"关照"，破坏了市场公平性和公司、企业的正常管理秩序，严重挫伤了其他合法经营者的积极性，使市场竞争处于混乱无序状态，具有严重的社会危害性，依法应予严厉打击。

第三，看金额大小、行为时机和方式。一般而言，价值小的礼物更多的是人情，而数额较大的礼品，如名表、名包、字画、玉石等，达到法定金额的就可能构成行贿罪。值得强调的是，购物卡、贵宾券、有价值的会员卡都可以依法计入行贿犯罪金额。此外，实施行为的时机和方式也具有重要参考意义，一般权钱交易兑现的时间相隔不长，往往发生在利用职权谋利前后。只有在极少数情况下，如果权钱交易的时间拖得较长，也可能构成犯罪。例如，公职人员与行贿人约定，公职人员先办事，退休以后才收钱，公职人员构成受贿罪，行贿人构成行贿罪。

有一个最简单的、最容易掌握的区别商业贿赂和人情往来的方法，那就是问自己一个问题：假想将你的行为置于公共目光之下，你会不会感到害怕？

如果觉得这还不够形象直观，可以假定一个场景，假如自己的行为正在被网络直播，你会不会感到害怕？如果你心中给出的答案是害怕，或者是心中会觉得不安，感觉到行为有不妥，那就需要慎重掂量，三思而后行了。

## 🔄 法条链接

《中华人民共和国刑法》

**第一百六十三条** 公司、企业或者其他单位的工作人员，利用职务上的便利，索取他人财物或者非法收受他人财物，为他人谋取利益，数额较大的，处三年以下有期徒刑或者拘役，并处罚金；数额巨大或者有其他严重情节的，处三年以上十年以下有期徒刑，并处罚金；数额特别巨大或者有其他特别严重情节的，处十年以上有期徒刑或者无期徒刑，并处罚金。

公司、企业或者其他单位的工作人员在经济往来中，利用职务上的便利，违反国家规定，收受各种名义的回扣、手续费，归个人所有的，依照前款的规定处罚。

国有公司、企业或者其他国有单位中从事公务的人员和国有公司、企业或者其他国有单位委派到非国有公司、企业以及其他单位从事公务的人员有前两款行为的，依照本法第三百八十五条、第三百八十六条的规定定罪处罚。

**第一百六十四条** 为谋取不正当利益，给予公司、企业或者其他单位的工作人员以财物，数额较大的，处三年以下有期徒刑或者拘役，并处罚金；数额巨大的，处三年以上十年以下有期徒刑，并处罚金。

……

单位犯前两款罪的，对单位判处罚金，并对其直接负责的主管人员和其他直接责任人员，依照第一款的规定处罚。

行贿人在被追诉前主动交待行贿行为的，可以减轻处罚或者免除处罚。

# 2. 摆地摊做微商，有哪些法律风险？

不论采用何种方式创业淘金，只要通过合法劳动致富自然值得鼓励。而摆地摊、做微商虽可以赚钱，但也暗藏着不易察觉的法律风险。

## 案情回顾

### 案例2：摆地摊卖假名牌包获刑7个月

52岁的谭某一直赋闲在家，闲来无事想着赚点零花钱补贴家用。看到家附近摆地摊的挺多，谭某也想摆一个。某日听朋友说广州市某皮包工厂要破产了，跳楼价处理一批皮包，谭某到工厂后发现都是假冒皮包，但觉得样式比较好看，加之对方开价比较低就出钱购买了一批，总共花费2万余元人民币。此后，傍晚时分谭某就在自家附近的马路上向路人兜售皮包，售价几十到上百元不等。后公安民警在巡查时发现谭某售卖假货，在其家中查获假冒名牌皮包200多个，公安机关依法将谭某刑事拘留。后经法院判决，谭某构成销售假冒注册商标的商品罪，被判处有期徒刑7个月并处罚金8000元。

### 案例3：朋友圈内销售假名牌获刑半年

王某和黄某都是"90后"，在同一家公司工作，租住在一起。看到微信朋友圈里流行卖各种商品，两人一商量，决定开始自己的"创业"之路赚点零花钱。于是两人通过微信朋友圈发布各类假冒品牌箱包以及手表的照片，并在租住的房屋内通过快递进行销售。警方接到举报后在出租屋内将王某和黄某抓获，当场查获待售假冒名牌皮带、包袋、皮夹、手表20余件，按照被侵权商品市场中间价格计算，共计价值50余万元。后法院以销售假冒注册商标的商品罪对王某和黄某分别判处有期徒刑6个月，并处罚金1000元。

## 以案说法

根据我国《刑法》的规定，销售明知是假冒注册商标的商品，违法所得数额较大的或者有其他严重情节，处3年以下有期徒刑，并处或者单处罚金。

在案例2中，谭某明知工厂生产的是假冒皮包而贩卖，在案例3中，王某和黄某通过朋友圈售卖假冒包袋、手表等，两者都属于典型的"知假售假"，且达到销售金额五万元以上的立案标准，依法构成销售假冒注册商标的商品罪。

### 1. 假冒注册商标的商品与伪劣产品有何区别？

我国《刑法》规定了销售假冒注册商标的商品罪，以及生产、销售伪劣产品罪。

销售假冒注册商标的商品，是指违反商标管理法规，销售明知是假冒注册商标的商品，销售金额较大的行为，其侵犯的是他人合法的注册商标专用权和国家商标管理秩序。

值得一提的是，一定要注意区分假冒注册商标的商品和伪劣产品。所谓伪劣产品，是指在产品中掺杂掺假、以假充真、以次充好、以不合格产品冒充合格产品。而假冒注册商标的商品并非都属于伪劣产品，有的假冒注册商标的商品质量并不次，也没有掺假。如果销售的假冒注册商标的商品不能认定为伪劣产品，则只能以销售假冒注册商标的商品罪论处。

案例2中，谭某销售的皮包具有包的一般使用性能，没有证据证明包的质量低劣或者不符合质量标准。案例3中，王某和黄某销售的包袋及手表也同样如此。虽然他们销售的商品假冒了品牌，但并不影响消费者对商品的使用，因此不属于法律意义上的伪劣产品范畴，依法应当认定为假冒注册商标的商品。

### 2. "明知"应如何认定？

构成销售假冒注册商标的商品罪主观方面必须是故意，即明知是假冒注册商标的商品而销售，如果行为人不知情则不构成本罪。因此，许多犯罪嫌疑人被抓后都会辩称，自己并不知道销售的是假冒注册商标商品，本人不具有辨别真假的能力。那么究竟该怎样认定"明知"呢？

在司法实务中，认定犯罪嫌疑人是否"明知"应当根据案件具体客观事实来推定。在案例2中，谭某以几十到上百元的价格售卖国际知名品牌产品，谭某不可能不知道自己买的包贴的是名牌，因此可以推定谭某主观上显然知道自己销售的是仿冒品。在案例3中，王某和黄某在口供中明确供述，知道自己售卖的包袋、手表是假货，正品不可能是这样的价格，因此可以直接认定两人有"明知"的主观故意。

我国相关司法解释还规定了几种"明知"销售假冒注册商标的商品的情形。例如，知道自己销售的商品上的注册商标被涂改、调换或者覆盖的；因销售假冒注册商标的商品受到过行政处罚或者承担过民事责任，又销售同一种假冒注册商标的商品的；伪造、涂改商标注册人授权文件或者知道该文件被伪造、涂改的等，均应依法认定为"知假售假"。

### 3. 违法所得数额应当如何认定？

销售假冒注册商标的商品属于典型的数额犯，违法所得数额的多少，直接影响到是否构成犯罪以及量刑的轻重。

在案例2中，谭某以几十到上百元不等的价格售卖假冒皮包，并没有用账簿进行登记，那么实务中该如何认定违法所得金额呢？

根据相关司法解释的规定，已销售的侵权产品的价值，按照实际销售的价格计算。制造、储存、运输和未销售的侵权产品的价值，按照标价或者已经查清的侵权产品的实际销售平均价格计算。侵权产品没有标价或者无法查清其实际销售价格的，按照被侵权产品的市场中间价格计算。

据此，在无法查清假冒注册商标的商品实际销售价格的情况下，均应按照被侵权产品的市场中间价格计算销售金额。

### 4. 消费者"知假买假"是否要承担法律责任？

品牌产品，特别是国际知名品牌产品，往往价格高昂、品质出众。销售假冒名牌注册商标的商品，如果品质太差，很可能无人问津。而一旦假冒商品的品质尚可，则有可能吸引一些崇尚名牌又缺乏经济实力的消费者。

明显低廉或者相对低廉的价格，让这部分消费者心知肚明，知道肯定不是正品，因此属于"知假买假"。

在法律上，对"知假买假"的消费者并不追究法律责任。《刑法》打击的重点是"知假售假"者，因为售假者虽然没有生产假冒注册商标的商品，但其行为使假冒注册商标的商品直接流入了市场，给注册商标的管理以及整个市场秩序造成了严重危害。这种行为不仅在经济上支持了生产假冒他人注册商标商品的犯罪分子，而且对被侵犯的知名品牌而言造成了伤害，因此必须依法追究其法律责任。

### 温馨提示

#### 1. "销售"行为的范围

销售假冒注册商标的商品罪中的销售，是指以采购、推销、出售或兜售等方法将商品出卖给他人的行为，包括零售、批发、请人代销、委托销售等多种形式。无论行为人采取哪一种形式，只要违法所得金额达到较大的程度都构成犯罪。

#### 2. 广大创业者要诚信经营合法致富

在案例2中，谭某因赋闲在家为了赚点零花钱而贩假售假，貌似情有可原，但细想一下便可知谭某的行为并不属于勤劳致富，而是在损害注册商标商品利益的基础上，在破坏正常市场秩序的前提下赚取非法利益，与当前所提倡的"大众创业，万众创新"有着本质的区别，应当依法予以打击。

#### 3. 朋友圈卖货要慎重

在案例3中，王某和黄某通过微信朋友圈向"朋友们"低价兜售假冒名牌产品，"朋友们"也都心照不宣，貌似是"一个愿打，一个愿挨"，但是这种行为严重损害了名牌产品的形象，是对注册商标知识产权的严重侵犯。如果不对合法注册的商标进行有力保护，将会严重打击合法经营者打造商标品牌的积极性。因此，通过朋友圈售卖假货不是"朋友"间的私事，必须受到法律的规制。

### 4. 消费者"知假买假"有风险

广大消费者要正确认识"知假售假"行为的危害性，认识到这是一种涉嫌侵犯名牌产品知识产权的非法经营行为。值得注意的是，售假者往往是打一枪换一个地方，一旦发生纠纷，消费者维权具有较大难度。因此，在购买商品时，切莫轻信地摊或朋友圈里的推销之词，避免上当受骗，也不要贪小便宜助长售假犯罪分子的嚣张气焰。

## 法条链接

### 1.《中华人民共和国刑法》

**第一百四十条** 生产者、销售者在产品中掺杂、掺假，以假充真，以次充好或者以不合格产品冒充合格产品，销售金额五万元以上不满二十万元的，处二年以下有期徒刑或者拘役，并处或者单处销售金额百分之五十以上二倍以下罚金；销售金额二十万元以上不满五十万元的，处二年以上七年以下有期徒刑，并处销售金额百分之五十以上二倍以下罚金；销售金额五十万元以上不满二百万元的，处七年以上有期徒刑，并处销售金额百分之五十以上二倍以下罚金；销售金额二百万元以上的，处十五年有期徒刑或者无期徒刑，并处销售金额百分之五十以上二倍以下罚金或者没收财产。

**第二百一十四条** 销售明知是假冒注册商标的商品，违法所得数额较大或者有其他严重情节的，处三年以下有期徒刑，并处或者单处罚金；违法所得数额巨大或者有其他特别严重情节的，处三年以上十年以下有期徒刑，并处罚金。

### 2.《最高人民法院、最高人民检察院关于办理侵犯知识产权刑事案件具体应用法律若干问题的解释》

**第九条** 刑法第二百一十四条规定的"销售金额"，是指销售假冒注册商标的商品后所得和应得的全部违法收入。

具有下列情形之一的，应当认定为属于刑法第二百一十四条规定的"明知"：

（一）知道自己销售的商品上的注册商标被涂改、调换或者覆盖的；

（二）因销售假冒注册商标的商品受到过行政处罚或者承担过民事责任、又销售同一种假冒注册商标的商品的；

（三）伪造、涂改商标注册人授权文件或者知道该文件被伪造、涂改的；

（四）其他知道或者应当知道是假冒注册商标的商品的情形。

**第十二条**　本解释所称"非法经营数额"，是指行为人在实施侵犯知识产权行为过程中，制造、储存、运输、销售侵权产品的价值。已销售的侵权产品的价值，按照实际销售的价格计算。制造、储存、运输和未销售的侵权产品的价值，按照标价或者已经查清的侵权产品的实际销售平均价格计算。侵权产品没有标价或者无法查清其实际销售价格的，按照被侵权产品的市场中间价格计算。

多次实施侵犯知识产权行为，未经行政处理或者刑事处罚的，非法经营数额、违法所得数额或者销售金额累计计算。

本解释第三条所规定的"件"，是指标有完整商标图样的一份标识。

## 3. 用 POS 机刷自己的信用卡套现，违法了吗？

在市场经济浪潮的席卷下，看到身边的人成为市场大潮中的弄潮儿，难免有人心生羡慕。光羡慕当然于事无补，见强思齐，奋发图强，勤劳致富才是正途。然而，一些人却利欲熏心，让利益冲昏了头脑，急功近利，打起了"来快钱、赚粗钱"的念头。利用 POS 机刷陌生人的信用卡套现，并收取手续费，成为一些不法商家的"生财之道"。这毫无疑问是违法的，严重的将构成犯罪。如果虚构交易，用 POS 机刷自己的信用卡套现，也会违法吗？

### 案例4：申请 POS 机虚构交易刷自己的信用卡套现被处罚

小张以"中山市某镇电器行"的名义，通过小邓向上海某数据服务有限公司申请开通 POS 机 1 台。小邓自己以"中山市某百货店"和"广州市花都区某百货店"的名义向上海某数据服务有限公司和广州银联网络支付有限公司分别申请开通 POS 机 1 台。

随后，小张、小邓将上述 POS 机放置于广州市某小区出租屋内，利用 POS 机为本人及其亲属的信用卡进行刷卡套现，实际并未发生任何交易行为，将套现资金用于自身生意资金周转，每次刷卡后均能及时归还，未产生任何银行利息。其中，小张名下 POS 机 1 台刷卡套现人民币累计 137 万余元，小邓名下 2 台 POS 机刷卡套现人民币累计 207 万余元。

后公安机关接到举报，在出租屋内将小张、小邓抓获，并缴获 POS 机及信用卡等一批物品。

👆**以案说法**

案发后，很多人认为，小张、小邓的行为不构成犯罪。理由是小张、小邓刷的是自己的信用卡，或者是经过同意的亲属的信用卡，没有以营利为目的向社会不特定人宣传，也没有向他人收取任何手续费，这与市面上的一些不法商人帮人刷信用卡套现收手续费相比有本质的区别。而且，两人每次刷卡后均能及时归还，不存在恶意透支和非法占有资金的故意，套现资金都用于正当生意往来，不具有社会危害性，因此不构成犯罪。

乍一听起来似乎很有道理，但事实果真如此吗？两人的行为真的没有社会危害性吗？当然不是。

事实上，案例 4 中小张、小邓无视国家管理法规，利用 POS 机刷自己和亲属的信用卡套现，将套现资金用于生意周转满足自身私利，违反了国家关于金融行业特许经营及信用卡管理的有关规定，严重侵害了国家正常的金融管理秩序，且数额巨大，根据《刑法》及有关司法解释的规定已经构成非法经营罪。

**1. 虚构交易刷信用卡套现扰乱了正常的金融秩序**

案例 4 中利用 POS 机刷信用卡套现的犯罪手法俗称"以卡养卡"，是指持卡人不通过正当合法手续到银行柜台或 ATM 机提取现金，而是利用 POS 机虚构交易的非法手段，将信用卡信用额度内的资金以现金方式套取，同时不支付银行手续费的行为。

按照我国信用卡管理的有关规定，信用额度内资金只能用来消费，有最高 56 天的"免息消费"期，期满后要及时偿还，否则银行将收取利息。持卡人如果要套现必须在银行柜台或 ATM 机上进行，且必须缴纳手续费。利用 POS 机刷信用卡套现，在最高 56 天的"免息期"内既能使用银行贷款又不用支付利息，相当于获得一笔无息无担保的个人贷款，发卡银行无法获悉这些资金的用途，难以有效进行鉴别和跟踪，使得银行经营风险增大。

试想一下，如果每个人都这样操作会造成怎样的局面？那就是社会上会突然出现许多从银行套出的钱，市场物价以及正常的社会秩序必然会受到重大影响，社会危害性显而易见。

我国《刑法》明确规定，未经国家有关主管部门批准，非法从事资金支付结算业务的，属于非法经营行为。案例 4 中的利用 POS 机刷卡套现即属于"非法从事资金支付结算业务"的情形。根据相关司法解释的规定，违反国家规定，使用销售点终端机具（POS 机）等方法，以虚构交易、虚开价格、现金退货等方式向信用卡持卡人直接支付现金，数额在 100 万元以上的，应予立案追诉。案例 4 中的两名犯罪嫌疑人均已达到立案追诉的标准。

目前，社会上已经出现一些不法分子，瞅准信用卡套现最高 56 天的"免息期"，通过成立所谓"贷款公司""融资中介公司"等方式，向社会散布广告招揽信用卡套现"生意"，利用 POS 机进行虚假交易套现，收取持卡人给付的手续费牟取非法利益，毫无疑问属于违法行为，情节严重的将构成犯罪。

回到案例4中，犯罪嫌疑人小张、小邓虽然没有成立公司牟利，也没有散布广告，与社会上以此为业的不法分子有所不同；但是，利用POS机虚构交易刷信用卡套现的行为一样在客观上扰乱了正常的金融秩序，侵犯了法律保护的市场正当秩序，而且套现数额巨大，达到构成犯罪的立案标准，依法构成非法经营罪。

**2. 虚构交易刷自己的信用卡套现亦属违法**

有人认为，案例4中的犯罪嫌疑人刷自己的信用卡套现，没有涉及其他人，而非法经营中的"经营"必须包括交易双方，哪有自己跟自己交易的道理呢？因此不构成犯罪。

道理真是这样吗？非也。法律之所以将信用卡套现方式认定为"非法经营"，惩罚的是在无真实交易情况下向信用卡持有人支付现金的行为，并不排斥行为人与持卡人重合的情况。现实生活中，非法经营的犯罪形式和手法多种多样，只要形式上符合法律关于罪名的规定，实质上侵犯了法律保护的权益，就应当依法定罪。

回到案例4，在虚构交易过程中，犯罪嫌疑人一人扮演交易双方的角色并不能改变行为违法的性质，信用卡中授权额度已经转化为现金，金融机构的巨额资金已经处于高风险之下，国家正常的金融管理秩序遭到了实际破坏，因此非法经营罪已经构成。

**3. 刷亲属的信用卡套现不属于信用卡诈骗行为**

还有人认为，案例4中的两个犯罪嫌疑人利用POS机刷亲属的信用卡套现，这属于信用卡诈骗行为，只要取得亲属谅解就行了，不应当以犯罪处理，也构不成非法经营罪。这样的观点似乎有些道理，但细想一下便知不然。

信用卡诈骗罪，是指以非法占有为目的，违反信用卡管理法规，利用信用卡进行诈骗活动，骗取财物数额较大的行为。特别要注意的是，该罪必须"以非法占有为目的"，其形式一般表现为使用伪造的、作废的信用卡或者冒用他人的信用卡、恶意透支的方法进行诈骗。根据我国信用卡管理的相关规定，信用卡限于合法的持卡人本人使用，不得转借和转让。

本案中，犯罪嫌疑人小张、小邓刷亲属的信用卡套现，如果未征得亲属的同意，显然属于"冒用"的情形。但问题的关键在于，犯罪嫌疑人主观上是否有"非法占有"的目的呢？

我们看到，小张、小邓刷亲属的信用卡套现虽然是虚构交易、隐瞒真相的行为，但只是将套取的现金用于生意资金周转，且能够按时归还，没有恶意透支、拒不归还的行为，主观上并没有非法占有信用卡套现资金的目的，因此不属于信用卡诈骗，依法应当构成非法经营罪。

### 温馨提示

#### 1. 虚构交易刷自己的信用卡套现也是违法的

虚构交易本身就具有一定的违法性，法律不会认为"虚构"是正当合法的行为。有人认为，刷自己的信用卡套现虽然违反了信用卡管理规定，对金融秩序也产生了一定影响，但是社会危害性较小，不应当列入违法。事实上，违法与犯罪之间在许多时候只是程度上的差别，违法达到一定的程度就可能构成犯罪。例如，非法猎捕国家保护的野生动物，猎捕数量的多少是区别一般违法还是构成犯罪的重要指标。本案中的套现情形也是如此，套现金额的多少是区别普通违法还是构成犯罪的重要标准，也是判断行为是否具有社会危害性、是否构成犯罪的重要依据。

司法实践已经有类似的指导性判例。在最高人民法院发布的刑事审判参考（总第 92 集）指导案例第 863 号"张某飚等非法经营案"中，犯罪嫌疑人张某飚采用的就是刷自己或者自己实际控制的信用卡（不限亲属）套取现金的犯罪手法，数额在 100 万元以上的，依法构成非法经营罪，应予立案追诉。

#### 2. 一般套现不属于违法，也不会构成犯罪

许多人在手头紧的时候也会选择用自己的信用卡套现，如果数额较小，而且能够及时归还是完全没问题的，不用紧张。只有恶意的透支或套现，才有可能出现问题。本案犯罪嫌疑人小张、小邓就属于恶意的套现，误入歧途，违反了国家规定，未经国家有关主管部门批准，非法从事资金支付

结算业务，数额都在 100 万元以上，数额巨大，严重扰乱了国家正常金融管理秩序，具有严重的社会危害性，依法应以非法经营罪追究刑事责任。

## 🔄 法条链接

### 1.《中华人民共和国刑法》

**第二百二十五条** 违反国家规定，有下列非法经营行为之一，扰乱市场秩序，情节严重的，处五年以下有期徒刑或者拘役，并处或者单处违法所得一倍以上五倍以下罚金；情节特别严重的，处五年以上有期徒刑，并处违法所得一倍以上五倍以下罚金或者没收财产：

（一）未经许可经营法律、行政法规规定的专营、专卖物品或者其他限制买卖的物品的；

（二）买卖进出口许可证、进出口原产地证明以及其他法律、行政法规规定的经营许可证或者批准文件的；

（三）未经国家有关主管部门批准非法经营证券、期货、保险业务的，或者非法从事资金支付结算业务的；

（四）其他严重扰乱市场秩序的非法经营行为。

### 2.《最高人民法院、最高人民检察院关于办理妨害信用卡管理刑事案件具体应用法律若干问题的解释》

**第十二条** 违反国家规定，使用销售点终端机具（POS 机）等方法，以虚构交易、虚开价格、现金退货等方式向信用卡持卡人直接支付现金，情节严重的，应当依据刑法第二百二十五条的规定，以非法经营罪定罪处罚。

实施前款行为，数额在一百万元以上的，或者造成金融机构资金二十万元以上逾期未还的，或者造成金融机构经济损失十万元以上的，应当认定为刑法第二百二十五条规定的"情节严重"；数额在五百万元以上的，或者造成金融机构资金一百万元以上逾期未还的，或者造成金融机构经济损失五十万元以上的，应当认定为刑法第二百二十五条规定的"情节特别严重"。

持卡人以非法占有为目的，采用上述方式恶意透支，应当追究刑事责任的，依照刑法第一百九十六条的规定，以信用卡诈骗罪定罪处罚。

**3.《最高人民检察院、公安部关于公安机关管辖的刑事案件立案追诉标准的规定（二）》**

**第七十一条**　〔非法经营案（刑法第二百二十五条）〕违反国家规定，进行非法经营活动，扰乱市场秩序，涉嫌下列情形之一的，应予立案追诉：

……

（二）未经国家有关主管部门批准，非法经营证券、期货、保险业务，或者非法从事资金支付结算业务，具有下列情形之一的：

1. 非法经营证券、期货、保险业务，数额在一百万元以上，或者违法所得数额在十万元以上的；

2. 非法从事资金支付结算业务，数额在五百万元以上，或者违法所得数额在十万元以上的；

3. 非法从事资金支付结算业务，数额在二百五十万元以上不满五百万元，或者违法所得数额在五万元以上不满十万元，且具有下列情形之一的：

（1）因非法从事资金支付结算业务犯罪行为受过刑事追究的；

（2）二年内因非法从事资金支付结算业务违法行为受过行政处罚的；

（3）拒不交代涉案资金去向或者拒不配合追缴工作，致使赃款无法追缴的；

（4）造成其他严重后果的。

……

# 4. 金融信贷产品为何不能随意套现？

当前互联网消费信贷产品风生水起，比较有代表性的有蚂蚁"花呗"、京东"白条"、苏宁"任性付"等。这些网络消费信贷产品申请开通后便可获得数额不等的消费额度，有的高达数万元。于是，一些急需用钱的用户打起了用互联网信贷产品套现的主意，而不法分子受利益驱使，也利用金融套现实施各种犯罪。网民们要当心金融信贷产品套现背后的法律风险。

## 案情回顾

### 案例5：开通网络平台利用蚂蚁"花呗"套现非法经营

刘某通过研究蚂蚁"花呗"信贷产品后认为有利可图，产生了利用蚂蚁"花呗"套现牟利的念头。刘某找到计算机技术人员开发出一套专门用于蚂蚁"花呗"套现的网络平台，取名为"光有米"。平台上线后，刘某利用微信、QQ等社交软件大肆推广，迅速吸引了一批代理商和码商。

在刘某的授意下，代理商负责联系需要套现的客户，码商负责联系接受蚂蚁"花呗"收款的商户。套现客户首先扫描代理商提供的二维码用蚂蚁"花呗"额度进行支付，支付后资金迅速流入码商联系的商户账户中，然后流转至"光有米"平台账号内。平台在扣除手续费后，剩余资金流转至代理商账户，代理商再与套现客户进行结算。

截至案发，"光有米"平台上实名注册的代理商、码商人数高达10余万人。刘某的"光有米"平台通过蚂蚁"花呗"套现3.2亿多元，刘某个人违法所得达100余万元。最终法院以非法经营罪判处刘某有期徒刑10年，并处罚金200万元。

### 案例6：以蚂蚁"花呗"套现为幌子诈骗套现人钱款

严某和曾某共谋利用蚂蚁"花呗"实施诈骗。严某在网上向刘某购买了"四件套"（分别是同一个人名字的身份证、银行卡、手机卡、银行卡U盾），并使用"四件套"申请开通了支付宝账户和微信号。

随后，严某、曾某在各大网络论坛发帖称可以帮人用蚂蚁"花呗"提取现金，并按照百分之五的比例收取手续费。当有需要套现的人联系时，严某、曾某便假冒商家向对方发送二维码，要求对方用蚂蚁"花呗"支付款项。等对方支付完毕后，严某、曾某并不按约定帮对方兑现，而是直接拉黑对方联系方式，让被害人联系不上，从而骗得钱款。

严某、曾某利用此种手法先后实施多起诈骗，骗得款物数十万元。最终法院以诈骗罪分别判处严某、曾某有期徒刑3年，对贩卖"四件套"的刘某以诈骗罪共犯判处有期徒刑2年。

## 以案说法

蚂蚁"花呗"等互联网消费信贷产品受到网购族的大力追捧，其吸引力在于不仅可凭信用额度购物，享受免息期，与信用卡十分相似，而且使用支付起来十分方便，因此被一些不法分子所利用，成为实施犯罪的工具。

### 1. 利用蚂蚁"花呗"套现数额较大构成非法经营罪

在案例5中，刘某通过开发网络平台的方式，聚集代理商和码商，利用蚂蚁"花呗"透支消费的功能，共同为他人非法套现提供服务，谋取非法利益。

根据我国《刑法》规定，未经国家有关主管部门批准非法从事资金支付结算业务，数额较大的，构成非法经营罪。刘某的平台通过蚂蚁"花呗"为他人套取现金，属于非法从事资金支付结算业务，套现金额高达3.2亿元，已经达到数额较大的标准，严重侵害了国家正常的金融管理秩序，依法应当以非法经营罪定罪处罚。

作为在平台上注册的代理商、码商，如果明知道该平台从事的是蚂蚁"花呗"套现非法经营业务，仍然参与并从中获利，套现金额达到100万元以上的，同样构成非法经营罪。

对于套现人而言，如果能够按时归还蚂蚁"花呗"欠款，或者虽然不能按时归还但能支付利息的，则不构成犯罪。但是，此种套现行为属于违法行为，不受法律保护。

**2. 以蚂蚁"花呗"套现为幌子"黑单"构成诈骗罪**

在案例6中，严某购买"四件套"申请开通支付宝网络支付功能，与曾某一起假借蚂蚁"花呗"套现为名骗取套现人信任，待套现人支付后将对方拉黑，然后销声匿迹，骗取套现人钱款。

根据我国《刑法》规定，诈骗公私财物，数额较大的，构成诈骗罪。严某和曾某通过虚构事实、隐瞒真相，使受害人产生错误认识并处分财产，从而骗取财物，诈骗数额高达数十万元，已经达到诈骗罪的立案标准，依法应以诈骗罪定罪处罚。

作为向严某售卖"四件套"的刘某，其明知严某购买"四件套"就是为了开通支付宝支付功能进而实施诈骗，仍然向严某出售"四件套"并从中非法获利，根据我国《刑法》关于共同犯罪的规定，其行为已经构成诈骗罪的共犯，依法须承担刑事责任。

**3. 买卖证件或盗用他人证件情节严重的构成犯罪**

在互联网消费信贷产品犯罪中，一个必要的环节就是通过实名身份验证申请开通网络信贷产品。一些不法分子为了逃避打击，会选择非法购买真实的身份证以及与之配套的银行卡、银行U盾、手机卡作为作案工具。

根据我国《刑法》规定，买卖居民身份证、护照、驾驶证等依法可以用于证明身份的证件的，构成买卖身份证件罪。在案例6中，刘某向严某等人售卖他人身份证，其行为已构成买卖身份证件罪，但其主观上明知严某购买身份证为实施诈骗而仍然出售，因此成立诈骗罪的共犯。

此外，根据我国《刑法》规定，在依照国家规定应当提供身份证件的活动中，盗用他人的居民身份证、护照、社会保障卡、驾驶证等依法可以用于证明身份的证件，情节严重的，构成盗用身份证件罪。案例6中，严某、曾某在申请开通支付宝的过程中，使用买来的他人的真实身份证实施诈骗，属于盗用他人居民身份证且情节严重的行为，已构成盗用身份证件罪，但基于其行为最终目的是诈骗，因此从一重罪处罚，以诈骗罪定罪处罚。

## 温馨提示

**1. 蚂蚁"花呗"套现存在法律风险**

蚂蚁"花呗"、京东"白条"、苏宁"任性付"等本质上都属于互联网消费信贷产品，产品的运作模式类似于信用卡，但与信用卡相比使用起来更方便，获取额度更容易，申请门槛更低、操作步骤更简单。

一些学生或者部分资金周转不开的商户因为急需现金，但嫌贷款手续太烦琐，或者通过正规途径获得贷款的可能性较小，因此会选择互联网消费信贷产品，由此形成了套现市场的巨大需求。3.2亿元"花呗"套现案的出现，表明互联网消费信贷产品套现正在形成一条灰色产业链，存在的法律风险也是显而易见的，号称手续简便、套现容易，更要提高警惕。

**2. 通过蚂蚁"花呗"违规套现不受法律保护**

蚂蚁"花呗"是支付宝为消费者提供小额消费贷款的产品，是没有提现或转账功能的，因此用户通过蚂蚁"花呗"违规套现的行为不受法律保护。套现者在套现的过程中也很可能被不法分子利用，上当受骗，而一旦受骗维权起来也十分困难。因此，广大公民要增强法律意识，不要参与"花呗"套现行为，避免产生不必要的法律风险。

**3. 蚂蚁"花呗"套现并收手续费属于犯罪行为**

蚂蚁"花呗"等产品套现手续费都很高，但对很多套现用户来说因为门槛低，并且相对其他不知名的网贷平台而言更安全，违法成本也不高，所以很多网民在急用钱时还会选择它们。因此，要大力宣传因为蚂蚁"花呗"套现而入刑的案件，对套现灰色产业链上的参与者形成足够震慑。

互联网消费信贷产品开发商可以通过客服或其他渠道对用户进行教育和安全提示，一经发现参与套现的商家要果断处置，积极配合警方依法严处利用产品行骗的不法分子。

网络金融产品监管部门要逐步建立完善用户行为负面清单共享平台，让互联网信贷产品的发行者获得更多用户的行为信息，强化违规套现行为的监控，提高额度授信的准确性。同时，要加大违法行为查处力度以及惩罚力度，增加参与套现用户的违法成本，发现套现的计入个人网络信用记录，情节严重的终身取消使用资格，并限制其使用其他互联网金融产品。

## 法条链接

**《中华人民共和国刑法》**

**第二百二十五条** 违反国家规定，有下列非法经营行为之一，扰乱市场秩序，情节严重的，处五年以下有期徒刑或者拘役，并处或者单处违法所得一倍以上五倍以下罚金；情节特别严重的，处五年以上有期徒刑，并处违法所得一倍以上五倍以下罚金或者没收财产：

（一）未经许可经营法律、行政法规规定的专营、专卖物品或者其他限制买卖的物品的；

（二）买卖进出口许可证、进出口原产地证明以及其他法律、行政法规规定的经营许可证或者批准文件的；

（三）未经国家有关主管部门批准非法经营证券、期货、保险业务的，或者非法从事资金支付结算业务的；

（四）其他严重扰乱市场秩序的非法经营行为。

**第二百六十六条** 诈骗公私财物，数额较大的，处三年以下有期徒刑、拘役或者管制，并处或者单处罚金；数额巨大或者有其他严重情节的，处三年以上十年以下有期徒刑，并处罚金；数额特别巨大或者有其他特别严重情节的，处十年以上有期徒刑或者无期徒刑，并处罚金或者没收财产。本法另有规定的，依照规定。

**第二百八十条** 伪造、变造、买卖或者盗窃、抢夺、毁灭国家机关的公文、证件、印章的，处三年以下有期徒刑、拘役、管制或者剥夺政治权利，并处罚金；情节严重的，处三年以上十年以下有期徒刑，并处罚金。

伪造公司、企业、事业单位、人民团体的印章的，处三年以下有期徒刑、拘役、管制或者剥夺政治权利，并处罚金。

伪造、变造、买卖居民身份证、护照、社会保障卡、驾驶证等依法可以用于证明身份的证件的，处三年以下有期徒刑、拘役、管制或者剥夺政治权利，并处罚金；情节严重的，处三年以上七年以下有期徒刑，并处罚金。

**第二百八十条之一**　在依照国家规定应当提供身份证明的活动中，使用伪造、变造的或者盗用他人的居民身份证、护照、社会保障卡、驾驶证等依法可以用于证明身份的证件，情节严重的，处拘役或者管制，并处或者单处罚金。

有前款行为，同时构成其他犯罪的，依照处罚较重的规定定罪处罚。

## 5. 在卖淫场所从事后勤管理会被追究责任吗？

夜晚，华灯初上，霓虹灯闪烁着诱惑的光芒。在 KTV、桑拿、夜总会等各种娱乐场所内，活跃着形形色色的年轻人。其中不乏有些人从事卖淫行为，出卖自己的肉体和青春；有些人协助开展组织卖淫活动；还有的默默地关注着这一切，仿佛眼前的喧闹与自己无关，只负责后勤保障。那么，在卖淫场所内从事后勤管理是否构成犯罪呢？在卖淫场所打工的人员是否会被追究责任呢？

### 案情回顾

**案例 7：明知是卖淫场所仍在其中从事后勤管理要担责**

小张经朋友介绍到广州市某 KTV 娱乐场所内担任副总经理一职，主要负责管理店内男服务生（俗称"少爷"，非男性卖淫人员）以及店内设备保养维修等事务。该 KTV 场所内长期存在营利性陪伺和组织卖淫违法活动，小张心知肚明。

店内出台管理文件，出资人作为法人代表、董事长兼总经理隐身幕后，店内日常事务由三名副总经理共同打理。三人各有分工，一人负责客户营销和广告宣传，一人负责小姐（俗称"公主"，属女性卖淫人员）招募管理和提供卖淫嫖娼中介服务，小张排名第三，店内还设有若干名营业总监（俗称"妈咪"）。

小张除了负责自身后勤管理事务外，有时也帮忙招呼客户，引荐给营业总监，但本人并不参与客户营销和小姐管理工作。小张工作得力，深得投资人欢心，享受着副总经理职位月收入万元的固定薪酬，但没有从店内销售额中提成。后公安机关接到群众举报，将小张等人抓获，出资人、另外两名副总经理均被依法认定为组织卖淫罪。

## 以案说法

小张在卖淫场所从事管理的行为是否构成犯罪呢？答案是虽然不构成组织卖淫罪，但是构成协助组织卖淫罪。

小张的工作职责只是管理男性服务员和设备保养维修，看似与组织卖淫行为没有直接关联，但他明知店内存在组织卖淫行为，尽管没有直接参与组织卖淫活动，却在客观上对组织卖淫活动起到了帮助作用，依法构成协助组织卖淫罪。

### 1. 后勤管理不属于组织卖淫中的"组织"行为

案例 7 中，该 KTV 娱乐场所组织卖淫活动分工明确，投资人隐身幕后指挥，规避风险；三名副总经理冲锋在前，各负其责。其中小姐招募管理、客户营销、提供卖淫嫖娼中介服务是典型的组织卖淫行为。

所谓"组织性"，多表现为通过招募、雇佣等手段纠集卖淫者，以具体规章制度对卖淫者的人身、提供性服务的方式、奖励和惩罚设置等进行管理，对卖淫活动进行指挥和约束。我国相关司法解释明确规定，"组织他人卖淫"是指以招募、雇佣、纠集等手段，管理或者控制他人卖淫，卖淫人员在 3 人以上的行为。由此可见，组织卖淫罪中的"组织"，多以招募、雇佣、纠集他人卖淫的行为出现，社会危害性大，对社会健康风尚造成严重损害，依法应当严厉打击。

案例 7 中，小张没有直接参与招募小姐、雇佣人员、引诱容留他人卖淫等组织卖淫行为，其所从事的管理服务员和 KTV 设备保养维修事务在任何娱乐场所内都存在，与组织卖淫没有必然、直接的关联。

**2. 后勤管理客观上起到协助组织卖淫的作用**

案例7中，小张虽然没有直接实施组织卖淫的行为，但是其明知店内存在组织卖淫活动，仍然担任副总经理一职，享受月薪过万的待遇，从事后勤管理工作，为组织卖淫活动提供有利条件，起到了客观帮助作用。

我国《刑法》规定，协助组织他人卖淫的，处5年以下有期徒刑，并处罚金；情节严重的，处5年以上10年以下有期徒刑，并处罚金。因此，小张依法构成协助组织卖淫罪。

**3. 并非所有后勤保障工作都构成协助组织卖淫罪**

根据我国相关司法解释的规定，在组织卖淫的犯罪活动中，帮助招募、运送、培训人员3人以上，或者充当保镖、打手、管账人等，起帮助作用的，应予立案追诉。那么，卖淫所内的普通服务员、清洁卫生人员、水电工等工作人员，是否也构成协助组织卖淫罪呢？答案是否定的。因为他们没有为组织卖淫行为中的"组织"创造条件、提供帮助。

有人认为，小张虽然名为"副总经理"，月入过万，但实质上只是一个高级"打工仔"。从入职途径来看，他是经朋友介绍入职，并没有直接投资入股，与普通打工者并无差异。从薪酬待遇来看，作为广州市娱乐场所的管理人员，月入过万并没有明显高于市场行情，而且小张也没有从店内销售额中提成。因此将他的行为定性为协助组织卖淫显得过于严苛。

这个观点乍一听起来似乎有些道理，但是稍加比较就可以得出结论：小张作为店内明文规定的3名副总经理之一，其在组织卖淫活动中所发挥的作用显然比保镖、打手、管账人要大得多。他明知店内存在组织卖淫违法行为，仍然担任副总经理一职，从事后勤管理保障，为组织卖淫活动提供帮助，这与店内普通服务员、清洁卫生人员等工作人员的职业行为有着本质的区别。

由此可见，后勤管理工作虽然在任何娱乐场所内都存在，但是明知存在犯罪活动仍然为之提供后勤服务保障，主观恶意明显，具有较严重的社会危害性，应依法追究刑事责任。

## 温馨提示

### 1. 在娱乐场所内打工要留个心眼

案例 7 给所有在娱乐场所工作的人提了个醒，如果知道店内存在卖淫行为，最好离开。如果迫于生计在里面端茶倒水、打扫卫生也就罢了，千万不要充当保镖、打手、管账人等角色，更不要担任管理人员，以免受到牵连。

### 2. 在娱乐场所内的职责证明是关键

案例 7 中，店内关于 3 名副总经理的职责分工文件是一份重要的证据，有助于查清他们在店内的实际工作内容。例如，当另外两名副总经理不在的时候，小张是否实际上承担着整个店内活动的管理职责；又如，小张与另外两名副总经理之间究竟是平行关系还是行政隶属关系。只要查实这些问题，就能明确当事人的职责，不会冤枉普通工作人员。

### 3. 服务项目价格因素不可忽视

很多工作人员可能不知怎样判断自己服务的场所内存在卖淫行为。其实只要在日常工作中稍加观察就不难发现蛛丝马迹，其中一个重要的因素就是服务价格。一般的正规服务场所都会明码标价，如果出现各种名目的服务项目，且价格明显比正规服务价格高出许多的话，那么这些项目本身就十分可疑，需要引起警惕。

## 法条链接

### 1.《中华人民共和国刑法》

**第三百五十八条** 组织、强迫他人卖淫的，处五年以上十年以下有期徒刑，并处罚金；情节严重的，处十年以上有期徒刑或者无期徒刑，并处罚金或者没收财产。

组织、强迫未成年人卖淫的，依照前款的规定从重处罚。

犯前两款罪，并有杀害、伤害、强奸、绑架等犯罪行为的，依照数罪并罚的规定处罚。

为组织卖淫的人招募、运送人员或者有其他协助组织他人卖淫行为的，处五年以下有期徒刑，并处罚金；情节严重的，处五年以上十年以下有期徒刑，并处罚金。

**2.《最高人民检察院、公安部关于公安机关管辖的刑事案件立案追诉标准的规定（一）的补充规定》**

十二、将《立案追诉标准（一）》第七十七条修改为：〔协助组织卖淫案（刑法第三百五十八条第四款）〕在组织卖淫的犯罪活动中，帮助招募、运送、培训人员三人以上，或者充当保镖、打手、管账人等，起帮助作用的，应予立案追诉。

## 6. 如何辨别是投资失败还是被人诈骗？

随着物质生活的丰富，人们的投资理财意识也愈发强烈。利用自己的朋友熟人圈子，了解一些投资信息，适当做点投资，是许多人的首选操作模式。然而，受利益驱使，一些不法分子瞄准投资者的心理，有计划地进行"感情投资"，骗取其信任，伺机进行诈骗。那么，该怎样甄别是投资失败还是被人诈骗？投资客们又该如何进行防范和维权呢？

### 案情回顾

**案例8：美容院小妹以投资为名骗得顾客数百万元钱款**

朱小妹与高阿姨相识于广州某美容院，朱小妹是美容院员工，也是推销员，高阿姨则是美容院的VIP客户。朱小妹为人乖巧，深得高阿姨欢心，二人以姐妹相称。

后来，朱小妹提出帮高阿姨投资，称可以利用熟人关系帮助高阿姨向其所在的美容公司投资，并表示投资后不但能成为美容院的会员，还能成为股东享受高额分红。高阿姨基于对朱小妹的信任，在没有签署任何投资协议的情况下，连续 11 次向朱小妹个人账户转入"投资款"共计 625.4 万元。

前几次收到"投资款"后，朱小妹每次都会预先从"投资款"中拿出一部分款项作为分红给高阿姨，并赠送按摩床、提供免费美容服务，哄得高阿姨很开心。好景不长，后来高阿姨再向朱小妹索要分红时，朱小妹却称因投资失败无法继续获得分红，无奈之下高阿姨选择报警。

警方查明，朱小妹名下曾有一家美容院（案发前已出售），高阿姨提供的所有款项均在朱小妹个人账户上供其使用。没有证据证明高阿姨打给朱小妹的 11 笔款项用于投资朱小妹名下的美容院，反而发现朱小妹使用 336 万元"投资款"购买了一套房屋自住。案发后，朱小妹坚持向警方辩称其是向高阿姨借的钱。

## 以案说法

### 1. 民间借贷与诈骗的区分

正常投资成功与否，往往与市场行情密切相关，结果具有不可预测性，受多种客观因素的影响。而被人诈骗，结果是唯一的，就是一定遭受了损失，原因也是确定的，即对方通过虚构事实、隐瞒真相的方法进行了诈骗。

案例 8 中，有许多人认为该案属于民间借贷纠纷，理由是朱小妹主观上没有非法占有的诈骗故意，其与高阿姨之间的经济往来属于借款，"分红"以及赠送按摩床、提供免费美容服务实际上属于借款的利息。虽然没有借据或借款协议，但朱小妹自己承认了借贷关系，并表示愿意积极履行还款义务，故案例 8 应当定性为民间借贷纠纷。

事实果真如此吗？其实不然。原因是朱小妹通过虚构投资事实、隐瞒真相的方式，诱使高阿姨陷入不断追加投资以享受分红的错误认识，造成巨额财产损失无法挽回，这已经超出了民间借贷的范畴。

### 2. 行为人是否具有非法占有的主观故意的区分

我国《刑法》规定，构成诈骗罪要求行为人主观上必须具有非法占有财物的目的，那么朱小妹是否具有非法占有的故意就是案例 8 定性的关键。

由于"以非法占有为目的"是犯罪嫌疑人的主观心态，属于人的内心心理活动，绝大多数犯罪嫌疑人基于趋利避害的心理，都不会如实交代事情的真相。因此，为避免出现错案，冤枉好人，同时也为了避免放纵犯罪，必须结合犯罪嫌疑人的供述，立足犯罪嫌疑人的客观行为，推定其实施行为时的主观想法。案例8可以从以下几方面综合考虑：

第一，对朱小妹的个人实际情况进行分析。朱小妹是美容院的普通工作者，家境一般，除了曾有一家美容院以外（案发前已出售），名下没有任何资产，也没有任何证据表明其投资任何产业。625.4万元的巨额借款于朱小妹而言，已经远远超过了其还款付息的能力，其企图以欺骗手段非法占有、根本不想归还的意图表现得更为明显。

第二，对朱小妹处理款项的行为进行分析。朱小妹取得款项后，一直放在自己名下账户内进行支配，并没有实施其向高阿姨承诺的投资行为。相反，却有证据证明朱小妹使用了11笔款项中的一部分共计336万元购买了一套房屋自住。从这一事实基本可以推断出朱小妹对高阿姨的款项，至少是其中的336万元具有非法占有的故意，根本没有打算用于承诺用途的投资。

第三，对朱小妹获得款项的过程进行分析。朱小妹与高阿姨相识于美容院，由顾客关系发展为朋友，高阿姨基于对朱小妹的信任，在没有签署借款协议的情况下，连续11次向其打款，不符合一般民间借贷关系的惯例做法。由于朱小妹、高阿姨各执一词，应结合全案其他证据进行综合分析。从第一笔款开始，朱小妹就称有"分红"，每次都预先从高阿姨的钱中拿出一部分作为"分红"，该事实已得到双方的确认。而"分红"的说法，更符合民间投资关系的模式，不属于借贷关系，从而可以推断出朱小妹并不具有向高阿姨借款的意图。

由此可见，朱小妹声称与高阿姨是借贷关系，自己没有非法占有的故意，并承诺积极履行债务，具有较强的迷惑性。但是，只要结合案情仔细分析，就能推断出朱小妹以"分红"为幌子，虚构投资事实骗取高阿姨信任，其主观上明显具有非法占有他人财物的故意，依法构成诈骗罪。

## ☺ 温馨提示

### 1. 了解诈骗罪的犯罪套路

诈骗罪的行为模式一般为：犯罪分子以非法占有为目的实施诈骗行为，诈骗行为让被害人陷入了错误认识，被害人基于错误认识"自愿"处分财物，犯罪分子非法占有了财物，被害人受到财物损失。

### 2. 警惕现实中以投资为名的诈骗犯罪

从司法实践来看，现实中的诈骗行为的表现形式包括两类：一是虚构事实；二是隐瞒真相。

在案例 8 中，朱小妹从一开始就谎称可以利用熟人关系帮助高阿姨向其所在的美容公司投资，并表示投资后不但能成为美容院会员，还能成为股东享受高额分红。从第一笔投资开始，朱小妹就称有分红，每次都预先减去一部分款项作为分红，还赠送按摩床、美容服务，从而使高阿姨信以为真，陷入错误认识，一次次追加所谓的"投资款"。

而实际情况是，朱小妹并没有实施任何投资行为，相反倒是将其中的336 万元用于个人住房消费。从案情来看，朱小妹的行为完全符合诈骗罪的一般行为模式，也符合诈骗罪虚构事实、隐瞒真相的行为表现形式。

### 3. 投资有风险，千万要谨慎

该案警示投资者要不断提高风险意识，筑牢防范风险法律防线。如果决定投资，一定要索要相关书面凭证。最好能事先做一番投资调查，必要的时候还可以邀请见证人到场见证，不能仅凭信任和经验就盲目投资、不留凭据，以免维权时陷入被动。一旦发现自己上当受骗，应当果断报警，并提供相关证据，积极配合警方调查，以最大限度地挽回损失。

## ⊗ 法条链接

### 《中华人民共和国刑法》

**第二百六十六条** 诈骗公私财物，数额较大的，处三年以下有期徒刑、拘役或者管制，并处或者单处罚金；数额巨大或者有其他严重情节的，处三年以上十年以下有期徒刑，并处罚金；数额特别巨大或者有其他特别严重情节的，处十年以上有期徒刑或者无期徒刑，并处罚金或者没收财产。本法另有规定的，依照规定。

# 7. 出卖亲生子女构成犯罪吗？

随着司法机关打击拐卖人口犯罪力度不断加大，采取偷盗、强抢、诱骗等方式实施拐卖儿童犯罪的发案数量有所下降。但是现实中拐卖儿童犯罪也出现了一些新情况、新特点，部分被拐儿童是被亲生父母出卖或遗弃，继而再被"人贩子"收买和贩卖。儿童不是商品，父母不能想卖就卖，也不是收买人想买就能买的。无论出于何种原因，拐卖儿童都属于犯罪行为，理应受到惩罚。

## 案情回顾

### 案例9：买卖自己亲生子女仍然构成拐卖儿童罪

34岁的李某（男）离婚后，带着8岁的儿子一起生活。23岁的桃子（女）与李某在同一家工厂上班，两人逐渐产生感情并同居了。桃子已经结婚，有一个女儿在老家，她和丈夫的关系不好，但尚未离婚。后来桃子发现自己意外怀孕了，她和李某对是否将这个孩子生下来犹豫不决，桃子便给在老家的母亲打了个电话，告知自己怀孕的消息。

桃子母亲称，她得知老家的许某夫妇因无法生育，正打算抱养一个孩子，建议桃子把孩子生下来交给这对夫妇抚养。桃子与许某取得联系，双方商量好，孩子出生后由许某家抚养，许某向李某支付1.8万元的营养费。

之后，桃子顺利产下一名男婴，并联系许某，但此时许某打算做"试管婴儿"，不再想抱养这个孩子。随后，许某又将想抱养小孩的林某介绍给了李某。许某从中搭桥，在沟通的过程中，一直追问李某打算要多少钱，称林某对其不要钱的行为似乎总不放心，还是希望他开个价。李某被问得不耐烦了，在电话里对许某说："我要10万元他就能给我啊？"许某把10万元的价格报给了林某，对方认为价格太高放弃了抱养。

李某将孩子的信息发布到一个关于领养孩子的QQ群中，标价12万元，群内一些想要"抱养"孩子的人互相分享该信息。此事引起了一个长期"潜水"在群内的打拐志愿者仔仔（化名）的注意，他在确认事情属实后向当地派出所报案，警方依法介入将李某、桃子刑事拘留。

法院对此案作出判决。法院认为，被告人李某、桃子以非法获利为目的，出卖自己的儿子，其行为已构成拐卖儿童罪。李某、桃子已着手实施犯罪，由于意志以外的原因而未得逞，系拐卖儿童罪未遂，可以减轻处罚。根据李某的犯罪情节和悔罪表现等，对其适用缓刑没有再犯罪的危险，对其所居住的社区没有重大不良影响，可依法对其宣告缓刑。法院最终判决，李某犯拐卖儿童罪（未遂），判处有期徒刑2年，缓刑3年，并处罚金人民币1000元；桃子犯拐卖儿童罪（未遂），判处有期徒刑1年，并处罚金人民币1000元。

### 案例10：孕妇同意贩卖代孕婴儿须承担法律责任

警方对外公布破获一起贩婴大案，"人贩子"将临产孕妇运到拐入地，生产后再把孩子随意卖掉，甚至还存在虐待。不法分子将拐来的孩子藏在一个乡村废弃传染病医院的太平间里，给孩子喂食方便面或者是捡来的菜叶。

由于这些婴幼儿没有得到悉心呵护和照料，有的出现褥疮，有的被"人贩子"随意丢弃在一边，不管死活，甚至有名婴儿被严密遮盖几近窒息。

该"地下产房"位于某郊区一个废弃工场内，"人贩子"通过各种渠道和孕妇达成协议，让孕妇从全国各地前来该处生产，将婴儿以五六万元的价格出售后便让其回去。这些孩子由于母体本身所携带的疾病等问题，几乎没有一个是健康的。

警方对被解救的37名婴幼儿进行了DNA采集，相关信息全部被输入到公安部打拐数据库中。在这起案件中，3 岁的婷婷是年纪最大的，而卖掉她的竟然是她的奶奶和姑姑。被解救后，婷婷重新回到了妈妈的怀抱。可其他 36 名被贩卖的婴儿中，有些孩子可能终生都找不到自己的父母，因为他们大部分是被亲生父母自愿卖掉的。

## 以案说法

### 1. 贩卖亲生子女构成拐卖儿童罪

案例 9 中，李某、桃子以 12 万元为条件将其子送人"抱养"，实质上是借送养之名出卖亲生子女。

根据相关司法解释的规定，以非法获利为目的，出卖亲生子女的，应以拐卖妇女、儿童罪处罚。按照《刑法》规定，拐卖妇女、儿童的，处 5 年以上 10 年以下有期徒刑，并处罚金；具有法律规定情形的，处 10 年以上有期徒刑、无期徒刑，甚至死刑。

### 2. 已经着手实施犯罪但未得逞也要追究刑事责任

所谓"犯罪未遂"，是指已经着手实行犯罪，由于不法分子意志以外的原因而未得逞，其实质已经构成犯罪。

例如，在案例 9 中，李某、桃子两次准备出卖孩子，但是因为买家许某打算做"试管婴儿"，不愿再抱养，而林某又觉得要价太高而放弃抱养，导致两人的行为未得逞。

虽然李某、桃子没有将自己的儿子"送养"成功，但实际上已经触犯了拐卖儿童罪。犯罪既遂和犯罪未遂只是犯罪完成形态的一种区分标准，不是构成犯罪的判断标准，只对量刑产生影响。未遂由于危害结果还没发生，危害性没有既遂大，因此处罚相对轻一点。按照我国《刑法》相关规定，未遂犯可以比照既遂犯从轻或者减轻处罚。因此，法院最终认定李某夫妇构成拐卖儿童罪未遂，并依法给予相应处罚。

### 3. 拐卖儿童犯罪动机原因多种多样

拐卖儿童犯罪之所以屡禁不止，除了因拐卖儿童存在着巨大的牟利空间，导致"人贩子"铤而走险之外，更重要的原因是巨大的买方市场在推动着不法分子以身试法。

大多数买家出于延续"香火"、养儿防老等方面的考虑，非法收买男童，或因有儿无女、期盼儿女双全便非法收买女童；也有的买家因为自身无法生育又不愿意按照法律途径收养孩子，也不愿意依靠医学解决问题，反而打起了买孩子的主意。部分县域农村经济条件较差，有些人在生育婴儿后，为了改善家庭经济条件将其出卖，甚至出现以出卖婴儿为获利手段多次生育、多次出卖的情形。

根据相关司法解释的规定，收买被拐卖的妇女、儿童，对被买儿童没有虐待行为，不阻碍对其进行解救的，可以从轻处罚。值得一提的是，我国法律曾经规定对于收买被拐卖儿童的人，如果对被买儿童没有虐待行为且不阻碍对其进行解救的，一般会免予刑事处罚，而现在是"从轻处罚"，体现出国家加大打击拐卖儿童行为的决心。

💡 温馨提示

**1. 打击拐卖亲生子女和代孕行为，法律不是"管得宽"**

有些人可能会不理解，既然是自己的孩子，既没有偷也没有抢，更没有侵犯其他任何人的利益，尤其是代孕的女性，在某种程度上算是帮助了不孕不育的人，为什么法律还要追究他们法律责任呢？法律是不是"管得太宽了"？

当然不是。从表面上看，拐卖亲生子女或者代孕是一种自愿行为，对买卖双方都有利，但这违反了人类社会伦理道德，法律必须发挥自有的教育引导功能，将其作为犯罪予以打击，维护社会正常伦理秩序和健康道德风尚。

**2. 拐卖亲生子女和代孕不可能合法化**

试想，如果将拐卖亲生子女和代孕合法化的话，受利益的驱使极有可能催生一条黑色产业链，一些不法分子利用贫困地区经济落后的现状，压低价格，大肆开展非法勾当，因此法律必须加以干预。

### 3. 案件背后的隐情不能作为不处罚的理由

虽然每个案子背后，犯罪人员或许都有自己的无奈，不论是家境困难难以抚养，还是孩子出生缺陷无力医治，但作为父母，既然决定生下孩子，就应该担负起父母的责任。法官在量刑时会通盘考虑案件背后的隐情，但适用法律人人平等，任何家庭困难和无奈都不能成为不受法律追究的理由。

## 法条链接

### 1. 《中华人民共和国刑法》

**第二百四十条**　拐卖妇女、儿童的，处五年以上十年以下有期徒刑，并处罚金；有下列情形之一的，处十年以上有期徒刑或者无期徒刑，并处罚金或者没收财产；情节特别严重的，处死刑，并处没收财产：

（一）拐卖妇女、儿童集团的首要分子；

（二）拐卖妇女、儿童三人以上的；

（三）奸淫被拐卖的妇女的；

（四）诱骗、强迫被拐卖的妇女卖淫或者将被拐卖的妇女卖给他人迫使其卖淫的；

（五）以出卖为目的，使用暴力、胁迫或者麻醉方法绑架妇女、儿童的；

（六）以出卖为目的，偷盗婴幼儿的；

（七）造成被拐卖的妇女、儿童或者其亲属重伤、死亡或者其他严重后果的；

（八）将妇女、儿童卖往境外的。

拐卖妇女、儿童是指以出卖为目的，有拐骗、绑架、收买、贩卖、接送、中转妇女、儿童的行为之一的。

**第二百四十一条**　收买被拐卖的妇女、儿童的，处三年以下有期徒刑、拘役或者管制。

收买被拐卖的妇女，强行与其发生性关系的，依照本法第二百三十六条的规定定罪处罚。

收买被拐卖的妇女、儿童，非法剥夺、限制其人身自由或者有伤害、侮辱等犯罪行为的，依照本法的有关规定定罪处罚。

收买被拐卖的妇女、儿童，并有第二款、第三款规定的犯罪行为的，依照数罪并罚的规定处罚。

收买被拐卖的妇女、儿童又出卖的，依照本法第二百四十条的规定定罪处罚。

收买被拐卖的妇女、儿童，对被买儿童没有虐待行为，不阻碍对其进行解救的，可以从轻处罚；按照被买妇女的意愿，不阻碍其返回原居住地的，可以从轻或者减轻处罚。

**2.《最高人民法院、最高人民检察院、公安部、司法部关于依法惩治拐卖妇女儿童犯罪的意见》**

16. 以非法获利为目的，出卖亲生子女的，应当以拐卖妇女、儿童罪论处。

# 8. 以发票抵工资，这样做合法吗？

面对成本的提升，一些企业为追求高利润，竟然打起了"税"的主意，有目的、有计划地逃税，破坏国家正常税收秩序。如果造成严重后果，则可能构成犯罪，依法将被追究刑事责任。

## 案情回顾

**案例 11：为逃税，企业要求员工以发票抵工资逃税**

每到月底，某公司职员小吴就开始为发票的事犯愁。平常小吴每月都要报销部分发票，她所在的公司根据员工不同职位确定报销科目，如电话费、燃油费、公交费等。

小吴的工资每月 8000 元，其中有 3400 元发到一张工资卡上，另有

3400 元发到另一张工资卡上，还剩下 1200 元需要用各种发票报销取得，这样在她的工资条上显示的是 3400 元，低于该市 5000 元的个人所得税起征标准，不用交个人所得税。

平常小吴还能勉强应付，可到了年底，单位要发年终奖，也要求员工用发票来抵扣个人所得税。由于数额较大，小吴心中十分不安，于是向律师咨询相关法律事宜。

## 以案说法

**1. 以发票抵工资的行为是否合法？**

在案例 11 中，小吴的公司通过发票报销的形式给员工发放工资或年终奖金，在性质上属于以合法形式掩盖非法目的的行为，其目的是偷逃税款。

在司法实践中，一些用人单位被税务机关审核发现存在以发票抵工资的情况后，往往会选择先进行调账处理，然后等待税务监管部门的判定。但是，绝大多数企业都会因为虚构事实无法自圆其说，最终受到行政处罚。

**2. 以发票抵工资会带来什么不利后果？**

在案例 11 中，小吴公司以发票报销工资的做法，不仅会淡化企业、员工遵章守法、依法纳税的意识，还会增加员工的负担。企业偷逃企业所得税、职工偷逃个人所得税，极有可能会面临行政、刑事处罚。而且，以发票报销工资对员工个人利益的侵害尤为严重，具体表现在：

（1）影响员工的社会保障待遇。"五险一金"的缴费基数与职工的工资收入挂钩，如果用发票抵扣工资，那么公司实际上应该给员工缴纳"五险一金"的基数就会降低，员工的实际利益必然受损。

（2）影响员工个人贷款额度。个人贷款额度与员工的收入密切相关，如果用发票抵扣工资，那么这部分收入将无法纳入工资收入，直接影响员工的个人贷款额度。

（3）影响员工经济补偿金额。经济补偿，是指用人单位依照我国法律规定，在与劳动者解除或终止劳动合同时，向劳动者支付的一笔费用。经济补偿金一般根据劳动者在用人单位的工作年限和工资标准来计算具体数额，如果用发票抵扣工资，员工名义上的工资收入就会比实际少，一旦遇到经济补偿金问题，员工个人利益就会受到侵害。

因此，员工在面对公司以发票报销工资的做法时，应当坚定立场，明辨是非，在注意保护自己的基础上，积极向税收征管部门、劳动监察部门反映，通过公权力纠正公司违法行为，既是保护国家税收利益，也是维护个人合法权益。

### 3. 逃税可能面临哪些法律处罚？

司法实践中，除了如案例 11 中以发票抵工资的逃税形式外，有的企业还会以招待费、培训费的名义逃税。

例如，一个企业正常的招待费用为 10 万元，却要求员工拿餐票回来报销部分工资，这就会导致公司账面上招待费用远高于 10 万元，一旦被审计部门查处将面临严厉的行政处罚；又如，有的公司喜欢找利益相关的供应商开具培训费发票，然后以培训费的名义把费用套取出来发工资，一旦被查处也将面临高额的行政处罚。

逃税除了面临行政处罚的风险外，还可能面临刑事处罚。我国《刑法》规定，纳税人采取欺骗、隐瞒手段进行虚假纳税申报或者不申报，逃避缴纳税款数额较大并且占应纳税额 10% 以上的，处 3 年以下有期徒刑或者拘役，并处罚金；数额巨大并且占应纳税额 30% 以上的，处 3 年以上 7 年以下有期徒刑，并处罚金。由此可见，企业和个人在面对"税"的问题上应当格外谨慎，杜绝侥幸心理，避免相关法律风险。

### 温馨提示

商场如战场，市场竞争激烈，公司企业面临的经营压力不言而喻。但无论面临怎样的压力，也不能触碰法律的底线。

税收是一个国家财政收入的主要来源之一，是国家实行宏观调控的重要经济杠杆，在发展社会事业中起到举足轻重的作用，可以毫不夸张地说，税收与民生息息相关。

依法纳税是每个公民为国家应尽的义务，应承担的社会责任。我们走过的马路，驶过的桥梁，享受的每一处公益设施，都有纳税人的一份功劳。作为公民，要充分认识到国家税收的地位作用和重要意义，树立依法纳税、纳税光荣的理念意识，自觉纳税缴税，抵制逃税，更不能把逃税当"本事"。

要知道，一笔收入如果没有缴纳应缴的税费，从某种意义上讲，就不能称之为一笔合法的收入，严重的逃税行为还可能构成犯罪，值得公民高度警惕。

## 法条链接

### 1.《中华人民共和国刑法》

**第二百零一条**　纳税人采取欺骗、隐瞒手段进行虚假纳税申报或者不申报，逃避缴纳税款数额较大并且占应纳税额百分之十以上的，处三年以下有期徒刑或者拘役，并处罚金；数额巨大并且占应纳税额百分之三十以上的，处三年以上七年以下有期徒刑，并处罚金。

扣缴义务人采取前款所列手段，不缴或者少缴已扣、已收税款，数额较大的，依照前款的规定处罚。

对多次实施前两款行为，未经处理的，按照累计数额计算。

有第一款行为，经税务机关依法下达追缴通知后，补缴应纳税款，缴纳滞纳金，已受行政处罚的，不予追究刑事责任；但是，五年内因逃避缴纳税款受过刑事处罚或者被税务机关给予二次以上行政处罚的除外。

### 2.《中华人民共和国税收征收管理法》

**第五十二条**　因税务机关的责任，致使纳税人、扣缴义务人未缴或者少缴税款的，税务机关在三年内可以要求纳税人、扣缴义务人补缴税款，但是不得加收滞纳金。

因纳税人、扣缴义务人计算错误等失误，未缴或者少缴税款的，税务机关在三年内可以追征税款、滞纳金；有特殊情况的，追征期可以延长到五年。

对偷税、抗税、骗税的，税务机关追征其未缴或者少缴的税款、滞纳金或者所骗取的税款，不受前款规定期限的限制。

第六十三条　纳税人伪造、变造、隐匿、擅自销毁帐簿、记帐凭证，或者在帐簿上多列支出或者不列、少列收入，或者经税务机关通知申报而拒不申报或者进行虚假的纳税申报，不缴或者少缴应纳税款的，是偷税。对纳税人偷税的，由税务机关追缴其不缴或者少缴的税款、滞纳金，并处不缴或者少缴的税款百分之五十以上五倍以下的罚款；构成犯罪的，依法追究刑事责任。

扣缴义务人采取前款所列手段，不缴或者少缴已扣、已收税款，由税务机关追缴其不缴或者少缴的税款、滞纳金，并处不缴或者少缴的税款百分之五十以上五倍以下的罚款；构成犯罪的，依法追究刑事责任。

第六十四条　纳税人、扣缴义务人编造虚假计税依据的，由税务机关责令限期改正，并处五万元以下的罚款。

纳税人不进行纳税申报，不缴或者少缴应纳税款的，由税务机关追缴其不缴或者少缴的税款、滞纳金，并处不缴或者少缴的税款百分之五十以上五倍以下的罚款。

# 第二章

# 网络疑云

## 1. 网络虚拟遗产，为何继承不容易？

网络服务账号在人们生活中的重要性逐渐显现，如 QQ 号、微博、微信、网店、游戏装备等载体中存放着家庭相册、文件、交易记录、游戏币等重要信息和虚拟财产。

如果网络服务账号的拥有者去世，其中的虚拟财产能够由其近亲属继承吗？如果继承人想得到死者的网络服务账号和密码，网络服务商是否有配合义务？如何看待死者与网络服务商之间协议的约束力？网络服务账号中包含私人信件、视频等许多隐私信息，这些又是否会影响网络虚拟财产的依法继承呢？

### 案情回顾

### 案例 12：主人离世腾讯 QQ 号码却不能依法继承

王女士的爱人徐先生在一场车祸中丧生。由于徐先生的 QQ 邮箱里保存了大量的两人从恋爱到结婚期间的信件、照片，悲痛过后王女士想要重新整理这些信件和照片以留作纪念，而且还想保留这个 QQ 号码。但王女士不知道爱人的账号密码，只好向腾讯公司求助。

双方交涉后，腾讯客服人员表示，想要获得密码，只能按照"找回被盗号码"的方式操作。除提供死者本人的基本资料和联系方式外，还得提供号码的使用资料、密码保护资料。此外，王女士还要邀请徐先生的 QQ 好友为其"作证"。待上述程序全部履行完毕后，才能获得密码。

"人不在了，让我去哪里找这些资料呢？"王女士很是困惑和郁闷。对此，腾讯客服人员解释说，根据腾讯公司与用户之间达成的协议，QQ 号码所有权归腾讯所有，用户只是拥有号码使用权。如果发现用户长时间不使用该账号，腾讯公司可以将其收回，这是互联网行业的惯例。用户不能将 QQ 号码作为个人财产处置，其不属于法律上可以继承的财产范畴。

### 案例 13：丈夫去世后网店被电商平台冻结

李美（化名）的丈夫刘新（化名）注册了一个淘宝店铺，出售二手相机，经过 7 年的精心打理，网店生意很好，每个月都有上万元收入，而且网店的信誉已刷新到 4 颗皇冠等级，属于具有极高信誉的老店。

天有不测风云，刘新在一次车祸中身亡。李美在处理完刘新的房产、存款等遗产后，想起家里还有近 10 万元的二手相机器材，这些是刘新生前为经营网店而储存、购进的。李美在征求公婆的意见后，打算还是用刘新注册的网络店铺将这些器材出售。

但是，当李美打开网店，准备进行线上交易时，却发现网店与刘新的银行账户关联。由于刘新的银行账户都已办理作废手续，所以网店无法进行钱款往来，网店已经被冻结。

随后，李美找到网络电商平台的管理者"店小二"，说明刘新已去世，自己作为妻子想继续经营。"店小二"表示，李美要通过办理店铺继承的方式，将网络店铺更名到自己名下，才可继续经营网店。

为此，李美到公证处求助。公证人员在了解到李美的情况后，表示目前在法律上，对淘宝店铺的性质并未有准确的定义，与此相关的店铺继承、转让等尚属法律空白地带。公证处认为淘宝店铺虽然是虚拟店铺，无法定义其属于经营权还是财产权，但虚拟店铺注册、经营过程中所产生的名称、信用等却涉及财产利益，而这些财产利益受法律保护，也是能够继承的。

公证处让李美出示了个人身份证明、结婚证、刘新的死亡证明以及网店相关信息等文件后，为其办理了网络店铺遗产继承公证，帮助她顺利完成了店铺更名过户手续。

## 以案说法

### 1. 网络虚拟财产的范围

随着互联网技术的迅猛发展与广泛应用，网络虚拟财产种类不断增加、范围不断扩大。一般认为，网络虚拟财产是以数据化形式存在于网络空间，网络用户可以以使用、交易等方式对其进行支配的财产利益。

网络虚拟财产通常表现为具有经济价值的网络域名、网络店铺、网络账号及保存的与之相关的文字、照片、视频等信息。具体可分为以下几类：

（1）自然人在网络上所拥有的个人账号信息。例如，电子邮件、聊天工具、网络论坛等相关的账号信息。

（2）涉及金钱的虚拟货币。例如，游戏装备、网店等相关的虚拟财产。

（3）自然人在网络上所产生的与知识产权相关的个人资产。例如，微博、照片、音频、视频等数字资源作品。

### 2. 网络虚拟财产继承面临的困境

我国《民法典》规定，遗产是指公民死亡时遗留的个人合法财产。然而，法律还未对网络虚拟财产进行定义和规范。一般而言，网络虚拟财产，是基于网络服务商提供的网络服务而产生的。但是，国内外几乎所有的网络运营商提供的网络服务协议，不管是免费的还是有偿的，都排除了网络虚拟财产继承的可能性。

根据这些网络服务协议，用户对网络账号只有使用权，且仅限于自己使用，不能进行转让、赠与等处分行为，用户在一定时间内未使用网络账号或服务期满之后，可能会被提供服务的公司收回其服务账号。

这是因为，对于互联网公司而言，确认继承人的身份是件十分困难的事情。因此，互联网公司在涉及遗产继承的问题时，大多以降低风险为主，这也是要求继承人必须提供司法部门的判定材料，才能完成网店继承的原因所在。更多的互联网公司则会尽量回避"继承"这个字眼，仅表示在法律允许的范围内协助用户处理相关事宜。

**3. 如何破解网络虚拟财产继承困境**

（1）正视网络虚拟财产继承问题。网络虚拟财产不同于现实生活中的实物财产，是基于互联网存在的，其财产属性的体现与积累也是在互联网这个虚拟空间中来完成的，因此，网络虚拟财产继承与网络服务商的服务协议之间的矛盾必须正视和解决。

在网络服务合同这个法律关系中，网络用户依据协议免费获得了网络服务，以申请账号的形式获得账号使用权。之后，网络用户需要花费时间和精力用于网络虚拟财产的经营上。例如，博客中的图像文字编辑、网络游戏角色的升级等，网络用户是利用网络开发商提供的游戏规则付出时间、金钱、劳动来获得网络虚拟财产的，其付出的劳动让网络虚拟财产具有了独立于网络开发商的经济价值，有些网络财产甚至是用户以支付法定货币的形式从网络服务商处直接购买的。因此，应当明确，网络用户利用网络服务取得的财产，只要是个人投入创造或购买的，就应当属于网络用户所有，可以成为继承的遗产。

（2）网络服务合同属格式合同，部分条款可能归于无效。网络服务合同是典型的格式合同，即便用户发现了个别不利于自己的条款，基于双方地位的悬殊，用户也只能要么选择放弃，要么选择一体接受，几乎没有协商修改条款的余地。

根据我国《民法典》规定，提供格式条款一方免除其责任、加重对方责任、排除对方主要权利的，该条款无效。据此，网络服务协议排除用户对网络虚拟财产的转让、继承、赠与等条款可能归于无效。即便网络服务协议约定账户属于网络服务商所有，也不影响用户享有基于网络账户而形成的网络虚拟财产的权益，用户死亡后由其继承人依法继承。

（3）正确处理网络虚拟财产继承与死者隐私权保护之间的矛盾。一些网络服务商拒绝配合网络虚拟财产的继承，其所持理由是：网络虚拟财产可能涉及死者不愿意让别人看到的隐私，而保护这些隐私是网络服务商的合同义务之一。例如，用户网络虚拟财产中的文字、照片、联系人名单等信息，如果网络服务商将其提供给继承人，可能会侵害用户的隐私。

上述理由其实是没有依据的，虚假网络财产继承与隐私权保护并不冲突。所谓保护死者隐私权，并不是法律要保护死者本人的隐私，而是要保护死者近亲属的权益。如果侵犯死者隐私，近亲属的名誉权或人格尊严可能会因此受到损害。当侵权行为指向死者的遗体、名誉、隐私等权利时，实际上侵害的是死者近亲属的经济利益或者精神利益。受到侵害的近亲属可以自己的名义提起诉讼，我国相关司法解释规定，死者隐私受到侵害，其近亲属有权向人民法院起诉请求精神损害赔偿。

因此，网络服务商所承担的用户死亡后的隐私保护义务，其实还是为了维护死者近亲属的权益。既然死者近亲属（一般也是继承人）提出了继承网络虚拟财产的要求，网络服务商向近亲属提供网络虚拟财产，也就并不存在侵害其权益的情形。

## 💡 温馨提示

### 1. 变现虚拟财产是继承网络虚拟财产的有效做法

《民法典》第 127 条规定："法律对数据、网络虚拟财产的保护有规定的，依照其规定。"由此可见，法律已将网络虚拟财产纳入法律保护范围，网络虚拟财产也是法律保护的一种财产形式。

《民法典》第 1122 条规定："遗产是自然人死亡时遗留的个人合法财产。依照法律规定或根据其性质不得继承的遗产，不得继承。"也就是说，只要是合法的、受法律保护的财产都可以继承。网络虚拟财产只要合法，当然也可以作为遗产继承。实践中网络遗产继承较为普遍的做法是先将虚拟财产变现，然后再按照实体财产来继承。

### 2. 处理虚拟财产可采取变现、竞价、评估等多种方式

随着网络自媒体的兴起，关于虚拟财产的纠纷越来越常见。出现虚拟财产纠纷该怎么办？实践中法院作出了各种尝试。

例如，据保定市清苑区人民法院微信公众号报道，该院对一起合伙经营抖音账号的归属，以及该账号运营收益分割纠纷案件作出调解，原、被

告双方达成一致意见，由被告注销抖音账号并提取该账号内资金，被告当场退还原告已支付的定金，达到案结事了、定分止争的良好效果。①

又如，据上海法治报微信公众号报道，一对夫妻离婚，涉及共同经营的两家网店的虚拟财产分割问题。根据《最高人民法院关于适用〈中华人民共和国民法典〉婚姻家庭编的解释（一）》第 76 条的规定，夫妻双方对于夫妻共同财产中的房屋价值及归属无法达成协议时，可以采取竞价、评估、拍卖等方式处理。法院依照该规定的精神，认为网络店铺本身的价值可以通过评估机构评估、当事人协商、法院组织双方当事人竞价等方式来确定。② 实践中出现较多的情形是当事人协商或法院组织竞价，少数情况下部分法院也会采取法院酌定的方式来确定网店本身价值。

## 🔄 法条链接

1. 《中华人民共和国民法典》

**第四百九十六条** 格式条款是当事人为了重复使用而预先拟定，并在订立合同时未与对方协商的条款。

采用格式条款订立合同的，提供格式条款的一方应当遵循公平原则确定当事人之间的权利和义务，并采取合理的方式提示对方注意免除或者减轻其责任等与对方有重大利害关系的条款，按照对方的要求，对该条款予以说明。提供格式条款的一方未履行提示或者说明义务，致使对方没有注意或者理解与其有重大利害关系的条款的，对方可以主张该条款不成为合同的内容。

**第四百九十七条** 有下列情形之一的，该格式条款无效：

（一）具有本法第一编第六章第三节和本法第五百零六条规定的无效情形；

（二）提供格式条款一方不合理地免除或者减轻其责任、加重对方责

---

① 参见杨春艳：《抖音散伙起纠纷，虚拟财产是否可分割？》，载微信公众号"清苑区人民法院"2023 年 8 月 9 日。

② 参见孙鸣民：《夫妻离婚，手头经营的两家网店怎么分？律师这么说》，载微信公众号"上海法治报"2021 年 11 月 24 日。

任、限制对方主要权利；

（三）提供格式条款一方排除对方主要权利。

**第九百九十条** 人格权是民事主体享有的生命权、身体权、健康权、姓名权、名称权、肖像权、名誉权、荣誉权、隐私权等权利。

除前款规定的人格权外，自然人享有基于人身自由、人格尊严产生的其他人格权益。

**第九百九十四条** 死者的姓名、肖像、名誉、荣誉、隐私、遗体等受到侵害的，其配偶、子女、父母有权依法请求行为人承担民事责任；死者没有配偶、子女且父母已经死亡的，其他近亲属有权依法请求行为人承担民事责任。

**第一千一百二十二条** 遗产是自然人死亡时遗留的个人合法财产。

依照法律规定或者根据其性质不得继承的遗产，不得继承。

**第一千一百二十七条** 遗产按照下列顺序继承：

（一）第一顺序：配偶、子女、父母；

（二）第二顺序：兄弟姐妹、祖父母、外祖父母。

继承开始后，由第一顺序继承人继承，第二顺序继承人不继承；没有第一顺序继承人继承的，由第二顺序继承人继承。

本编所称子女，包括婚生子女、非婚生子女、养子女和有扶养关系的继子女。

本编所称父母，包括生父母、养父母和有扶养关系的继父母。

本编所称兄弟姐妹，包括同父母的兄弟姐妹、同父异母或者同母异父的兄弟姐妹、养兄弟姐妹、有扶养关系的继兄弟姐妹。

**2.《最高人民法院关于确定民事侵权精神损害赔偿责任若干问题的解释》**

**第三条** 死者的姓名、肖像、名誉、荣誉、隐私、遗体、遗骨等受到侵害，其近亲属向人民法院提起诉讼请求精神损害赔偿的，人民法院应当依法予以支持。

## 2. 网络数据信息，为何不能想买就买？

在互联网日益发达的今天，网络信息的价值愈发凸显。售房中介的推销电话、诈骗短信、各种垃圾邮件等都给人们带来不少烦恼，这毫无疑问都是公民个人信息泄露惹的祸。防范网络信息泄露固然重要，但打击买卖网络数据信息的行为同样刻不容缓。我们一定要提高警惕，切勿贪一时之利买卖网络数据信息。

### 案情回顾

#### 案例 14：非法购买医院药品销售数据被判刑

小宋是广州市某医药公司的医药销售代表。刚参加工作不久的小宋工作干劲十足，为了摸清市场行情，他想弄清楚自己代理的药品在各大医院的销售数据，以便制定更有针对性的销售策略。但医院的药品销售数据属于保密信息，小宋想尽了办法也不能获得。

这时小宋生意上的朋友张某找上门来，声称自己可以提供一部分医院药品销售数据信息，但要求小宋支付一笔费用。小宋明知道对方可能是通过非法手段获得的信息，但听了张某介绍后觉得这些信息刚好符合自己的要求，要价也不算太贵，于是通过微信转账的方式，分3次向张某购买了广东省某著名医院药品销售数据信息，供自己销售分析使用，共花费人民币37950元。

不料有一天，公安机关突然找到小宋，告知其张某犯非法获取计算机信息系统数据罪已被依法追究刑事责任，并且他供认小宋曾经购买了自己兜售的非法所得信息，现依法对小宋立案侦查。经法院审理判决，小宋构成隐瞒犯罪所得罪，被判处有期徒刑7个月。

## 以案说法

### 1. 购买非法所得信息属于掩饰、隐瞒犯罪所得行为

案例 14 中，小宋购买药品销售数据信息只是为了更好地开展销售工作，也没有另行出售牟利，只供自己分析使用，被判刑貌似"很冤"。但是根据我国《刑法》规定，明知是犯罪所得及其产生的收益而予以窝藏、转移、收购、代为销售或者以其他方法掩饰、隐瞒的，处 3 年以下有期徒刑、拘役或者管制，并处或者单处罚金。从本案具体情节来看，小宋在明知是非法所得信息的情况下依然多次进行购买，而且支付的费用达 3 万多元，具有直接的、明显的犯罪故意，因此构成隐瞒犯罪所得罪。

### 2. 何谓"掩饰""隐瞒"？

所谓"掩饰"，是指通过改变赃物外部的形状等方式实现与赃物原来面目相区别，从而达到避免被司法机关追缴的目的。所谓"隐瞒"，是指通过隐匿、谎称等方式，在不改变赃物外部形状的情况下，让犯罪所得及收益处于隐蔽地点，以避免被司法机关追缴。掩饰、隐瞒赃物都是一种严重妨害司法活动的行为。

案例 14 中，小宋在明知药品销售数据信息是非法取得的情况仍然多次购买，为赃物（案例 14 中的赃物就是非法所得的信息）的变现提供方便，属于《刑法》规定的以"收购"的方法隐瞒犯罪所得，具有严重的社会危害性，依法应予追究。

### 3. 掩饰、隐瞒犯罪所得本质上属于"销赃"

值得注意的是，掩饰、隐瞒犯罪所得罪是一个下游罪名，必须有上游犯罪的存在才能构成本罪。

在案例 14 中，卖给小宋信息的张某犯非法获取计算机信息系统数据罪已被定罪处罚，上游罪名已经成立。小宋明知是违法所得信息数据，依然多次购买，支付费用较高，在本质上属于通常所说的"销赃"的行为。尽管案例 14 的赃物不是传统意义上的财产物品，而是电子数据，依然属于赃物的范畴，所以小宋受到法律的惩罚一点也不冤。

不过，小宋是为了自用而购买非法取得的药品销售数据，主观恶性相对较小，根据相关司法解释的规定，依法应当酌情从宽处罚。

## 温馨提示

### 1. 购买价格较高的物品要注意查看相关票证

在司法实务中，有些人因为贪图便宜，明知道一些物品的来源可疑，没有正规的发票凭证，依然进行购买，由此触犯法律，有的还惹来牢狱之灾，令人不禁扼腕叹息。

比如，有的人看到街边陌生人兜售手机，价格极其便宜，一看就知道来路不正，但是经不起低价的诱惑而购买；又如，有的修车店老板见到有人上门兜售二手车，对方开价很低，行迹极为可疑，但是贪图便宜，想着转手卖掉牟利而购买的。实践中，这样的案件屡有发生，许多贪便宜的人都如小宋一样受到了法律的惩罚。

### 2. 二手交易市场要谨防不慎购买到赃物

现如今，二手物品市场交易十分频繁，如何避免买到赃物呢？

首先，大件的二手物品交易最好选择正规的市场或者网络平台，有些物品如车辆必须按照相关规定办好过户、转让手续。

其次，对于明显低价的二手物品要提高警惕，认真询问来源，查看相关票证，如果票证不齐最好不要购买。只要票证齐全，即便出现意外也可以有力证明自己并非"明知"。

最后，如果贪图便宜或者不小心购买到赃物，公民在面对警方追查时一定要积极配合，讲明情况，积极认罪、悔罪并退赃、退赔，仍然可以争取从轻从宽处理。

### 3. 数据信息买卖要遵守法律相关规定

根据《数据安全法》的规定，开展数据处理活动，应当遵守法律、法规，尊重社会公德和伦理，遵守商业道德和职业道德，同时还必须履行数据安全保护义务，不得损害个人、组织的合法权益。窃取数据，开展数据处理活动损害个人合法权益的，依照有关法律的规定处罚。这里所称的

"数据处理活动"，包括信息数据市场交易行为。

例如，常见的学生毕业论文写作重复率查询服务，公开发表论文信息查询、下载服务等，都属于信息数据市场交易行为，当然必须遵守法律相关规定。

## 法条链接

### 1.《中华人民共和国刑法》

**第三百一十二条** 明知是犯罪所得及其产生的收益而予以窝藏、转移、收购、代为销售或者以其他方法掩饰、隐瞒的，处三年以下有期徒刑、拘役或者管制，并处或者单处罚金；情节严重的，处三年以上七年以下有期徒刑，并处罚金。

单位犯前款罪的，对单位判处罚金，并对其直接负责的主管人员和其他直接责任人员，依照前款的规定处罚。

### 2.《最高人民法院关于审理掩饰、隐瞒犯罪所得、犯罪所得收益刑事案件适用法律若干问题的解释》

**第一条** 明知是犯罪所得及其产生的收益而予以窝藏、转移、收购、代为销售或者以其他方法掩饰、隐瞒，具有下列情形之一的，应当依照刑法第三百一十二条第一款的规定，以掩饰、隐瞒犯罪所得、犯罪所得收益罪定罪处罚：

（一）一年内曾因掩饰、隐瞒犯罪所得及其产生的收益行为受过行政处罚，又实施掩饰、隐瞒犯罪所得及其产生的收益行为的；

（二）掩饰、隐瞒的犯罪所得系电力设备、交通设施、广播电视设施、公用电信设施、军事设施或者救灾、抢险、防汛、优抚、扶贫、移民、救济款物的；

（三）掩饰、隐瞒行为致使上游犯罪无法及时查处，并造成公私财物损失无法挽回的；

（四）实施其他掩饰、隐瞒犯罪所得及其产生的收益行为，妨害司法机关对上游犯罪进行追究的。

人民法院审理掩饰、隐瞒犯罪所得、犯罪所得收益刑事案件，应综合考虑上游犯罪的性质、掩饰、隐瞒犯罪所得及其收益的情节、后果及社会危害程度等，依法定罪处罚。

司法解释对掩饰、隐瞒涉及计算机信息系统数据、计算机信息系统控制权的犯罪所得及其产生的收益行为构成犯罪已有规定的，审理此类案件依照该规定。

依照全国人民代表大会常务委员会《关于〈中华人民共和国刑法〉第三百四十一条、第三百一十二条的解释》，明知是非法狩猎的野生动物而收购，数量达到五十只以上的，以掩饰、隐瞒犯罪所得罪定罪处罚。

**第二条** 掩饰、隐瞒犯罪所得及其产生的收益行为符合本解释第一条的规定，认罪、悔罪并退赃、退赔，且具有下列情形之一的，可以认定为犯罪情节轻微，免予刑事处罚：

（一）具有法定从宽处罚情节的；

（二）为近亲属掩饰、隐瞒犯罪所得及其产生的收益，且系初犯、偶犯的；

（三）有其他情节轻微情形的。

### 3.《中华人民共和国数据安全法》

**第八条** 开展数据处理活动，应当遵守法律、法规，尊重社会公德和伦理，遵守商业道德和职业道德，诚实守信，履行数据安全保护义务，承担社会责任，不得危害国家安全、公共利益，不得损害个人、组织的合法权益。

**第五十一条** 窃取或者以其他非法方式获取数据，开展数据处理活动排除、限制竞争，或者损害个人、组织合法权益的，依照有关法律、行政法规的规定处罚。

## 3. 接受网络订单生产，会面临哪些风险？

网络虚拟世界，一切兼有可能。电子商务的经营者是网络世界的活跃群体，被称为"网络电商"。电子商务交易不仅丝毫不逊色于现实中的市场交易，而且更为灵活便捷。但是，网络电商在享受网络交易便利的同时，也会因网络交易"互不见面"的特点而面临法律风险。

### 📇 案情回顾

#### 案例 15：接高价订单生产木制枪托竟惹祸上身

广州市的刘某从事木艺加工多年，这天在网上接到一个"奇葩"订单。下订单的买家是来自云南的王某，要求订制一批木制枪托，开价高于同期市场木制品加工价格的两倍以上。

刘某通过 QQ 聊天询问了木制枪托的用途、规格和数量，并要求提供生产图纸信息。王某称，自己是一个玩具生产企业，近期着急生产一批玩具仿真枪，因为急用所以开价较高，并提供了仿真枪图纸等信息。刘某查看了图纸信息后，经受不住高利润的诱惑，生产出一批木制枪托通过快递邮寄给了王某，获利数十万元。后云南警方根据举报抓获在家中非法制造、售卖枪支的王某，王某经法院判定构成非法制造枪支罪。经王某供述并联络，民警在广州将刘某抓获。

### 👆 以案说法

#### 1. 刘某的行为构成犯罪吗？

许多人认为，刘某构成非法制造枪支罪的共犯。理由是刘某作为熟悉木艺市场的店家，理应熟悉木艺加工价格，在高额利润的诱惑下，没有要求卖家提供经营资质证明，仅凭买家一面之词就答应大批量生产枪托，主观上存在放任的主观故意。其实不然，本案中刘某的行为不构成犯罪。

#### 2. 刘某没有参与非法制造枪支的主观故意

主观心态属于人的心理活动，在司法实践中一般依据行为人的口供和客观行为表现综合认定。本案中，现有证据无法证明刘某主观上明知售卖的枪托用于非法制造枪支。

首先，枪托不是枪支功能的主要配件。作为一名没有任何犯罪前科的普通电商，从事木艺加工订制行业多年，没有任何证据显示其有非法制造枪支的动机。木制枪托并非国家禁止生产的商品，而网络订单的一大特点就是"不见面"，这决定了经营者审查能力有限。

其次，刘某制售木制枪托并没有明显高于市场价格。高于同期市场木制品加工价格两倍以上并不能认定为"明显高于"，司法实务中，把握"明显高于市场价"一般是高于正规市场交易价格10倍以上。而且，本案中买家还编有"仿真枪"的托词，更加说明刘某极有可能不知道自己售卖的枪托会被用于非法制造枪支。

### 3. 刘某没有与他人合谋非法生产枪支

首先，刘某与买家之间没有非法制造枪支的意思联络。没有证据证明两人之前曾经相识，网上的聊天记录恰恰证明两人在进行正常的生意洽谈，涉及内容仅限于产品规格、数量、用途等信息。

其次，不能推断出刘某主观上明知买家有非法制造枪支的行为。如果是为他人犯罪提供帮助，主观上必须"明知"。但现有证据根本无法推断出刘某具有明知买家非法制造枪支的认识。本案中，两人以前不认识、聊天记录正常、价格没有畸高、刘某没有犯罪前科，这些证据更容易得出刘某不具有明知主观故意的结论。

### 4. 与同类型相关案例进行比较分析

解除困惑的重要研究方法就是进行比较分析。利用网络实施共同犯罪的案件很多，利用网络进行犯罪意思沟通的情形也很常见，但是判断是否"明知"要结合具体案件具体分析。

案例15中，刘某不构成非法制造枪支罪的共犯，但下面这个案例就不同了，虽然也是网上接受订单提供货物，但性质截然不同：

张某在出租房中，通过购买干燥箱、水浴锅、加热器等制毒工具，以及麻黄素、次磷酸、甲苯等原材料制造冰毒。邓某与张某通过网上聊天相识，并通过网上支付的方式以1000元的价格卖给张某120克麻黄素。后民警根据线报将张某抓获，又通过张某的供述将邓某抓获。那么邓某是否构成制造毒品的共犯呢？

答案是肯定的。在这个案例中，邓某的行为已经构成制造毒品罪的共犯，这是因为根据现有证据完全可以推定邓某"明知"张某在制造毒品。

首先，邓某出售麻黄素的价格明显高于市场价格。当时麻黄素市场价格为每公斤650元，而邓某以1000元的价格卖给张某120克麻黄素，足足高于正规市场交易价格10倍以上，属于明显高于市场交易价格。

其次，网上聊天记录异常。邓某表现出对制毒工具及原材料的了解，多次采用了毒品交易中的行话。而且，张某与邓某是在一个吸食冰毒的聊天群中相识，各方都是在围绕毒品交谈。

以上证据已经形成一个完整的证据体系，可以推定邓某明知张某有制毒的主观故意仍为其提供麻黄素，两人在制成毒品的危害结果上具有共同故意，因此邓某依法构成制造毒品罪的共犯。

### 温馨提示

**1. 网络电商经营者面对异常高价订单时要小心**

在案例15中，虽然不能排除刘某可能知道买家在非法制造枪支，但是该案证据明显不能证实刘某内心的"明知"，这与邓某明知对方制毒还提供制毒原料有本质的区别。

邓某一案中证据环环相扣，能够排除合理性怀疑，得出唯一结论。而案例15中，两个素不相识的人在网上交易，而且又是枪托这样一个普通的物件，要推定"明知"必须形成强有力的证据体系，否则就极可能造成冤假错案。本着疑罪从无的原则，追究商业交易行为人刑事责任必须慎之又慎，避免让广大电商经营者产生极大的不安全感。

**2. 网络电商经营者必要时要对订单疑问进行求证**

案例15由接受网络订单引发，通过这样一个案例，提醒广大电商经营者要擦亮眼睛，踏实经营。在面对高利润订单时要留个心眼，在心里多问几个"为什么"，必要的时候还应当想方设法对疑问进行求证，还可以咨询专业法律人士，防止误入交易陷阱。

### 3. 网络电商经营者面对网上交易纠纷要懂得维权

一旦发生案例 15 中的情形，警察找上门来，经营者也不必过于惊慌，要认真配合警方调查，提供相关证据，证明自身没有明知的犯罪故意。重点是对交易价格进行证明，这是证明没有犯罪共同故意的关键因素，切不可持有抗拒调查的心理，以免惹来麻烦。

## 🔗 法条链接

**《中华人民共和国刑法》**

**第一百二十五条** 非法制造、买卖、运输、邮寄、储存枪支、弹药、爆炸物的，处三年以上十年以下有期徒刑；情节严重的，处十年以上有期徒刑、无期徒刑或者死刑。

……

单位犯前两款罪的，对单位判处罚金，并对其直接负责的主管人员和其他直接责任人员，依照第一款的规定处罚。

**第三百四十七条** 走私、贩卖、运输、制造毒品，无论数量多少，都应当追究刑事责任，予以刑事处罚。

走私、贩卖、运输、制造毒品，有下列情形之一的，处十五年有期徒刑、无期徒刑或者死刑，并处没收财产：

（一）走私、贩卖、运输、制造鸦片一千克以上、海洛因或者甲基苯丙胺五十克以上或者其他毒品数量大的；

（二）走私、贩卖、运输、制造毒品集团的首要分子；

（三）武装掩护走私、贩卖、运输、制造毒品的；

（四）以暴力抗拒检查、拘留、逮捕，情节严重的；

（五）参与有组织的国际贩毒活动的。

走私、贩卖、运输、制造鸦片二百克以上不满一千克、海洛因或者甲基苯丙胺十克以上不满五十克或者其他毒品数量较大的，处七年以上有期徒刑，并处罚金。

走私、贩卖、运输、制造鸦片不满二百克、海洛因或者甲基苯丙胺不满十克或者其他少量毒品的，处三年以下有期徒刑、拘役或者管制，并处罚金；情节严重的，处三年以上七年以下有期徒刑，并处罚金。

单位犯第二款、第三款、第四款罪的，对单位判处罚金，并对其直接负责的主管人员和其他直接责任人员，依照各该款的规定处罚。

利用、教唆未成年人走私、贩卖、运输、制造毒品，或者向未成年人出售毒品的，从重处罚。

对多次走私、贩卖、运输、制造毒品，未经处理的，毒品数量累计计算。

# 4. 网络平台炒期货，"高回报"的背后是什么？

随着网络金融的发展，借贷、融资、期货交易等传统金融项目纷纷登上网络舞台，但其在促进经济发展、带给人们便利的同时也带来了一些新的法律风险。一些不法分子瞄准网络金融作为新兴事物的特点，精心包装设计骗局，以高回报为诱饵骗取网民钱财，手段隐蔽，极具迷惑性，值得广大网民警惕。

## 以案说法

### 案例 16：创建虚假电子商务平台诱导客户交易牟利

申某是广州某投资管理有限公司负责人，在明知自己公司没有原油交易资质的情况下，谎称该公司是北京石油交易所会员单位，私自创建广州某原油电子商务交易平台，供网民买卖原油，并发展深圳市某投资有限公司的林某、郑某作为其代理商。

三人分工明确，申某负责平台管理，林某、郑某负责发展网民客户。林某、郑某等人招揽业务员，通过 QQ 加好友的形式建立"爱心财富"QQ 群组，不定期发布炒原油盈利丰厚的信息，诱骗网民到平台上买卖原油。

该平台采用与客户对赌的模式盈利。林某以虚假身份冒充老师"指导"QQ群里的客户操作，采取设立固定汇率、实施反向操作、加20%～50%的高杠杆、在QQ群内进行虚假宣传等非法手段，导致多名客户出现爆仓①或被平台强行平仓②而亏损的情况。申某、林某、郑某等人按比例分成，三人非法获利共计人民币1000余万元。

经查，该网络平台原油交易数据从外公司购买，平台数据与国际原油交易平台数据不能实现动态对接，申某等人也并没有将客户的钱真正投入市场买卖原油。后公安机关以诈骗罪将申某等三人依法刑事拘留。

## 以案说法

案例16堪称高智商犯罪分子分工协作精心设计的一场骗局。申某等人凭借自己所掌握的网络平台、金融期货交易等专业知识，披着美国原油交易的伪装外衣，通过非法搭建和操纵网络平台，引诱网民在平台上进行交易，本质上就是以非法占有为目的，误导网民产生错误意识，在虚假平台里"炒数字"，骗取钱财的诈骗行为。

### 1. 法律如何定性对赌商业盈利模式？

所谓对赌，亦称对赌协议，是指交易双方对于未来不确定的市场行情进行约定，如果约定的条件出现，一方可以行使某种权利，如果约定的条件不出现，另一方则可行使某种权利，其实质是期权交易的一种形式。

目前，对赌协议在国外投行对国内企业的投资中已经得到广泛应用，并不能当然认定为诈骗或赌博行为。案例16中，申某等人是将对赌模式作为其诈骗钱财的一个借口和工具，约定客户的亏损即为平台的收益，暗中又实际操控着平台，诱使网民交易产生巨额亏损，从而获取巨额非法利益。

有人认为，既然国家法律没有禁止"对赌"，网民们都是抱着投资的心态，自愿上平台进行交易，属于"一个愿打，一个愿挨"，而且还确实

---

① 爆仓，期货交易术语，指投资者账户中的亏损金额大于账户中的保证金的情形。出现爆仓情形时，投资者一般需要追加保证金或自行平仓。

② 强行平仓，指在期货行情变化过快、投资者没来得及追加保证金的情况下，投资者账户上的保证金不能够维持原来期货交易约定，平台系统以保证金不足为由强行将投资者账户中的保证金归零的行为。

有人赚钱离场，因此不宜认定为诈骗。真是这样的吗？其实不然。

案例16中的诈骗犯罪行为，是由一系列行为共同构成的，包括开设虚假平台、采用对赌盈利模式、设立固定汇率、实施反向操作、加高杠杆、虚假宣传等，不能将这些行为分离开来单独进行评价，而应当综合起来作为一个整体进行分析，否则就容易产生错误判断。本案中的对赌盈利模式其实只是实施诈骗犯罪的手段。

### 2. 网络平台炒期货只要出现亏损就是诈骗吗？

当前，网络上有许多形形色色的网络期货交易平台，这些平台绝大多数都不具有期货交易资质，属于非法设立。

根据我国《期货交易管理条例》的规定，未经国务院或国务院期货监督管理机构批准，任何单位或者个人不得设立期货交易场所或者以任何形式组织期货交易及其相关活动。如果平台经营者违反国家规定，私自开设网络平台进行期货交易，严重扰乱国家正常期货市场管理秩序，数额巨大的，则依法构成非法经营罪。

网络投资交易者，如果在私自开设的网络平台上进行期货交易，并不能认定平台经营者构成诈骗罪，而只能认定其构成非法经营罪，投资者在平台上的损失不能依法追回。

但是，在案例16中，申某等人不仅非法设立期货交易平台，而且利用平台实施诈骗，数额巨大，依法构成诈骗罪。投资者在申某等人设立的平台上遭受的损失，可以依法追回。

有人认为，案例16中虽然网络平台设立非法，但数据来源真实，网民客户操作自由自愿，尽管申某等人在平台上实施了带有欺骗性质的行为，但这只是属于有违商业道德的民事欺诈行为，不足以让网民产生错误认识，因此不构成诈骗罪。

事实并非如此。不能仅凭事实表象武断定论，更不能将进入平台交易是否必然亏损作为本案行为定性的标准。事实是，案例16中的电子平台能被人为操控，申某等人主观上具有诈骗的故意。

所谓诈骗，通常表现为犯罪分子以非法占有为目的，通过实施欺诈行为使被害人产生错误认识，被害人基于错误认识处分财产，犯罪分子获得非法利益。案例 16 中，电子平台上的原油价格和国际原油价格不能保持动态一致，申某等人作为平台的创建者，早于客户知晓平台数据变化轨迹，也可以掌控平台数据导入的时间。申某曾告诫假扮导师的林某："不要赚钱赚得太急，不要让客户一下子亏得太快，控制一下风险。"多名被害人在调查过程中称，交易期间会有导师发布消息召集大家进行操作或代行操作。这些证据都能有力证明申某等人通过掌控平台，发布虚假消息，误导客户产生错误认识进行交易，从而骗取客户钱财的事实。虽然有部分客户侥幸没有接受申某等人的误导，但不能据此否认其利用平台实施诈骗犯罪的本质。

### 3. 平台炒期货与出现损失结果之间有因果关系吗？

有人认为，案例 16 中网络平台交易原油期货符合标准化合约的性质，公开交易、集中交易，并有保证金做担保，以对赌方式完成交易，均符合期货的基本形式。受骗的客户均为具有相当炒股经验的投资者，对加 20%～50% 的高杠杆具有明确的风险心理预知，对申某等人在 QQ 里发布的分析信息也是存在质疑，但仍在明知风险的情况下冒险投资，申某等人行为与客户损失结果之间没有必然的因果关系，存在偶然性现象，因此不构成诈骗罪。

这种观点也是错误的。刑法上的因果关系，是犯罪行为与结果之间客观存在的事实因果关系。案例 16 基于申某等人可以操控平台数据导入时间并误导客户操作这一客观事实，可以必然导致有不特定客户产生错误认识并处分财产这一结果。

在这个精心设计的骗局中，网民已经丧失了公平交易承担风险的机会，申某等人实施的欺诈行为使客户自身自主意识产生瑕疵，与其损失结果之间存在事实上的因果关系。

值得注意的是，案例 16 中的被害人可能是在平台上交易的任何不特定人。一旦产生错误认识进行交易，并发生实际损失结果，那么任何不特定人就能成为申某等人实施诈骗行为的受害人。对于有客户赚到钱离场的情况，就好比在一场精心设计的作弊赌局中，仍然不排除有部分识破骗局者侥幸逃脱，不能因此而否认诈骗行为性质。

综上所述，申某等三人事前通谋，精细分工，通过实施搭建和控制虚假电子平台，利用对赌等期货交易规则，引诱被害人产生错误认识在平台上操作交易并导致巨额经济损失，三人从被害人损失中直接获利1000余万元，数额巨大，依法构成诈骗罪。

### ⚙ 温馨提示

#### 1. 网络期货交易须认准正规平台

我国相关行政法规规定，期货交易应当在按规定设立的期货交易所、国务院批准的或者国务院期货监督管理机构批准的其他期货交易场所进行，禁止在期货交易场所之外进行期货交易。

大多数期货交易，是通过电子交易完成的，交易时投资者通过期货公司的电脑系统输入买卖指令，由交易所进行撮合成交。目前，国内比较知名的期货交易所有上海期货交易所、中国金融期货交易所、大连商品交易所、郑州商品交易所等。广大网民在网上进行期货交易时，最好上网查询明确该场所是否具有期货交易资质，谨防受骗。

#### 2. 正确区分诈骗犯罪和一般民事欺诈

案例16貌似是一个没有期货经营资质的非法经营行为，又好像是开设了一个网络数字赌场，但透过现象看本质，其实就是一场骗局。

首先，平台本身为假。所谓原油现货交易平台根本不具有现货交付能力，名为现货，实为期货，根本上为"虚假"。

其次，申某等人实施的是诈骗行为。"诈骗"不等于"欺诈"，二者虽然在一般语境下可视为同义词，但在法律评价语境下却有各自独特含义。欺诈，强调的是行为性质和方式，并不注重结果，即骗没骗到并不在意。例如，故意标高商品价格欺骗顾客，愿者上钩。诈骗，虽然在行为性质和方式上与欺诈类似，但更强调的是行为目的以及行为结果，即一定要想方设法骗到手。

本案中，申某等人利用网络平台采取对赌盈利模式，以客户亏损作为自身盈利的来源，必然会追求客户更多亏损的结果，因此属于诈骗行为。

### 3. 警惕网络交易平台高回报诱惑

现实中，有许多网络交易平台都存在一定程度的虚假宣传行为，号称具有成本低、回本快、高回报的特点，包装精良，设置杠杆，降低门槛，极具诱惑力，有的网络交易平台甚至还会让网民"先尝点甜头"。

面对这些诱惑，网民朋友们一定要擦亮双眼，清醒地认识到"投资有风险，入市须谨慎"。案例16中，许多受害网民虽然认识到在该平台交易存在风险，但都心存侥幸，认为自己不一定会亏。殊不知进入这样一个由个人搭建的电子交易平台中，就好比进入了一个非法开设的赌场。正常的赌场自然有输有赢，但如果赌场作弊（俗称"出老千"），那么赌徒就必然是输。申某等人就是利用网民追求高回报的心理，以交易平台、对赌盈利模式作为幌子，暗中操纵平台实施诈骗犯罪。

## ⟳ 法条链接

### 1.《中华人民共和国刑法》

**第二百六十六条** 诈骗公私财物，数额较大的，处三年以下有期徒刑、拘役或者管制，并处或者单处罚金；数额巨大或者有其他严重情节的，处三年以上十年以下有期徒刑，并处罚金；数额特别巨大或者有其他特别严重情节的，处十年以上有期徒刑或者无期徒刑，并处罚金或者没收财产。本法另有规定的，依照规定。

### 2.《期货交易管理条例》

**第四条** 期货交易应当在依照本条例第六条第一款规定设立的期货交易所、国务院批准的或者国务院期货监督管理机构批准的其他期货交易场所进行。

禁止在前款规定的期货交易场所之外进行期货交易。

**第六条** 设立期货交易所，由国务院期货监督管理机构审批。

未经国务院批准或者国务院期货监督管理机构批准，任何单位或者个人不得设立期货交易场所或者以任何形式组织期货交易及其相关活动。

# 5. "网红"博眼球、赚流量，触犯法律了吗?

不知从何时开始，一大批"网红"如雨后春笋般涌现。借助各种视频平台的力量，以网络直播等传播形式轰炸着网民的眼球。"网红"传播热度持续走高，影响力越发凸显，影响着网民大众的思想和行为。在巨大的利益驱使之下，部分"网红"为吸引粉丝、获取利益，不惜挑战社会公德底线，甚至以身试法，值得充分关注。

## 案情回顾

### 案例 17：五少年为赚积分自导自演"街头霸王"

四川某市张某等 5 名少年，为了在视频网站上增加自己的账号积分，赚取网友点击率，竟然突发奇想，自编自导了一场现实版的"街头霸王"。

这天凌晨，张某等人手持砍刀，在学校附近路段进行模仿追砍，假装互相打斗，并打砸公交车站台灯箱玻璃等设备，持刀划损毁坏路边机动车辆。他们安排专人在一旁录制视频，并上传到某视频网站。果不其然，该视频点击率飙升，张某等人账号积分暴涨，如愿以偿地成为"网红"。

接到群众报警后，警方迅速将张某等人抓获。经查，5 名犯罪嫌疑人最大的 17 周岁，最小的 14 周岁。后张某等 3 名已满 16 周岁的被告人被法院以故意损毁公私财物分别判处拘役 2 个月，缓刑 2 个月，并处罚金10000 元。

### 案例 18：摩托车发烧友为当"网红"上演马路飙车

广州的刘某是摩托车发烧友。因为广州已经"禁摩"，所以刘某只能趁着晚上夜深人静的时候飙车过瘾。这天刘某突发奇想，在摩托车头安装视频摄像头，录下和同伴在马路上狂飙、相互超车的镜头，多次让马路上正常行驶的车辆紧急刹车，险象环生。

刘某将该视频上传到某知名社交网站，结果被广泛转载，在网络上掀起轩然大波，引发众多网友围观，刘某就这样不经意间成为"网红"。该视频引起公安网监部门的注意，民警依法将刘某刑事拘留。

法院经审理认为，刘某无视国家法律，伙同他人在道路上多次追逐竞驶，情节恶劣，已构成危险驾驶罪，依法判处其拘役 1 个月，缓刑 2 个月，并处罚金人民币 3000 元。

## 以案说法

### 1. 什么叫"网红"？

所谓"网红"，是"网络红人"的简称，是指在现实生活中因为某个事件或某个行为而在虚拟网络上被网民关注而走红的人。

"网红"走红的方式千奇百怪，五花八门，但走红的原因都具有一个共同的特点，那就是契合了网民的猎奇心理，受到网络世界的追捧。"网红"不是凭空产生的，而是网络媒介环境下，其自身和传统媒体以及受众心理需求等多个因素综合作用的结果。

### 2. "网红"为博眼球采取过激行为可能触犯刑法

在案例 17 中，张某等人为了成为"网红"，赚取视频网站的积分和点击率，无视国家法律规定，采取假装互殴、毁坏公共财物的行为，造成严重后果。

假装打斗，只要没有产生人身伤害结果，一般不构成犯罪。但是，如果在假装打斗的过程中，故意毁坏公共财物，数额较大的，则构成毁坏公共财物罪，应当追究刑事责任。由此可见，想成为"网红"虽然属于个人意志，但为了成为"网红"而实施的具体行为当然要受到法律的规制。

### 3. 未成年人"网红"在法律规定范围内承担法律责任

案例 17 中，张某等人中有未满 16 周岁的未成年人，依照我国《刑法》规定，已满 14 周岁不满 16 周岁的未成年人，只对故意杀人、故意伤害致人重伤或者死亡、强奸、抢劫、贩卖毒品、放火、爆炸、投放危险物质罪八种行为负刑事责任。如果是未满 16 周岁的未成年人故意毁坏财物，并不能适用故意毁坏财物罪定罪处罚。但是，这并不意味法律无所作为，我国《刑法》同时规定，因不满 16 周岁不予刑事处罚的，责令其父母或者其他监护人加以管教；在必要的时候，依法进行专门矫治教育。

在案例 18 中，刘某的飙车行为也触碰了法律红线。根据我国《刑法》规定，在道路上驾驶机动车追逐竞驶，情节恶劣的，处拘役，并处罚金；同时构成其他犯罪的，依照处罚较重的规定定罪处罚。刘某伙同他人在道路上驾驶机动车飙车竞速，属于典型的追逐竞驶，依法构成危险驾驶罪。

### 温馨提示

**1. 不良"网红"文化容易诱发犯罪**

受利益驱使，许多网民希望打着"网红"的烙印混入商圈、娱乐圈，在青少年中产生极为不好的影响，对社会主流价值观也造成了不小的冲击。

"网红"多为年轻人，为了出名、搏上位，多采用各种方法包装自己进行网络营销，有些不惜采用过激手段，因此极有可能触犯法律。例如，有的"网红"通过整容、捏造事实包装自己，搞粉丝营销，在网上售卖假冒伪劣产品；有的"网红"靠裸露身体、大尺度自拍、发表过激言论等方式吸引网民眼球，挑战社会道德底线。这些"网红"在金钱面前不断膨胀，价值观扭曲，其行为通过网络传播，不仅毒害青少年思想，而且容易诱发违法行为。

**2. 健康向上的"网红"文化值得引导**

在"网红"文化盛行的当下，青少年接受的网络信息越来越多，也逐渐形成各自偏好，这些偏好应当得到尊重。但是社会、学校和家长也应该加强正确引导，教育青少年正确看待"网红"文化，塑造青少年正确的价值观和人生观。

青少年崇拜的"网红"偶像应当具有积极向上的专业精神、较高的生活智慧。例如，许多"网红"会展示过人的才华，擅长运动、绘画、烘焙、演讲等，提倡健康的生活体验，是值得肯定的。

### 3. 教育未成年人正确认识"网红"文化

未成年人最容易受不良"网红"文化的影响，因此在学校教育中，要始终贯穿正直、善良、友爱等基本价值观，引导学生正确认识"网红"文化。在家庭教育中，家长们要注重未成年人的网络管控，发现不良苗头要及时纠正。网络监管部门则需要充分履行监管职能，运用网监力量，净化网络环境，规制不良"网红"行为，创造一个绿色、健康的网络空间。至于视频网站经营者以及"网红"们，则要具有足够的法律意识，加强行业自律，在法律和社会公德范围内约束自己的行为。

 **法条链接**

《中华人民共和国刑法》

**第十七条** 已满十六周岁的人犯罪，应当负刑事责任。

已满十四周岁不满十六周岁的人，犯故意杀人、故意伤害致人重伤或者死亡、强奸、抢劫、贩卖毒品、放火、爆炸、投放危险物质罪的，应当负刑事责任。

已满十二周岁不满十四周岁的人，犯故意杀人、故意伤害罪，致人死亡或者以特别残忍手段致人重伤造成严重残疾，情节恶劣，经最高人民检察院核准追诉的，应当负刑事责任。

对依照前三款规定追究刑事责任的不满十八周岁的人，应当从轻或者减轻处罚。

因不满十六周岁不予刑事处罚的，责令其父母或者其他监护人加以管教；在必要的时候，依法进行专门矫治教育。

**第一百三十三条之一** 在道路上驾驶机动车，有下列情形之一的，处拘役，并处罚金：

（一）追逐竞驶，情节恶劣的；

（二）醉酒驾驶机动车的；

（三）从事校车业务或者旅客运输，严重超过额定乘员载客，或者严重超过规定时速行驶的；

（四）违反危险化学品安全管理规定运输危险化学品，危及公共安全的。

机动车所有人、管理人对前款第三项、第四项行为负有直接责任的，依照前款的规定处罚。

有前两款行为，同时构成其他犯罪的，依照处罚较重的规定定罪处罚。

**第二百七十五条**　故意毁坏公私财物，数额较大或者有其他严重情节的，处三年以下有期徒刑、拘役或者罚金；数额巨大或者有其他特别严重情节的，处三年以上七年以下有期徒刑。

# 6. 网络游戏有"坑"，骗局套路有哪些？

大部分人的智能手机里都有那么一两款游戏供闲时消遣。随着移动网络的普及，网络游戏乘势而上，层出不穷。为在网游中取得好成绩，不少网游爱好者用网上支付功能为游戏在线充值，增强自己在游戏中的竞争力。然而，一些不法分子盯上了这块"肥肉"，利用网络游戏诈骗广大网友钱财，值得警惕。

**案情回顾**

### 案例19：网络游戏充值贪优惠遇上网络骗子

深圳某大学女生小艳是某款热门网游的爱好者。小艳发现最近一段时间自己的游戏角色段位始终停滞不前，于是想通过充值游戏点券来提升自己的段位。小艳进入游戏官网后发现该游戏点券价值不菲，便到相关游戏论坛上寻找打折点券。

这时，一则打折充值点券消息吸引了小艳注意。小艳通过 QQ 与对方取得联系，很快对方便发来一个软件，称可通过该软件帮其账号充值，但是要先付检测费 388 元，充值完成后即可退款。小艳信以为真，立即下单，可没想到点券迟迟未到账，这时对方又告诉小艳因为网络异常，需再付费388元验证，验证通过了即会退钱。无奈小艳只好照办，结果还是不能充值，小艳这才意识到遇到了网络骗子。

### 案例20：误入诈骗网站买装备被放"鸽子"

21岁的小超平时喜欢玩网络游戏，一天小超在玩某游戏时由于游戏装备不如别人，在与人PK后败下阵来。懊恼的他无意中打开一个号称低价销售游戏币的网站。

在这个网站上，可以低价买到游戏币，迅速升级游戏装备。小超立即给对方指定的账户汇了1000元，对方告知只有升级成为网站VIP客户才能将游戏币发送过来，要再充值2000元。一心想充值的小超没多想，又打了2000元到对方账户。出乎意料的是，对方仍然不满足，以"汇款可能被黑客拦截"为由，又要小超再汇1000元过去。意识到可能被骗的小超，要求对方退回钱款，遭到了拒绝，随后对方便杳无音信。

### 案例21：卖出网游账号后发现不能变现

小许要卖一个网络游戏账号。消息在游戏平台上公布后，很快就有买家找上门来，称愿出1000元钱购买小许的账号。

对方表示，为了保障自己的权益，想用第三方支付平台。小许心想这样也合理，于是点开对方提供的网站，进入对方指定的支付平台。注册账号之后，小许看到，1000元钱已经在平台上了。于是，小许也痛快地把账号和密码给了对方。接下来当小许取钱的时候问题出现了，屏幕上多次出现"账户冻结"的提示。小许蒙了，为了尽快拿到钱，按照网站提示解除"账户冻结"的方法，分两次转入3000元钱，结果仍然没有解冻成功，小许这才意识到自己被骗了。

## 以案说法

### 1. 网络骗局属于违法行为，情节严重的构成犯罪

司法实践中，诈骗罪一般表现为，犯罪分子以非法占有为目的，采用虚构事实、隐瞒真相的方式实施诈骗，令被害人产生错误认识而处分自己

的财产，犯罪分子获得非法利益。

如今涉及网络的骗局日益增多，这些骗局充分利用网络虚拟性的特点，捏造事实，诱之以利，具有很强的欺骗性。案例 19 中，骗子利用小艳贪便宜的心理，以低价诱骗小艳充值游戏点卡，又利用小艳网络知识比较欠缺的弱点，编造理由诈骗小艳财物，属于典型的诈骗违法行为。

诈骗行为如果达到情节严重的程度，则可能构成诈骗罪。根据我国《刑法》规定，诈骗公私财物，数额较大的，处 3 年以下有期徒刑、拘役或者管制，并处或者单处罚金；数额巨大或者有其他严重情节的，处 3 年以上 10 年以下有期徒刑，并处罚金；数额特别巨大或者有其他特别严重情节的，处 10 年以上有期徒刑或者无期徒刑，并处罚金。

### 2. 诈骗须达到一定数额才构成诈骗罪

根据相关司法解释的规定，诈骗公私财物价值 3000 元至 1 万元以上、3 万元至 10 万元以上、50 万元以上的，应当分别认定为《刑法》第 266 条规定的"数额较大""数额巨大""数额特别巨大"。也就是说，诈骗数额在 3000 元以上的，才可能构成诈骗罪。

在案例 19 中，由于小艳被诈骗的数额较小，达不到刑事立案标准，所以公安机关对该案不作刑事立案处理。

在案例 20 中，网络游戏"卖家"欺骗小超要求其开通 VIP 账户，小超信以为真，"卖家"得到小超错误处分的财产，涉案金额 3000 元，已达到立案标准，依法构成诈骗罪。

在案例 21 中，小许为售卖游戏账号在网上寻找买家，犯罪嫌疑人故意提供钓鱼网站，并让小许转入资金，致使小许错误地处分 7000 元财产，犯罪嫌疑人亦成立诈骗罪。

值得强调的是，即便诈骗没有达到构成犯罪的数额，不被追究刑事责任，也可能被追究行政责任，由公安机关给予治安管理处罚。根据《治安管理处罚法》规定，诈骗公私财物的，处 5 日以上 10 日以下拘留，可以并处 500 元以下罚款；情节较重的，处 10 日以上 15 日以下拘留，可以并处 1000 元以下罚款。所以在案例 19 中，诈骗小艳的违法人员也难逃法网。

### 3. 网络骗局的被害人可以运用民事法律维权

根据我国《民法典》的相关规定，没有合法根据，取得不当利益，造成他人损失的，应当将取得的不当利益返还受损失的人，受损失的人可以要求得利人返还其取得的利益并依法赔偿损失。

在案例 19 至案例 21 中，如果被害人的经济损失不足 3000 元，虽然不能以诈骗罪追究"卖家"的刑事责任，但可以依照《民法典》有关规定要求"卖家"返还钱款并承担由此带来的经济损失，依法保护自己的合法权益。

## 温馨提示

### 1. 网游爱好者要提高交易安全防范意识

网络游戏交易诈骗由来已久，网游爱好者在交易有关游戏装备时应该有所警惕。但现实中，不少被害人缺乏安全意识，肆意下载或是打开不知名的网站，结果被不法分子安装的木马插件盯上"中招"。有的网游爱好者在交易前缺乏冷静思考，其实只要被害人在交易前先停下来考虑一下，便不难发现其中的猫腻。

### 2. 交易虚拟物品应选择正规交易市场

网络游戏因其开放性而备受青睐，其中的虚拟物品经常在官方交易平台、第三方平台上进行交易，由于缺乏有效监管措施，容易被诈骗犯罪分子利用，成为实施诈骗犯罪的载体工具。

网游虚拟物品的交易没有形成规范性程序，玩家之间私下交易没有安全监管保障，这些都给不法分子提供了可乘之机。在案例 21 中，被害人小许正是在对方提供的网站上进行交易受骗。因此，网友交易虚拟物品时，应选择公认的、正规的虚拟物品交易市场，谨防受骗。

### 3. 维护网络游戏市场安全需靠多方共同努力

如果网络诈骗所得直接转入犯罪嫌疑人的银行账户，那么在银行账户实名制的情况下，会留有交易记录，犯罪分子容易被查出。但在网络游戏装备交易中，犯罪分子往往将诈骗所得转入游戏账户，然后通过游戏账户购买点卡、道具、游戏币等，再将这些游戏虚拟物品在网上交易变现，这样只能查到钱被转入某游戏账户，但是注册游戏账户却并没有严格的实名认证，难以追查到真正的罪犯，给打击犯罪带来难度。

实践中，只需要提供一个身份证号即可成功注册游戏账户，诈骗分子通常会使用身份证号码生成器注册多个账号，就算被查封账号，也可以立刻换个身份继续诈骗，警方也很难确认账户实际所有人。在案例20中，诈骗小超的"卖家"只以一个游戏账户现身，就算查到账号，行为人也难以被抓获。

维护网络游戏市场安全，需要网游公司、交易平台、监管部门等多方共同努力。网友在自己的游戏账户中，不宜放置大量资金，可以预先设置支付额度，一旦发现被骗，要及时报警追回损失。网络游戏玩家要擦亮双眼，注意预防木马插件和软件，不轻信网友的"甜言蜜语"，不要随意卸载杀毒软件，更不能轻易打开陌生网站或邮件。网游公司也要有所担当，致力于建立安全的交易平台，制定规范合理的虚拟物品交易机制，维护整个网络游戏市场的健康发展。

## 法条链接

1. 《中华人民共和国民法典》

**第五百八十三条**　当事人一方不履行合同义务或者履行合同义务不符合约定的，在履行义务或者采取补救措施后，对方还有其他损失的，应当赔偿损失。

**第九百八十七条**　得利人知道或者应当知道取得的利益没有法律根据的，受损失的人可以请求得利人返还其取得的利益并依法赔偿损失。

2. 《中华人民共和国刑法》

**第二百六十六条**　诈骗公私财物，数额较大的，处三年以下有期徒刑、拘役或者管制，并处或者单处罚金；数额巨大或者有其他严重情节的，处三年以上十年以下有期徒刑，并处罚金；数额特别巨大或者有其他特别严重情节的，处十年以上有期徒刑或者无期徒刑，并处罚金或者没收财产。

本法另有规定的，依照规定。

3. 《最高人民法院、最高人民检察院关于办理诈骗刑事案件具体应用法律若干问题的解释》

**第一条** 诈骗公私财物价值三千元至一万元以上、三万元至十万元以上、五十万元以上的，应当分别认定为刑法第二百六十六条规定的"数额较大"、"数额巨大"、"数额特别巨大"。

各省、自治区、直辖市高级人民法院、人民检察院可以结合本地区经济社会发展状况，在前款规定的数额幅度内，共同研究确定本地区执行的具体数额标准，报最高人民法院、最高人民检察院备案。

4. 《中华人民共和国治安管理处罚法》

**第四十九条** 盗窃、诈骗、哄抢、抢夺、敲诈勒索或者故意损毁公私财物的，处五日以上十日以下拘留，可以并处五百元以下罚款；情节较重的，处十日以上十五日以下拘留，可以并处一千元以下罚款。

# 7. 遭遇网络"人肉搜索"该怎样维权？

网络"人肉搜索"自进入公众视野以来，一直备受争议。通过下面两则案例的法律解读，介绍"人肉搜索"的危害，提醒大家既要自觉抵制不正当的"人肉搜索"，也要懂得遭遇"人肉搜索"时有力维护自身合法权益。

## 案情回顾

### 案例22：网络披露婚外情信息侵犯他人合法权利

白领姜某发现其丈夫王某出轨后，觉得自己遭到抛弃，对生活失去信心，选择跳楼自杀身亡。张某系姜某生前大学同学，姜某生前通过张某公开了记载其自杀前心路历程的博客，并经常向张某倾诉，张某因此了解王某婚外情内幕。

在得知姜某自杀身亡后，张某悲愤不已，于是注册了非经营性网站，并在该网站刊登文章披露了王某的婚外情，以及相关人员的姓名、工作单位、住址等信息，引起网民广泛关注，纷纷评论和转载。王某认为张某的行为侵犯了自己的名誉权和隐私权，遂将张某告上法庭。

一审法院认为，张某在其设立的网站中将王某的姓名、工作单位、家庭住址、照片及与他人有婚外情等私人信息向社会公众披露，并通过该网站与其他网站进行链接传播，严重干扰了王某的正常生活，造成了王某的社会评价明显降低，其行为已构成对王某的名誉权、隐私权的侵害，张某应当对此承担相应民事责任。故判决张某停止侵权、公开道歉并赔偿王某精神抚慰金5000元。一审宣判后，张某不服提起上诉，二审维持原判。

## 案例23："人肉搜索"他人信息致当事人自杀身亡

个体工商户蔡某因怀疑中学生徐某在其服装店试衣服时偷了一件衣服，遂将徐某在该店试衣服的视频截图，并配上"穿花花绿绿衣服的是小偷，求人肉，经常带只博美小狗逛街，麻烦帮忙转发"的字幕，上传到其社交平台。

随后，网民展开"人肉搜索"，将徐某个人信息，包括姓名、所在学校、家庭住址和个人照片等全部曝光。蔡某本人也将这些"人肉搜索"信息再次用社交平台发出。针对徐某的批评辱骂接踵而至，两天后徐某不堪受辱，跳河自杀，同日其父向公安机关报案。

法院经审理认为，蔡某公然对他人进行侮辱，致使徐某不堪受辱跳河自杀，造成严重后果，情节严重，其行为已构成侮辱罪，判处有期徒刑1年。蔡某不服提起上诉，二审维持原判。

### 以案说法

#### 1. 何为"人肉搜索"？

"人肉搜索"一词源于网络，是一种以互联网为媒介，以查找人物或者事件真相为目的，通过匿名知情人公开的数据信息进行搜索，又用人工方式对搜索引擎所提供的信息进行呼应，再对数据信息进行传播和发布，如此反复的网民群体性活动。

"人肉搜索"的本质，是发动和利用广大网民参与网络搜索，并提供和发布信息的一种方式。"人肉搜索"之所以成为争议的焦点，是因为一方面，其可以通过网络查找、公开、传播特定人的信息，在惩恶扬善、发掘丑恶内幕方面起到"众人拾柴火焰高"的效果，因此受到人们的称颂；另一方面，许多"人肉搜索"的相关信息都涉及个人隐私，这些特定人的隐私信息被网络公开后，极有可能造成被公开人名誉受损等严重后果，因此也被许多人所诟病。

### 2. 何为隐私权？

同样是"人肉搜索"，为什么褒贬不一、毁誉参半？这是因为"人肉搜索"不能触碰法律红线，这条法律红线就是不能侵犯他人的隐私权和名誉权。

所谓"隐私"，是指自然人的私人生活安宁和不愿为他人知晓的私密空间、私密活动以及私密信息，一般与公共利益无关，当事人不愿他人知道或他人不便知道。例如，在交通肇事案件中，肇事与公共利益有关，网民通过"人肉搜索"找到肇事司机，公布其姓名、住址就不能视为侵犯他人隐私。但如果进一步公布肇事司机家人的信息，则有可能侵犯到肇事司机家人的隐私权。由此可见，判断是否侵犯隐私的关键标准在于：该隐私信息是否与公共利益有关。

所谓"隐私权"，是指公民享有的私人生活安宁、私人信息保护，不被他人非法侵扰、知悉、搜集、利用和公开的权利。我国《民法典》明确规定，自然人享有生命权、身体权、健康权、姓名权、名称权、肖像权、名誉权、荣誉权、隐私权等权利。

### 3. 公民违背道德的行为是否应纳入隐私权保护范围？

根据我国《民法典》规定，自然人的个人信息受法律保护，任何组织和个人不得非法收集、使用、加工、传输他人的个人信息。自然人所做的违背道德的行为虽然应当受到道德的谴责，但只要不涉及公共利益，就不能否认当事人享有隐私权。

在案例22中，虽然王某出轨违背了社会道德，但与公共利益无关，属于其个人道德领域范畴，因此依然属于个人隐私。对王某"婚外情"的批评和谴责应当在法律允许的范围内进行，不能采取"人肉搜索"这种形式披露、宣扬其隐私，否则就属于侵权行为，侵犯了当事人的隐私权。

### 4. "人肉搜索"的民事侵权责任

在案例 22 中，张某将王某的婚外情信息在网站中公布，不仅严重干扰了当事人的正常生活，而且使其社会评价明显降低，最终法院判定张某侵犯了王某的隐私权和名誉权，需要承担侵权责任。

### 5. "人肉搜索"的刑事责任

"人肉搜索"行为可能构成侵犯公民个人信息罪、诽谤罪、侮辱罪等多个罪名。

（1）侵犯公民个人信息罪

根据我国《刑法》规定，违反国家有关规定，向他人出售或者提供公民个人信息，或将在履行职责或者提供服务过程中获得的公民个人信息，出售或者提供给他人，情节严重的，处 3 年以下有期徒刑或者拘役，并处或者单处罚金；情节特别严重的，处 3 年以上 7 年以下有期徒刑，并处罚金。据此，公民将合法获取的公民个人信息，通过网络非法提供给不特定多数人的情形，情节严重的，可能构成侵犯公民个人信息罪。

（2）诽谤罪

根据我国《刑法》规定，以暴力或者其他方法公然侮辱他人或者捏造事实诽谤他人，情节严重的，处 3 年以下有期徒刑、拘役、管制或者剥夺政治权利。因此，通过网络平台就特定人的个人信息隐匿、修改、扭曲，并在这个基础上公开或发布以贬低他人名誉，或者明知是捏造的损害他人名誉的事实，在信息网络上散布，当其情节达到严重程度，可能构成诽谤罪。

（3）侮辱罪

如果行为人在网络上公开他人的真实信息或真实事实，情节严重的，可能构成侮辱罪。因为即使是散布他人真实的信息或事实，对于他人的名誉同样可能造成损害，对他人生活的安宁造成威胁。在案例 23 中，蔡某以"人肉搜索"的方式公布徐某基本信息，客观上造成了徐某名誉的极大损害，并导致徐某承受不起心理上的压力投河自尽的严重后果，属于公然侮辱他人情节严重的情形，依法构成侮辱罪。

## 温馨提示

### 1. "人肉搜索"面临法律风险

在网络时代，每个人都可能成为主角。在享受网络带来便利的同时，也必须尊重他人权利，正确认识言论自由的边界。其实，"人肉搜索"离普通公民并不遥远，在你转发每一条微博、微信的时候，都可能面临"人肉搜索"的风险。

案例 23 判决后，许多网民为服装店主蔡某鸣不平，认为其初衷不过是想通过"人肉搜索"进行威慑、施压，没有考虑到"人肉搜索"的严重后果，最终身陷囹圄。相信如果时间可以倒流，蔡某绝不会选择"人肉搜索"，因为代价实在是太大了。

公民只要实施了法律明确禁止的行为，就必须承担法律责任后果。法律面前人人平等，公民权利不可侵犯，这对于每个公民而言才是公平的，也是法律正义的体现。

### 2. 公民遭遇"人肉搜索"可依法维权

如果公民遭遇个人信息被"人肉搜索"的情况，可以通过以下方式维权：

（1）与侵权人进行联系和协商，表明态度，晓以利害，要求立即停止侵害。

（2）如果已经造成了侵害，则要求侵权人及时在网络等公开场合刊登道歉声明，将损害程度降到最低。

（3）如果侵权人拒不接受协商，那么受害人应当果断选择报警，要求警方介入，并注意收集、保全侵权人实施侵权行为的证据。

（4）如果侵权纠纷仍然得不到满意处理，受害人可以向法院提起诉讼，提出具体诉求，要求法院依法判决，运用法律武器有力维护自身隐私权、名誉权等权利。

## 法条链接

1. 《中华人民共和国刑法》

**第二百五十三条之一**　违反国家有关规定，向他人出售或者提供公民个人信息，情节严重的，处三年以下有期徒刑或者拘役，并处或者单处罚金；情节特别严重的，处三年以上七年以下有期徒刑，并处罚金。

违反国家有关规定，将在履行职责或者提供服务过程中获得的公民个人信息，出售或者提供给他人的，依照前款的规定从重处罚。

窃取或者以其他方法非法获取公民个人信息的，依照第一款的规定处罚。

单位犯前三款罪的，对单位判处罚金，并对其直接负责的主管人员和其他直接责任人员，依照各该款的规定处罚。

**第二百四十六条**　以暴力或者其他方法公然侮辱他人或者捏造事实诽谤他人，情节严重的，处三年以下有期徒刑、拘役、管制或者剥夺政治权利。

前款罪，告诉的才处理，但是严重危害社会秩序和国家利益的除外。

通过信息网络实施第一款规定的行为，被害人向人民法院告诉，但提供证据确有困难的，人民法院可以要求公安机关提供协助。

2. 《中华人民共和国民法典》

**第九百九十条**　人格权是民事主体享有的生命权、身体权、健康权、姓名权、名称权、肖像权、名誉权、荣誉权、隐私权等权利。

除前款规定的人格权外，自然人享有基于人身自由、人格尊严产生的其他人格权益。

**第九百九十一条**　民事主体的人格权受法律保护，任何组织或者个人不得侵害。

**第一千零三十二条**　自然人享有隐私权。任何组织或者个人不得以刺探、侵扰、泄露、公开等方式侵害他人的隐私权。

隐私是自然人的私人生活安宁和不愿为他人知晓的私密空间、私密活动、私密信息。

**第一千零三十三条**　除法律另有规定或者权利人明确同意外，任何组织或者个人不得实施下列行为：

（一）以电话、短信、即时通讯工具、电子邮件、传单等方式侵扰他人的私人生活安宁；

（二）进入、拍摄、窥视他人的住宅、宾馆房间等私密空间；

（三）拍摄、窥视、窃听、公开他人的私密活动；

（四）拍摄、窥视他人身体的私密部位；

（五）处理他人的私密信息；

（六）以其他方式侵害他人的隐私权。

**第一千零三十四条** 自然人的个人信息受法律保护。

个人信息是以电子或者其他方式记录的能够单独或者与其他信息结合识别特定自然人的各种信息，包括自然人的姓名、出生日期、身份证件号码、生物识别信息、住址、电话号码、电子邮箱、健康信息、行踪信息等。

个人信息中的私密信息，适用有关隐私权的规定；没有规定的，适用有关个人信息保护的规定。

第三章

# 职场困境

## 1. 职场跳槽，为何不能带走商业秘密？

市场经济环境下，职工跳槽另谋高就的现象较为常见。人才流动有利于市场经济的繁荣，但也不可避免地产生了一些法律纠纷。其中，商业秘密保护问题因涉及公司重大经济利益而备受关注。不少公司在新员工入职前都会与其签订一份保密协议。那么，究竟什么是商业秘密？保密协议究竟有怎样的效力？怎样防止商业秘密被侵犯呢？

### 案情回顾

**案例 24：职场另起炉灶引发侵犯商业秘密纠纷**

陈某与投资方达成协议，共同成立傲胜游戏公司，由陈某担任总经理，并负责某款网络游戏产品的开发和市场营销。经过前期的投入和准备，该游戏如期上线，双方皆大欢喜。

就在陈某准备将游戏投放市场大展拳脚之时，投资方却派来另一位市场营销总监，陈某心中不快，与投资方协商未果，双方不欢而散。陈某一气之下辞职另起炉灶，成立天翔科技公司，高薪挖走傲胜游戏公司 26 名员工，并窃取了傲胜游戏公司网络游戏产品程序源代码，开发出一款类似的游戏投放市场。

此举造成傲胜游戏公司损失惨重。傲胜游戏公司投资方随即报警，警方以涉嫌侵犯商业秘密罪将陈某抓获，后陈某被法院以侵犯商业秘密罪判处有期徒刑 3 年，并处罚金 1 万元。

### 案例 25：跳槽竞争对手被老东家追究泄密责任

项某、孙某是凌云公司的工程师，二人负责开发凌云公司系统软件，并与公司就系统软件保密问题签订了保密协议。

项某在凌云公司开展工作不甚顺利，心生抱怨，萌生去意，被猎头公司盯上。随后在猎头公司的撮合下，凌云公司的竞争对手 ARL 公司以重金邀请项某加盟该公司，项某抵挡不住高薪诱惑，不仅自己辞职跳槽到 ARL 公司，而且拉拢孙某也加盟了 ARL 公司。项某、孙某两人跳槽后，将为凌云公司开发的系统软件提供给了 ARL 公司，导致凌云公司损失巨大。

后凌云公司报警，警方将项某、孙某抓获。法院以侵犯商业秘密罪判处项某有期徒刑 3 年 6 个月，并处罚金人民币 4000 元；判处孙某有期徒刑 2 年 6 个月，并处罚金人民币 3000 元。

## 以案说法

**1. 判断商业秘密的标准**

判断一项信息是否属于商业秘密有三个标准：一是不为公众所知悉；二是能为权利人带来经济利益；三是具有实用性并且权利人采取了保密措施。三者同时具备即属于受法律保护的商业秘密。

**2. 哪些内容可能属于商业秘密？**

商业秘密内容五花八门，但总体来说分为技术信息和经营信息两大类。技术信息，包括程序源代码、技术诀窍、设计图纸、工艺流程等；经营信息，则涵盖管理方法、产销策略、客户名单、货源情报等内容。

**3. 哪些行为可能侵犯商业秘密？**

侵犯商业秘密的手法变化多端，隐蔽性较强。很多侵权人都是某一行业内的专家，盗窃、利诱者有之，胁迫他人获取商业秘密的案件也屡有发生，值得警惕。

在案例 24 中，陈某跳槽后成立新公司本无可厚非，但是通过挖走原公司大量员工，窃取原公司游戏产品程序源代码，便涉嫌犯罪。对于一家游戏公司而言，网络游戏程序源代码无疑属于商业秘密，具有经济价值并受到公司严格保护。陈某创立的公司采取盗窃的方式，侵犯了傲胜游戏公司的商业秘密，给商业秘密权利人傲胜游戏公司造成重大损失，陈某作为公司直接责任人，依照我国《刑法》规定，构成侵犯商业秘密罪。

在案例 25 中，孙某、项某作为凌云公司的工程师，所开发的系统软件本应归凌云公司所有，而且双方签订了保密协议。系统软件具有较高的商业价值，属于受法律保护的商业秘密。两人经不住高薪诱惑跳槽到竞争对手公司，作为知悉商业秘密内容的人，将原本属于凌云公司的系统软件提供给 ARL 公司，给凌云公司造成巨大损失。孙某、项某严重违反了与凌云公司之间关于保守商业秘密的约定，向新公司披露其所掌握的商业秘密，依照我国《刑法》规定，构成侵犯商业秘密罪。

### 💡 温馨提示

#### 1. 企业要注意保护知识产权

商业秘密往往涉及知识产权保护问题，许多发明被列为商业秘密加以保护，是权利人辛勤汗水的结晶。在国家提倡大众创业、万众创新的新形势下，保护公司企业知识产权，防止商业秘密被侵犯，对维护正常健康的市场经济秩序具有重要的意义。

公司企业要增强商业秘密保护意识，与本单位员工或相关知情人签订保密协议不失为保护商业秘密的良策之一。

保密协议，是指双方当事人之间约定不得向任何第三方披露相关信息的协议。如果负有保密义务的当事人违反协议，将保密信息披露给第三方，将要承担民事责任甚至刑事责任。

#### 2. 企业保护商业秘密有技巧

如何认定侵权人通过违法手段获取的商业秘密与权利人的商业秘密实质相同，在司法实践中具有相当大的难度。

在许多侵权案件中,侵权人往往以不知道披露的信息属于商业秘密,或者以为披露的信息已被公众知晓,单位并没采取保密措施为由进行抗辩。但是,如果与相关人员签订了保密协议,明确了保密内容,就能很好地反驳侵权人,更加有力地维护自身合法权益。

**3. 在商业秘密保护上要注意"留一手"**

司法实务中,如同案例 24 和案例 25 一样,侵犯商业秘密案件多发生在职工跳槽之际,而跳槽者普遍学历较高,多为某个行业、领域的高级技术人员。跳槽之后,他们通过泄露本单位商业秘密获取非法利益,或者是"另立门户",给原单位造成巨大经济损失。

有鉴于此,公司企业除了与关键岗位员工签订保密协议之外,在商业秘密保护上也要注意"留一手"。例如,与关键人员签订离职后竞业禁止协议,在研发过程中实行分级、分段保护,与员工约定服务年限和违约责任,针对关键岗位规定脱密期限等。

同时,也要注重对员工进行普法教育,引导广大员工诚信守法,抵制非法利益诱惑,避免误入歧途,触碰法律红线。

## 🔄 法条链接

**《中华人民共和国刑法》**

**第二百一十九条** 有下列侵犯商业秘密行为之一,情节严重的,处三年以下有期徒刑,并处或者单处罚金;情节特别严重的,处三年以上十年以下有期徒刑,并处罚金:

(一)以盗窃、贿赂、欺诈、胁迫、电子侵入或者其他不正当手段获取权利人的商业秘密的;

(二)披露、使用或者允许他人使用以前项手段获取的权利人的商业秘密的;

(三)违反保密义务或者违反权利人有关保守商业秘密的要求,披露、使用或者允许他人使用其所掌握的商业秘密的;

明知前款所列行为,获取、披露、使用或者允许他人使用该商业秘密的，以侵犯商业秘密论。

本条所称权利人，是指商业秘密的所有人和经商业秘密所有人许可的商业秘密使用人。

**第二百二十条**　单位犯本节第二百一十三条至第二百一十九条之一规定之罪的，对单位判处罚金，并对其直接负责的主管人员和其他直接责任人员，依照本节各该条的规定处罚。

# 2. 未签劳动合同受工伤，法律如何保护？

我国经济的高速发展离不开每位劳动者的辛勤奉献，劳动者理应受到有关劳动法律法规的保护。但天有不测风云，劳动者在劳动过程中可能会遭遇工伤事故，受到人身伤害。

相对于用人单位而言，劳动者处于明显弱势地位，现实中屡屡发生劳动者工伤维权艰难的案例。因此，每位劳动者都应当懂得运用法律保护自己的合法权益，在不幸遇到工伤时更要果断拿起法律武器维权。

## 案情回顾

### 案例 26：货车司机上班时间突发脑出血死亡

邓某是某物流公司的货车司机。一天，邓某在公司办公室内突然感到头晕目眩，被同事紧急送往医院急救，经医院诊断为突发脑出血，因抢救无效于次日上午死亡。

经查，邓某在该物流公司工作两个多月，公司并未与邓某签订劳动合同，也没有购买任何保险。事发后，物流公司先是拒绝承认与邓某存在劳动关系，仅承认是公司员工临时雇佣请邓某帮忙，后又以邓某本人有疾病为由拒绝承认工伤，仅答应给予一定的"人道主义"赔偿。邓某家属与物流公司协商不成，双方遂起纠纷。

### 案例27：外卖小哥上班途中突遇交通事故

王某是某外卖公司的员工，某天在骑单车去公司上班的路上不慎与一辆小汽车发生剐蹭摔伤造成骨折，经交警部门认定小汽车驾驶员负事故全部责任。王某向公司请假后提出工伤认定申请，没想到公司方以王某摔伤属于自身过错，与工作职能无关为由拒不承认其属于工伤。

经查，王某刚入职一个多月，虽然签订了劳动合同，但公司并未给其购买社保。王某不服，遂打算申请劳动仲裁。

## 以案说法

在司法实务中，工伤认定是劳动法律关系中极易产生纠纷的重点问题之一。

我国地区经济发展不平衡，许多务工人员到一线城市工作，由于法律意识比较淡薄，其合法权益经常受到忽视和侵犯。尤其是在发生工伤事故后，因为可能涉及巨额赔偿，常常受到一些不规范用工单位的刁难，如同邓某、王某的遭遇一样。

**1. 确定双方存在劳动法律关系，是工伤认定的第一步**

在案例26中，因为双方之间没有签订劳动合同，物流公司否认与邓某之间存在劳动关系，这样的情况在现实生活中屡见不鲜。许多务工人员缺乏签订劳动合同的意识，一些单位也是抱着"多一事不如少一事"的侥幸心理，为日后工伤纠纷埋下隐患。

在没有签订劳动合同的情况下，依据"谁主张，谁举证"的民事纠纷举证规则，需要劳动者提供证据证明双方具有事实上的劳动关系，如工作证件、有关工作的文字记录、工友证言、工作服装等。案例26中邓某与物流公司存在事实上的劳动法律关系，能够有证据予以证明，依法受到劳动法律法规的保护。

**2. 确认属于法律规定的工伤情形，是工伤认定的第二步**

根据我国相关行政法规的规定，职工在上下班途中，受到非本人主要责任的交通事故或者在城市轨道交通、客运轮渡、火车事故伤害的，应当认定为工伤。案例 27 中的王某是在上班途中遇到的交通事故,而且是对方负事故全部责任,依法应当认定为工伤。

我国相关行政法规规定,职工在工作时间和工作岗位,突发疾病死亡或者在 48 小时之内经抢救无效死亡的,视同工伤。案例 26 中的邓某在上班时间突发脑出血并于次日抢救无效死亡,属于视同工伤的法定情形,应当依法认定为工伤。

### 3. 排除法律法规否认工伤的情形,是确认工伤的最后一步

我国相关行政法规明确规定,职工虽然符合工伤或者视同工伤的情形,但有故意犯罪、醉酒或者吸毒、自残或者自杀情形之一的,不得认定为工伤。

在案例 26 中,物流公司认为邓某本身患有疾病导致突发脑出血身亡,不能作为否认工伤的理由。

在案例 27 中,外卖公司认为由于王某个人过错导致身体受伤,与工作职务无关,也不能作为否认工伤的依据。只要劳动者没有出现三种法定的否定工伤情形,就应当依法认定为工伤。

综上所述,邓某、王某都应依法认定为工伤。如果劳资双方对工伤认定没有异议,可以协商解决工伤赔偿问题。已购买社保的,由社会保险机构予以赔偿;没有购买社保的,由用人单位进行赔偿。

如果劳资双方对工伤认定有异议且协商不成的,可以向社会保险行政部门(如人力资源和社会保障局)提出工伤认定申请,根据认定结果确定赔偿事宜。

### 温馨提示

#### 1. 务工人员要有风险防范意识

务工人员在外出务工时要及时与用人单位签订劳动合同,并要求用人单位购买社保。如果用人单位拒不签订劳动合同,或者签订劳动合同却不购买社保的,劳动者可以向社会保险行政部门举报。

#### 2. 出现工伤事故要注意保留证据

如果不幸出现工伤事故,劳动者及其家属要有证据保全意识,在第一

时间收集固定相关证据。如案例 26 中邓某在物流公司的工作记录、工资发放凭证、送货单据、工友证言以及医院诊断证明等；案例 27 中王某要保留交警部门出具的事故责任认定书等。

### 3. 用工单位也要有用工风险意识

不仅是劳动者要有风险意识，用工单位也要有用工风险意识。用工单位应当主动、及时地与员工签订劳动合同，避免因为签订劳动合同不及时而面临被相关部门行政处罚的风险，而且要在用工过程中注意保障劳动者安全，制定相关工作制度和操作规程，最大限度避免员工在工作岗位上遭受事故伤害。

最应当切记的是，要及时为员工购买保险以分散工伤风险。如果由于客观原因暂时不能购买"五险一金"，也要为员工先购买一份人身意外险。如同案例 26 中邓某所在的物流公司、案例 27 中王某所在的外卖公司，其员工工作性质都属于高风险行业，更应该具有保险意识，否则可能面临由用人单位承担工伤全部赔偿责任的后果。

### 4. 工伤事故处理不当易引发群体事件

值得一提的是，务工人员工伤事件如果处理不当极易引发群体事件，可能产生不可预料的严重后果。因此，劳动监管部门、用人单位都应当充分认识到工伤事故的严重性，出现事件后要积极作为，不能消极回避或不作为。

劳动者在出现工伤事故后可以积极寻求法律援助，咨询专业法律人士，理性维权，避免因不理智维权而触犯法律红线。

用人单位应当对员工健康负责，有义务提供良好的工作环境和休息场所，组织员工定期体检，尤其是物流、餐饮、快递等服务行业更应清楚地认识到这点。

### 法条链接

1.《中华人民共和国劳动合同法》

**第十条**　建立劳动关系，应当订立书面劳动合同。

已建立劳动关系，未同时订立书面劳动合同的，应当自用工之日起一个月内订立书面劳动合同。

用人单位与劳动者在用工前订立劳动合同的，劳动关系自用工之日起建立。

**第八十二条**　用人单位自用工之日起超过一个月不满一年未与劳动者订立书面劳动合同的，应当向劳动者每月支付二倍的工资。

用人单位违反本法规定不与劳动者订立无固定期限劳动合同的，自应当订立无固定期限劳动合同之日起向劳动者每月支付二倍的工资。

**2.《工伤保险条例》**

**第十四条**　职工有下列情形之一的，应当认定为工伤：

（一）在工作时间和工作场所内，因工作原因受到事故伤害的；

（二）工作时间前后在工作场所内，从事与工作有关的预备性或者收尾性工作受到事故伤害的；

（三）在工作时间和工作场所内，因履行工作职责受到暴力等意外伤害的；

（四）患职业病的；

（五）因工外出期间，由于工作原因受到伤害或者发生事故下落不明的；

（六）在上下班途中，受到非本人主要责任的交通事故或者城市轨道交通、客运轮渡、火车事故伤害的；

（七）法律、行政法规规定应当认定为工伤的其他情形。

**第十五条**　职工有下列情形之一的，视同工伤：

（一）在工作时间和工作岗位，突发疾病死亡或者在 48 小时之内经抢救无效死亡的；

（二）在抢险救灾等维护国家利益、公共利益活动中受到伤害的；

（三）职工原在军队服役，因战、因公负伤致残，已取得革命伤残军人证，到用人单位后旧伤复发的。

职工有前款第（一）项、第（二）项情形的，按照本条例的有关规定享受工伤保险待遇；职工有前款第（三）项情形的，按照本条例的有关规定享受除一次性伤残补助金以外的工伤保险待遇。

**第十六条** 职工符合本条例第十四条、第十五条的规定，但是有下列情形之一的，不得认定为工伤或者视同工伤：

（一）故意犯罪的；

（二）醉酒或者吸毒的；

（三）自残或者自杀的。

# 3. 实习生的劳动权益如何保障？

劳动者权益保护一直是社会关注的热点话题之一。随着劳动者法律意识的提高和相关法律法规的完善，普通劳动者权益基本可以得到较为有力的保障。但是，有一个特殊的劳动者群体的权益却常常被忽视，这个群体就是实习生。

所谓实习生，是指在校学生利用课余时间到公司企业等用人单位去实习的群体简称。由于实习生大多为初出茅庐的学生，在自身权益受到侵害时往往选择忍让。其实，实习生完全不必忍气吞声，要善于运用法律维护自身合法权益。

## 🔍 案情回顾

### 案例 28：高校实习生加班加点只换来一纸实习鉴定

小刘是广州某高校的大三学生，按照学校毕业生必须要有实习经验的要求，来到广州一家公司实习。实习工作十分简单，主要是协助正式员工做些办公辅助类工作，如复印资料、到传达室取件、整理归类文件等。

公司经常需要加班加点，在短短 3 个月实习期内，小刘约有一个半月时间都在加班。小刘每次加班除了能和正式员工一起吃个工作餐以外，没有收到任何加班费。

转眼间实习期满，小刘以为离开时公司会给予一定的经济补偿，如交通费、加班费等。但公司人力资源部除了一纸实习鉴定，并没有支付报酬给小刘。小刘心中十分憋屈，遂向律师咨询，希望争取到自己的合法权益。

### 案例 29：职校实习生被迫上夜班

某职业学院即将毕业的学生在校方的安排下到某企业实习。学生们本以为会迎来一次愉快开心的实习之旅，没想到到了企业后却被告知要实行"两班倒"，一部分学生被安排上夜班。

在上班过程中学生们发现，实习生和正式员工的工作区别不大，待遇却有天壤之别，实习生上夜班都没有报酬。不少实习生早晨从宿舍出发挤早高峰地铁去实习单位，晚上又挤地铁披星戴月回到宿舍。

开始还能忍受，久而久之许多实习生忍不住抱怨，要是在上下班途中遇到意外，有个闪失真是得不偿失，一点保障都没有。一些学生向法律专业人士咨询，实习期间实习生究竟是学生还是劳动者呢？

## 以案说法

#### 1. 实习生劳动权益保护于法有据

每年我国都有大量的实习生参与各种实习工作，目前我国尚未专门制定保护实习生劳动权益的法律法规。在实习生与用人单位之间发生争议甚至工伤时，全国各地的纠纷解决办法和赔偿适用标准也不尽相同。

但是，在我国已颁布的法律法规中，已经有许多涉及实习生劳动权益保护的内容，因此可以以相关法律条文为依据，切实保护实习生的合法权益。例如，我国相关行政法规有明确规定，除专业和岗位有特殊要求并报上级主管部门备案外，实习期间一般不得安排学生加班和上夜班。在案例29中，如果没有经过合理的程序并事先告知，实习单位强制实习生上夜班显然属违规行为。

#### 2. 实习单位应当支付实习生必要费用

在案例28中，小刘属于高校实习生，与用人单位之间一般不会签订劳动合同，因此没有形成劳动关系，属于一种劳务关系。

小刘在实习之前，应当详细了解实习单位关于实习生待遇的相关规定，明确双方的权利义务关系，再决定是否实习。一旦决定成为该单位实习生，那么小刘就有义务遵守实习单位的各项规定。但是，加班加点或者其他与实习生能力不相匹配的工作要求，小刘可以合理拒绝。

作为实习单位，除非实习前有特别说明，否则应当为实习生支付工作餐费等必要的费用。如有约定，还要支付实习工资。

如果在实习工作期间出现意外，由于没有形成劳动关系，因此一般不能作为工伤处理，可根据相关司法解释的规定，由实习单位和学校对实习生承担损害赔偿的责任。

### 3. 实习生签订劳动合同后与普通劳动者无异

在案例 29 中，职业学院学生属于职校实习生，由职业学校安排或者经职业学校批准到实习单位进行专业技能培养教育教学活动，有的实习时间较长的应当签订劳动合同，受劳动法律保护，与普通劳动者无异。

实习生自签订合同起一个月内，用人单位就要为其缴纳社会保险。即便是没有签订劳动合同，只要有证据证明构成事实上的劳动关系，如工作证件、实习证明、工作记录、工友证言等，依然可以受到劳动法律保护。

在实习期如果出现工伤事故，可以依据我国有关工伤的法律法规规定进行索赔。如果职校实习生实习期较短，又没有签订劳动合同，出现工伤事故可由实习单位和学校对实习生承担损害赔偿的责任。

### ⚟ 温馨提示

#### 1. 实习生合法权益依法受到保护

实习生大多涉世未深，有些职校实习生甚至还未成年，缺乏相应的法律意识，不能维护自己的合法权益。而事实上，依据现有法律法规的规定，实习生的合法权益应当受到保护。

一般情况下，实习生不会坚持与用人单位之间签订劳动合同。在此情形下一旦发生事故，由于不属于工伤保险的规定范畴，实习生很难获得用人单位的赔偿。而学校由于并不是直接责任人，即便是作出一些补偿，也只是杯水车薪、无济于事，因此对实习生的合法权益保护应当引起高度重视。

### 2. 保护实习生合法权益有方法

要解决类似于小刘一样的大学生在实习期间的合法权益保护问题，涉及用人单位与实习生之间利益的平衡，监管起来也存在困难。实际上，不论是案例 28 中的高校实习生，还是案例 29 中的职校实习生，均可以视为一种"准劳动关系"，与事实劳动关系一样都属于劳动关系的一种，理应受到法律的保护。

实习期间，如果没有签订劳动合同但属于试用性质实习的，如案例 29 中的职校实习生，可以从法律上证明实习生与用人单位之间存在事实劳动关系，先申请工伤认定，从而获得工伤赔偿。

用人单位对事实劳动关系的认定有异议的，也可先申请工伤认定，如不能获得支持，可以直接向人民法院起诉，也可以向劳动仲裁部门提起仲裁。如果仲裁没有得到支持，还可以向法院提起诉讼。

### 3. 实习生法治观念须增强

在强化监管的同时，也要注意发挥社会监督、舆论监督的作用，及时发现问题，有针对性地宣传劳动法律法规以及有关实习管理的规定。既要提高学校和用人单位的法治意识，也要增强实习学生的法治观念，让学生敢于反映问题，依法维权。

## 法条链接

### 1.《中华人民共和国劳动合同法》

**第十条** 建立劳动关系，应当订立书面劳动合同。

已建立劳动关系，未同时订立书面劳动合同的，应当自用工之日起一个月内订立书面劳动合同。

用人单位与劳动者在用工前订立劳动合同的，劳动关系自用工之日起建立。

**2.《工伤保险条例》**

**第二条** 中华人民共和国境内的企业、事业单位、社会团体、民办非企业单位、基金会、律师事务所、会计师事务所等组织和有雇工的个体工商户（以下称用人单位）应当依照本条例规定参加工伤保险，为本单位全部职工或者雇工（以下称职工）缴纳工伤保险费。

中华人民共和国境内的企业、事业单位、社会团体、民办非企业单位、基金会、律师事务所、会计师事务所等组织的职工和个体工商户的雇工，均有依照本条例的规定享受工伤保险待遇的权利。

**3.《职业学校学生实习管理规定》**

**第十四条** 学生参加岗位实习前，职业学校、实习单位、学生三方必须以有关部门发布的实习协议示范文本为基础签订实习协议，并依法严格履行协议中有关条款。

未按规定签订实习协议的，不得安排学生实习。

**第十七条** 除相关专业和实习岗位有特殊要求，并事先报上级主管部门备案的实习安排外，实习单位应遵守国家关于工作时间和休息休假的规定，并不得有以下情形：

（一）安排学生从事高空、井下、放射性、有毒、易燃易爆，以及其他具有较高安全风险的实习；

（二）安排学生在休息日、法定节假日实习；

（三）安排学生加班和上夜班。

**第三十六条** 学生在实习期间受到人身伤害，属于保险赔付范围的，由承保保险公司按保险合同赔付标准进行赔付；不属于保险赔付范围或者超出保险赔付额度的部分，由实习单位、职业学校、学生依法承担相应责任；职业学校和实习单位应当及时采取救治措施，并妥善做好善后工作和心理抚慰。

## 4. 加班费究竟应该怎么算？

每逢重大节日，活跃在职场上的劳动者心中都免不了犯嘀咕，自己的出行计划已经定了，万一老板临时要求加班怎么办？如果加了班，加班工资又该怎么算？法律对此又是如何规定的呢？

### 案情回顾

**案例30：销售员假期被迫加班仅安排补休**

李小姐在某商场品牌服装店做服装销售员，劳动合同约定：月工资包含基本工资2500元、固定加班工资200元，以及绩效奖金；节假日加班安排补休；工作时间为每天工作7小时，每周休息1天。

这一年国庆假期期间，李小姐被安排在10月1日至7日上班，但是在结算工资的时候，老板并没有给加班费，并解释说合同已经包含了固定加班费了，而且合同已约定法定节假日加班安排补休，因此不支付加班费。

李小姐因为加班无法与家人团聚，现在老板连加班工资都不给，令她十分不悦。那么老板这样做是否合法？李小姐能否获得加班工资？

**案例31：公务员加班提出"加班费"要求未获批准**

小张考上了某市政府公务员，工作热情高涨，他所在的部门工作非常繁忙，经常需要加班加点才能完成工作，有时候忙起来连与女朋友约会的时间都保证不了。

时间一长，小张的女朋友心生怨言，调侃小张说"你看人家企业加班都有加班费，怎么只见你加班，没见有加班费呢？"小张一听也心生疑问，觉得自己作为一名劳动者，加班应当享受加班费。于是小张向单位领导提出自己的加班费问题，后经领导解释才知道有关公务员加班的有关法律规定，打消了心中的疑惑。

## 以案说法

**1. 企业员工加班工资如何计算？**

根据我国劳动法律规定的规定，劳动者按照用人单位的要求，正常工作日延长工作时间、休息日加班以及法定节假日加班的，用人单位应该依法支付劳动者加班工资。

在案例 30 中，国庆假期中 10 月 1 日至 3 日是法定节假日，剩下的 4 天属于双休日调换。因此李小姐可以依法要求用人单位支付 1 日、2 日、3 日不低于 3 倍工资的加班费。另外 4 天，属于双休日加班，由用人单位决定安排补休还是给加班费。对这 4 天，用人单位如果给予补休的话，则不需再支付加班费，若不给补休的话，则需支付给李小姐不低于 2 倍工资的加班费。

**2. 补休能否代替加班费？**

用人单位认为在合同中已经约定了"节假日加班的安排补休"，因此补休可以代替支付加班费，这种观点是否成立呢？

依据我国法律规定，只有休息日加班才可以补休代替加班费，法定节假日加班的必须支付不低于 3 倍工资的报酬。在案例 30 中，合同约定并不能排除用人单位依法支付加班费的义务，因此用人单位必须依法给予李小姐加班工资，同时也要按合同约定给予补休。

**3. 工资已包含加班费的约定是否合法有效？**

劳动合同作为一种特殊合同，在不违背法律法规的情况下，依然遵循意思自治原则，只要双方自愿达成合意即具有法律效力。

根据我国法律规定，劳动合同应当具备劳动报酬的条款，但是该法也并未明确禁止工资包含加班费的约定。因此在司法实务中，对于固定加班时间、固定加班费的用工模式，只要用人单位提供证据证明劳资双方已经事前约定工资包含加班费，并且该工资收入不低于以当地最低工资数额作为标准工时工资折算的工资总额的，此种情形下劳动者主张加班费一般难以获得法律支持。

那么如何理解"工资收入不低于以当地最低工资数额作为标准工时工资折算的工资总额"的规定呢？

具体计算方法为：先找到当地官方颁布的每月最低工资标准作为基准参照，以每天工作 7 小时、每周工作 6 天计算，每周工作 42 小时，得出最低时薪数，再乘以 2，得出周六上班的加班费最低时薪数。

理由在于：依据法律规定，劳动者休息日加班的，用人单位不安排补休应支付不低于工资 2 倍的工资报酬。如果用人单位约定的每月固定支付的加班费低于计算得出的标准，应当视为无效，应当向劳动者补足未足额支付的加班费。举例来看，如某地官方公布的最低工资标准为 1895 元/月，那么每天工作 7 小时，每周工作 6 天，每周工作 42 小时，最低时薪为 18.3 元，加班费最低时薪应为 $18.3×2=36.6$ 元。每月周六上班共计 7 小时×4 个周=28 小时，那么每月应得加班费为 $36.6×28=1024.8$ 元。那么用人单位约定每月固定支付的加班费低于 1024.8 元的属于无效，应按 1024.8 元/月的标准补足加班费。

### 4. 公务员加班为何没有加班费？

有些人认为，公务员虽然有别于签劳动合同的企业员工，但也属于劳动者范畴。作为劳动者而言，公务员加班为什么没有加班费呢？

公务员，是指依法履行公职、纳入国家行政编制、由国家财政负担工资福利的工作人员。换言之，公务员是代表国家从事公务的人员，国家要求公务员在规定的上班时间内完成工作任务，不提倡公务员加班加点工作。

公务员与企业员工是不同的劳动者群体，企业劳动者劳动关系受有关劳动的法律法规的保护，而公务员劳动关系受《公务员法》的调整。我国《公务员法》明确规定，公务员实行国家规定的工时制度，按照国家规定享受休假。公务员在法定工作日之外加班的，应当给予相应的补休，不能补休的按照国家规定给予补助。由此可见，公务员是没有加班费一说的。

## 温馨提示

### 1. 劳动者签订劳动合同要留意加班条款

许多劳动者签订劳动合同时习惯于"雇主说什么就是什么"，缺乏权益保护意识。

所谓"固定加班工资"实际上是雇主延长劳动时间、规避加班费的一种手段。加班本来就是随机的、不固定的，因此根本不存在"固定加班工资"一说。

其实，要预防和解决案例30中的加班费纠纷，可以在劳动合同有关加班费的条款中约定，"加班费依据我国劳动法有关规定处理"，这对雇主履行合同可以起到一定约束作用，能够较好地预防和解决问题。

### 2. 遇到劳资纠纷要懂得合法维权

当遇到加班费等工资薪酬方面的纠纷时，劳动者要懂得与用人单位沟通协商，避免激化矛盾，也可以带着劳动合同向工会、劳动监管等部门寻求帮助。

在加班期间产生误餐费、交通费等费用，要注意保留好相关票据凭证，如果用人单位不支付加班费，那么这些基于加班产生的合理费用应当由用人单位承担。

### 3. 用人单位不可贪图小利挫伤员工积极性

对于用人单位而言，加班费虽小，但事关员工的工作热情和积极性。用人单位应当坚持"以人为本"的管理理念，懂得算好经济账，不能因为一点加班费，而让员工失去对单位的归属感，结果得不偿失。只有对员工进行人性化管理，多为员工利益着想，才能激发员工的主人翁意识，营造良好的企业文化氛围，实现企业利益与员工利益的双赢。

### 4. 公务员加班可安排补休，不能安排补休的可给予补偿

作为国家公务员，应当认真学习《公务员法》等法律法规，不仅要具有奉献精神和人民公仆意识，也要注意自身工作效率和工作质量，一般不要求也不提倡加班。

对于为完成明显超过正常工作量的加班，单位应当安排补休，对不能安排补休的公务员，按照国家规定给予补助。

## 法条链接

**1.《中华人民共和国劳动法》**

**第四十四条**　有下列情形之一的，用人单位应当按照下列标准支付高于劳动者正常工作时间工资的工资报酬：

（一）安排劳动者延长工作时间的，支付不低于工资的百分之一百五十的工资报酬；

（二）休息日安排劳动者工作又不能安排补休的，支付不低于工资的百分之二百的工资报酬；

（三）法定休假日安排劳动者工作的，支付不低于工资的百分之三百的工资报酬。

**2.《中华人民共和国公务员法》**

**第八十二条**　公务员按照国家规定享受福利待遇。国家根据经济社会发展水平提高公务员的福利待遇。

公务员执行国家规定的工时制度，按照国家规定享受休假。公务员在法定工作日之外加班的，应当给予相应的补休，不能补休的按照国家规定给予补助。

# 5. 当生二胎遇上性别歧视，职场丽人怎么办？

许多女员工基于家庭考虑会选择生二胎，给所在公司人力资源调配带来一定困难。

在市场竞争日益激烈的形势下，受利润驱使和竞争压力的影响，不少公司企业开始对女员工生二胎进行干涉，由此引发一系列职场法律问题。

如何运用法律武器应对二胎时代的职场性别歧视？发生法律纠纷后职场女性又该如何维权呢？

## 案情回顾

### 案例 32：公司制定女员工生育二胎规定惹争议

陈某是某公司的白领，已经生育一女刚满 3 周岁。二孩政策放开后，陈某积极锻炼，准备生育二胎。陈某所在部门领导听到风声后，多次找陈某谈话，以公司业务正在拓展关键期为由，劝说陈某以公司大局为主，暂时放弃生二胎的计划，并要求陈某签署一份书面承诺书，承诺两年后再生二胎，否则公司有权解除劳动合同，并出示公司制定的《关于公司女员工计划生育二胎的规定》。

陈某认为自己年纪偏大，基于优生优育的考虑，不同意签署承诺书，并表示生育是自身权利，公司无权干涉。后陈某不顾公司劝阻怀孕并生育一子。休完产假后，公司以严重违反单位规章制度为由，宣布解除与陈某的劳动合同。陈某不服，向劳动保障部门提起申诉，后劳动保障部门依法责令该公司改正，并给予警告。

### 案例 33：女白领生完二胎复职被调整工作岗位

某公司中层管理人员张某在生育完二胎后回到单位开始工作。因二胎幼儿经常生病，张某一面忙着家中事务，一面兼顾公司工作，身心疲惫。由于精力不济，张某领导的部门业绩严重下滑，张某本人在工作中也时常犯错，险些给公司造成经济损失。

公司认为，张某生育二胎后已经不能胜任现任工作岗位，遂将张某调离原工作岗位。张某认为，自己所在的职位是辛苦拼搏得来的，调整岗位后自己工资收入将大幅减少，自己要供楼养车和养育二胎，开销较大，部门业绩下滑只是暂时现象，自己坚决不同意公司调整工作岗位。

公司以张某不服从管理为由，宣布解除与张某的劳动合同。张某不服，向劳动保障部门提起申诉。后经劳动保障部门调解，张某同意调整工作岗位。

## 以案说法

### 1. 公司规定违反国家法律法规的归于无效

上述两个案例都是因为二胎问题，而且都涉及"严重违反用人单位规章制度"，但处理结果却并不相同，需要结合案例具体情况具体分析。

根据《妇女权益保障法》的规定，用人单位不得因结婚、怀孕、产假等情形辞退女职工，单方解除劳动合同。在案例 32 中，陈某的公司制定所谓的《关于公司女员工计划生育二胎的规定》，对女员工生育二胎进行限制，明显与国家的政策相违背，属于违反国家法律法规政策的情形，应归于无效。陈某生育二胎不属于法律规定的"严重违反用人单位规章制度"的情形，公司无权解除与陈某的劳动合同。

在案例 33 中，张某生完二胎后回到工作岗位，因个人原因不能胜任岗位。公司基于管理需要，调整张某的工作岗位，属于履行正常的管理职能。双方应当本着协商的原则，充分沟通达成共识，张某不能拒绝执行公司的正当决议。公司也应当说服张某面对现实，接受公司决定，并安排好相关岗位培训，必要时可以邀请劳动保障部门主持调解。

### 2. 员工可以依法向劳动保障部门提起申诉

在案例 32 中，陈某可以依法向劳动保障部门提起申诉，根据我国法律规定，劳动保障部门经过调查认定用人单位制定的直接涉及劳动者切身利益的规章制度违反法律、法规规定的，应当责令改正，给予警告。如果给劳动者造成损害的，用人单位还应当承担赔偿责任。

### 3. 用人单位解除劳动合法须依照法律规定

在案例 33 中，根据法律规定，只有在经过培训或调整工作岗位仍不能胜任工作的情况下，用人单位提前 30 日以书面形式通知劳动者本人或者额外支付劳动者 1 个月工资后，才可以解除劳动合同。如果张某仍然坚持拒不接受正当安排，用人单位可以"严重违反用人单位的规章制度"为依据，解除劳动合同。

💡 **温馨提示**

**1. 女员工生二胎遭遇歧视要善于维权**

某些公司企业为了干涉女员工生育二胎想出的招数五花八门，如案例 32 中出台公司内部管理规定是较为常见的做法。

我国法律明确规定，用人单位在制定、修改或者决定直接涉及劳动者切身利益的规章制度或者重大事项时，应当经职工代表大会或者全体职工讨论，提出方案和意见，与工会或者职工代表平等协商确定，并且公示或者告知劳动者。

借公司管理名义"内部立法"，无视女性员工合法权益，限制员工生二胎时间，把规定解释权掌握在公司管理层手中，明显属于违法行为，女员工有权拒绝执行。

**2. 女员工不能胜任原岗位的，有义务服从公司管理**

生育二胎后，受家庭、女性生理等客观因素的影响，女员工工作能力可能会较生育前有所减弱，类似案例 33 中张某的情况也时有发生。当女员工工作能力确实不能胜任原岗位强度时，有义务服从公司的正当管理安排。

如果职场女性接受岗位调整，只有在经过培训且调整岗位后仍不能胜任时，公司才有权解除合同。劳动者应当与公司理性沟通，公司也应当充分理解、支持女员工，给予女员工一定的工作适应期和改正的机会，避免激化矛盾，引发纠纷。

**3. 女员工怀孕二胎期间权利有保障**

根据我国女职工劳动保护相关行政法规的规定，用人单位不得因女职工怀孕、生育、哺乳而降低其工资、予以辞退、与其解除劳动或者聘用合同。

如果女员工因为怀孕而不能胜任工作岗位的，用人单位在有医疗机构证明的情况下，应当予以减轻劳动量或者安排其他能够适应的劳动。因此女员工不必因为生育二胎而担心岗位被调整，要善于运用法律维护自身合法权益。

## 法条链接

**1. 《中华人民共和国劳动合同法》**

**第三十八条**　用人单位有下列情形之一的，劳动者可以解除劳动合同：

（一）未按照劳动合同约定提供劳动保护或者劳动条件的；

（二）未及时足额支付劳动报酬的；

（三）未依法为劳动者缴纳社会保险费的；

（四）用人单位的规章制度违反法律、法规的规定，损害劳动者权益的；

（五）因本法第二十六条第一款规定的情形致使劳动合同无效的；

（六）法律、行政法规规定劳动者可以解除劳动合同的其他情形。

用人单位以暴力、威胁或者非法限制人身自由的手段强迫劳动者劳动的，或者用人单位违章指挥、强令冒险作业危及劳动者人身安全的，劳动者可以立即解除劳动合同，不需事先告知用人单位。

**第三十九条**　劳动者有下列情形之一的，用人单位可以解除劳动合同：

（一）在试用期间被证明不符合录用条件的；

（二）严重违反用人单位的规章制度的；

（三）严重失职，营私舞弊，给用人单位造成重大损害的；

（四）劳动者同时与其他用人单位建立劳动关系，对完成本单位的工作任务造成严重影响，或者经用人单位提出，拒不改正的；

（五）因本法第二十六条第一款第一项规定的情形致使劳动合同无效的；

（六）被依法追究刑事责任的。

**第四十条**　有下列情形之一的，用人单位提前三十日以书面形式通知劳动者本人或者额外支付劳动者一个月工资后，可以解除劳动合同：

（一）劳动者患病或者非因工负伤，在规定的医疗期满后不能从事原工作，也不能从事由用人单位另行安排的工作的；

（二）劳动者不能胜任工作，经过培训或者调整工作岗位，仍不能胜任工作的；

（三）劳动合同订立时所依据的客观情况发生重大变化，致使劳动合同无法履行，经用人单位与劳动者协商，未能就变更劳动合同内容达成协议的。

**第四十二条** 劳动者有下列情形之一的，用人单位不得依照本法第四十条、第四十一条的规定解除劳动合同：

（一）从事接触职业病危害作业的劳动者未进行离岗前职业健康检查，或者疑似职业病病人在诊断或者医学观察期间的；

（二）在本单位患职业病或者因工负伤并被确认丧失或者部分丧失劳动能力的；

（三）患病或者非因工负伤，在规定的医疗期内的；

（四）女职工在孕期、产期、哺乳期的；

（五）在本单位连续工作满十五年，且距法定退休年龄不足五年的；

（六）法律、行政法规规定的其他情形。

**第八十条** 用人单位直接涉及劳动者切身利益的规章制度违反法律、法规规定的，由劳动行政部门责令改正，给予警告；给劳动者造成损害的，应当承担赔偿责任。

**2.《中华人民共和国妇女权益保障法》**

**第四十七条** 用人单位应当根据妇女的特点，依法保护妇女在工作和劳动时的安全、健康以及休息的权利。

妇女在经期、孕期、产期、哺乳期受特殊保护。

**第四十八条** 用人单位不得因结婚、怀孕、产假、哺乳等情形，降低女职工的工资和福利待遇，限制女职工晋职、晋级、评聘专业技术职称和职务，辞退女职工，单方解除劳动（聘用）合同或者服务协议。

女职工在怀孕以及依法享受产假期间，劳动（聘用）合同或者服务协议期满的，劳动（聘用）合同或者服务协议期限自动延续至产假结束。但是，用人单位依法解除、终止劳动（聘用）合同、服务协议，或者女职工依法要求解除、终止劳动（聘用）合同、服务协议的除外。

用人单位在执行国家退休制度时，不得以性别为由歧视妇女。

### 3.《女职工劳动保护特别规定》

**第五条**　用人单位不得因女职工怀孕、生育、哺乳降低其工资、予以辞退、与其解除劳动或者聘用合同。

**第六条**　女职工在孕期不能适应原劳动的，用人单位应当根据医疗机构的证明，予以减轻劳动量或者安排其他能够适应的劳动。

对怀孕 7 个月以上的女职工，用人单位不得延长劳动时间或者安排夜班劳动，并应当在劳动时间内安排一定的休息时间。

怀孕女职工在劳动时间内进行产前检查，所需时间计入劳动时间。

# 6. 职场达人如何应对年关薪酬纠纷？

"年关难过年年过。"每逢农历新年，许多企业员工都会遇到不少薪酬上的烦心事。有一些员工想离职另谋高就，却发现不仅手续烦琐，还会碰到"五险一金"缴纳带来的劳资纠纷等。面对年关薪酬纠纷，职场达人们该如何运用法律维护自身合法权益呢？

## 案情回顾

### 案例 34：辞职时才发现公司按最低档购买社保

家住郊区的小陈每天要花费数小时在上下班途中，身心俱疲。新年伊始，小陈打算辞职，在家附近找份工作。辞职后，在工资结算过程中，小陈意外发现公司多年来为自己购买"五险一金"均选择的是最低档的缴费基数，与自己的实际月工资收入 8000 元严重不符。

小陈感觉自己权益受到了损害，于是找到公司人力资源部进行交涉。人力资源部答复称，公司为员工购买"五险一金"，无论实际工资收入多少都按本地最低档购买，这是公司内部制度规定，也是业内的惯例，不同意小陈要求补差额的要求。小陈不满公司答复，双方遂起纠纷。

### 案例35：单位不买社保，离职要求经济补偿未获支持

小张入职某公司三年，一直从事科技研发工作，每月工资标准为5000元。又近年关，小张觉得工作较为乏味打算离职回家过年，在办手续时才发现该公司两年前竟然一直未给自己缴纳社会保险，直到今年才开始缴纳，但缴费基数却以当地最低工资标准计算。

小张十分恼怒，以公司未依法缴纳社会保险为由要求其支付经济补偿金，但公司只同意办理离职手续，不同意支付经济补偿金。后小张向社保经办机构投诉，社保经办机构责令该公司为小张补缴社保，但小张提起劳动仲裁要求公司支付经济补偿金的请求未获支持。

### 以案说法

**1. "五险一金"是否需要强制性购买？**

随着我国市场经济的逐步规范，绝大部分正规企业都会给员工购买"五险一金"。

所谓"五险一金"，是指用人单位给予劳动者的六种保障性待遇的合称。"五险"是指养老保险、医疗保险、失业保险、工伤保险和生育保险，"一金"指住房公积金。"五险一金"中，养老保险、医疗保险、失业保险以及住房公积金是由企业和个人共同缴纳保费，公积金缴纳根据企业效益而定，效益不好的企业可以自己确定比例。

根据我国法律规定，用人单位和个人依法缴纳社会保险费，有权查询缴费记录、个人权益记录，要求社会保险经办机构提供社会保险咨询等相关服务。个人依法享受社会保险待遇，有权监督本单位为其缴费情况。

根据法律规定，用人单位应当自行申报、按时足额缴纳社会保险费，非因不可抗力等法定事由不得缓缴、减免。职工应当缴纳的社会保险费由用人单位代扣代缴，用人单位应当按月将缴纳社会保险费的明细情况告知本人。

由此可见，缴纳社会保险是国家强制性要求。在案例34中，小陈有权

依法查询自己的缴费记录，并提出质询，维护自身合法权益。

**2. 用人单位一律按最低档购买社保合法吗？**

在我国，社保缴费比例由个人缴费和单位缴费组成，每个地区对社保缴纳额度的规定都不同，是以工资总额为基数。

在案例34中，小陈实际月工资是8000元，而用人单位却一直按照当地缴费工资基数的下线（最低档）为其购买社保，这样的做法显然既不合理也不合法。

社保缴费基数一般以上一年度本人工资收入为缴费基数。每年单位为员工购买社保都应当在固定的时间内核定基数，根据职工上年度的月平均工资申报新的基数。小陈、小张的公司无视国家规定，选择最低档为员工购买社保，属于违法行为，依法应予纠正。值得注意的是，劳动者签订低于双方约定薪资的劳动合同，并声称可以让劳动者少交一些个人所得税是虚报、瞒报工资的违法情形，在性质上属于逃避税收的违法行为。

根据《职工基本养老保险个人帐户管理暂行办法》的相关规定，新员工以起薪当月工资作为缴费基数。养老、工伤、医疗、生育、失业五大险种的缴费基数与待遇补偿基数均与职工的工资相挂钩。员工工资水平的变化，会带来各个社保险种缴费基数的相应调整，应当引起劳动者的高度关注。

**3. 用人单位购买社保违规，员工该如何维权？**

根据法律规定，用人单位未按时足额缴纳社会保险费的，职工可以向当地社会保险费征收机构反映，由该机构责令用人单位限期缴纳或者补足，甚至可以申请人民法院扣押、查封、拍卖其价值相当于应当缴纳社会保险费的财产，以拍卖所得抵缴社会保险费。

我国法律规定，用人单位未按时足额缴纳社会保险费的，由社会保险费征收机构责令限期缴纳或者补足，并自欠缴之日起，按日加收万分之五的滞纳金；逾期仍不缴纳的，由有关行政部门处欠缴数额一倍以上三倍以下的罚款。

小陈、小张与原单位就社保补缴问题发生争议，可以收集好相关证据，向社会保险行政部门或者社会保险费征收机构提出申请，要求责令用人单位以实际工资数额为基数为自己缴纳社保，并补缴不合法缴纳期间应当为自己缴纳的社保费用。如果维权不力，还可以依法申请调解、仲裁，或提起诉讼。

💡 **温馨提示**

**1. 用人单位未缴社保将面临用工风险**

用人单位要严格遵守法律法规规定，保证劳动者合法权益，否则将面临用工风险。

司法实务中，用人单位未给员工缴纳社会保险主要表现为以下几种形式：

（1）从入职到离职，用人单位始终没有给员工购买社保。这种情况多存在于劳动密集型、用工关系极不规范的企业中，企业缺乏法律意识，劳动者也不要求买社保，有的劳动者知道要买社保，基于种种考虑要求企业把买社保的钱直接发放给本人。

（2）入职时没有购买社保，入职后一段时间后开始给员工购买社保。案例35即属于此种情形，此时企业应当依法为员工补缴社保。

（3）刚入职时给员工购买了社保，但一段时间后不再购买社保。造成此种情形的原因较为复杂，有的是受企业经济效益影响，有的是企业管理方面出现了问题。

（4）从入职到离职基本上一直给员工购买社保，但中间不小心中断了一两个月。这种情况一般是由于企业人力资源管理部门工作衔接方面出现失误。

（5）一直给员工购买社保，但只购买了部分险种。出现这种情况多数是因为企业方面想节省用工成本，但往往结果是得不偿失。

（6）一直给员工购买社保，但缴费基数低于员工实际工资标准。这种情况最为常见，案例34、案例35都属于此类情形。

### 2. 用人单位未缴纳社保，劳动者离职并不必然获赔

值得一提的是，出现上述用人单位未依法缴纳社保的情形时，劳动者离职并不必然会获得经济补偿，需要结合具体情况而定。

在第 1、3 种情形下，劳动者可以以用人单位未依法缴纳社保为由主张经济补偿金；在第 4、5、6 种情况下，劳动者可以向社保经办机构投诉，由社保经办机构责令用人单位改正补缴，但经济补偿金主张一般不予支持。

第 2 种情形比较复杂，一般而言，如果劳动者在未交社保 1 年内提出的，可以获赔经济补偿；如果超过 1 年时间才提出的，将无法获赔经济补偿，这是法律平衡各方利益、权衡利弊之下做出的选择。在案例 35 中，小张属于超过一年才提出的情形，因此不能获得经济补偿，但可以向社保经办机构投诉责令用人单位补缴社保。

## 法条链接

**《中华人民共和国社会保险法》**

**第八十三条第三款** 个人与所在用人单位发生社会保险争议的，可以依法申请调解、仲裁，提起诉讼。用人单位侵害个人社会保险权益的，个人也可以要求社会保险行政部门或者社会保险费征收机构依法处理。

**第八十四条** 用人单位不办理社会保险登记的，由社会保险行政部门责令限期改正；逾期不改正的，对用人单位处应缴社会保险费数额一倍以上三倍以下的罚款，对其直接负责的主管人员和其他直接责任人员处五百元以上三千元以下的罚款。

**第八十六条** 用人单位未按时足额缴纳社会保险费的，由社会保险费征收机构责令限期缴纳或者补足，并自欠缴之日起，按日加收万分之五的滞纳金；逾期仍不缴纳的，由有关行政部门处欠缴数额一倍以上三倍以下的罚款。

## 7. 辞职后老板拖欠工资怎么办?

人事有代谢,往来成古今。职场工作变化是生活中较为常见的事情。大家同事一场,好聚好散,皆大欢喜。但是事与愿违,一些无良老板以各种理由拖欠工资,不仅把好聚好散变成不欢而散,而且使得辞职变成一场马拉松,令人心力交瘁。那么职场人员辞职后遇到无良老板拖欠工资该如何维权呢?

### 案情回顾

**案例 36:外来务工保安辞职,公司应依法结算工资**

小吴在某公司当保安,该公司过年期间常常鼓励保安人员留守值班,适当发放加班补贴,给予的正常假期很少。为了多挣点钱,小吴每年春节都选择坚守岗位,已经连续五年没有回家过年了。

眼看小吴年纪也不小了,这年春节便想带着多年的积蓄回家相亲娶媳妇。当小吴向单位提出请假要求时,公司以春节假期人手紧张为由不予批准。无奈之下,小吴便想辞职,向公司提交了辞职报告。没想到公司却说小吴没有提前提出申请,给公司正常调度带来困难,不批准小吴辞职。小吴铁了心要辞职,公司便拒不支付小吴剩下的工资。双方协商不成,遂起纠纷。

### 以案说法

1. **想辞职该怎么维权?**

劳动者解除劳动合同的方式主要有三种:

(1) 协商解除,即劳动者与用人单位进行协商,随时解除劳动合同。

(2) 预告解除,即劳动者提前 30 天通知用人单位,30 天后即正式解除劳动合同。

（3）即时解除，即当单位有违法行为时，劳动者可以行使单方面即时解除权，合同即时解除。

在案例 36 中，小吴可以与公司协商解除合同，不必提前预告，双方就解除劳动合同事项达成一致后即可解除劳动关系。如果协商不成，小吴可以向劳动保障部门求助，也可以选择向法院提起诉讼。

当然，小吴也可以提前 30 天通知用人单位要求解除合同，无须用人单位批准，30 天后即可正式解除合同。

如果小吴发现用人单位存在违法行为，如未依法缴纳社会保险费等，可以要求即时解除合同，并依法要求用人单位支付经济补偿金。

### 2. 辞职了工资怎么算？

（1）辞职员工领取工资、享受福利待遇的截止日为正式离职日期。辞职员工的结算款项包括：结算工资、应付未付的奖金、佣金及其他公司拖欠员工的款项。

（2）如果用人单位在合同持续期间没有签订书面合同的，那么自用工之日起，用人单位应当向劳动者每月支付 2 倍工资，最多支付 11 个月。我国法律规定，超过 1 年未签订书面合同的，视为签订了无固定期限的劳动合同。

（3）如果用人单位存在违法行为，劳动者可以依法要求用人单位支付经济补偿金，按劳动者在本单位工作的年限，以每满 1 年支付 1 个月工资的标准支付。6 个月以上不满 1 年的，按 1 年计算；不满 6 个月的，向劳动者支付半个月工资的经济补偿。

### 温馨提示

#### 1. 协商解除劳动合同要注意的问题

（1）违约金。根据法律相关规定，只有在约定服务期和保密条款的情况下，才存在违约金的规定。仅因为职工解除合同而要求其支付违约金是无效的约定。

（2）做好工作交接，并主动索取离职交接单或者退工单、离职证明。

**2. 单方解除劳动合同要注意的事项**

（1）明确劳动合同中是否有约定提前通知解除合同的时间。如果合同中有提前通知时间的约定，职工提前通知的时间就应当依照约定，而不限于30天。

（2）单方解除劳动合同一定要以书面形式，并保留副本，要求单位签收。如果单位签收，则要保留好签收件；如果单位不肯签收，建议用特快专递的方式再向单位寄一份，保留好寄出凭证，并在寄出凭证上用文字表述清楚寄出的是什么文书。

（3）在通知期内须正常上班，积极办理工作交接。解除合同通知发出后，千万不要消极怠工以免授人以柄。如果单位不肯办理工作交接，劳动者可以再向公司发一封函，告知办理工作交接的期限，过此期限不负工作交接不利的后果。

**3. 即时解除劳动合同应注意的要点**

解除劳动合同的通知一定要书面化，在通知函中要将解除的事实依据与法律依据写清楚。除了试用期内辞职外，即时解除劳动合同情形可向单位要求解除合同的经济补偿，同时要积极与单位办理工作交接，并保留好交接凭证。

**4. 注意维权时效**

在解除劳动合同过程中，合法权益受到侵害的可以到当地劳动监察部门投诉，协商无果的可直接到劳动仲裁委员会提请仲裁申请，维护合法权益。劳动仲裁时效为1年，从离职开始计算仲裁时效。

## 🔄 法条链接

《中华人民共和国劳动合同法》

**第三十八条** 用人单位有下列情形之一的，劳动者可以解除劳动合同：

（一）未按照劳动合同约定提供劳动保护或者劳动条件的；

（二）未及时足额支付劳动报酬的；

（三）未依法为劳动者缴纳社会保险费的；

（四）用人单位的规章制度违反法律、法规的规定，损害劳动者权益的；

（五）因本法第二十六条第一款规定的情形致使劳动合同无效的；

（六）法律、行政法规规定劳动者可以解除劳动合同的其他情形。

用人单位以暴力、威胁或者非法限制人身自由的手段强迫劳动者劳动的，或者用人单位违章指挥、强令冒险作业危及劳动者人身安全的，劳动者可以立即解除劳动合同，不需事先告知用人单位。

**第四十七条**　经济补偿按劳动者在本单位工作的年限，每满一年支付一个月工资的标准向劳动者支付。六个月以上不满一年的，按一年计算；不满六个月的，向劳动者支付半个月工资的经济补偿。

劳动者月工资高于用人单位所在直辖市、设区的市级人民政府公布的本地区上年度职工月平均工资三倍的，向其支付经济补偿的标准按职工月平均工资三倍的数额支付，向其支付经济补偿的年限最高不超过十二年。

本条所称月工资是指劳动者在劳动合同解除或者终止前十二个月的平均工资。

**第八十二条**　用人单位自用工之日起超过一个月不满一年未与劳动者订立书面劳动合同的，应当向劳动者每月支付二倍的工资。

用人单位违反本法规定不与劳动者订立无固定期限劳动合同的，自应当订立无固定期限劳动合同之日起向劳动者每月支付二倍的工资。

# 第四章

# 人在囧途

## 1. 揭开"零团费"面纱：是优惠还是陷阱？

外出旅行最重要的是有一个好心情。然而，关于"强制游客购物"的新闻屡屡见诸报端，给本来愉快的旅行蒙上了一层阴影。事出有因，通过梳理案例不难发现，频频发生的强制购物事件，与游客和旅行社签订的旅游购物合同条款不无关系。有的旅行社为了吸引游客，甚至推出"零团费"旅游项目。那么参加"零团费"购物团，究竟是享受到了实惠，还是面临着一个未知的陷阱呢？

### 案情回顾

**案例 37：游客签约购物团遭导游赤裸裸威胁**

网友在微博上传视频，称在某地旅游时遭遇男导游强迫购物。在视频中，清晰可见一位头戴帽子的男导游对几名游客说："你自己报的购物团就必须消费，十分钟不到你们就出来了，你们好意思站在这个地方吗？"在随后的言语中，导游甚至对游客进行赤裸裸的威胁，称天下没有免费的午餐，游客们既然签了购物团，就必须购物。该导游数次强调："合同是你自己签的，没人强迫你签。签了购物团就必须购物，天上没有掉馅饼的事情。"

在网友曝光的另一段视频中，该导游在旅游车上宣称："现在咱们要去买玉器，你们给我买出来一万块钱。因为我们报的是购物团，购物团是有指标的。你没达到我的指标我不会让你上车。"该案经网络曝光后引起舆论一片哗然，当地旅游执法部门立即展开调查，依法追究相关责任人责任。

### 案例38：参加"零团费"旅游团游客被迫购物

孙先生一行人报名参加了新马泰"零团费"购物旅游团，一路上旅游购物，不亦乐乎。经过购物血拼，大部分人随身带的钱所剩无几。

等旅游团到了新加坡后，大部分人已经没有了购物欲望，可偏偏又遇到了一家珠宝购物点。面对销售人员天花乱坠的宣传，大家表现得无动于衷，也有些无可奈何，最终全团只购买了不到2000元的珠宝。这下引起了跟团导游的强烈不满，在旅行车上，他强行要求旅客每人必须购买一个珠宝纪念品，否则不去下一个景点。

迫于无奈，孙先生一行人只好按导游的指令购买了若干珠宝。回国后，孙先生立即致电旅游监管部门对该旅行社进行投诉，要求旅行社赔偿强制购物带来的损失。

## 以案说法

#### 1. 什么叫作"旅游购物团"？

所谓"旅游购物团"，是指游客与旅行社签订的旅游合同中约定有购物环节的旅行团。

旅游购物团中的导游除了带游客游览景点外，还会将游客们带往购物点购物，购物成为整个旅游行程必不可少的一部分。而"零团费"旅游购物团是旅行社推出的促销手段，即不收取团费。

正所谓"羊毛出在羊身上"。"零团费"旅游团购物点的返点提成就成了旅行社和导游们的收益所在。问题在于：参加旅游购物团就必须购物吗？购物有标准要求吗？面对强制购物，游客们如何维护自身合法权益？

#### 2. 游客要用法律武器维护自身合法权益

不少游客参加旅游购物团时常常暗下决心，捂紧腰包，少购物甚至不购物。但事情远没有想象得那么简单，导游们会使出"十八般武艺"，诸如低声哀求、言语挖苦、甩团威胁等多种方式迫使游客购物。

例如，案例 37 中使用的便是"语言暴力"，对游客进行威胁和恐吓，案例 38 中采用的是"行为胁迫"，以罢工相要挟，逼迫游客购物。这些都属于典型的违法行为，游客们要善于运用法律武器维护自身合法权益。

### 3. 游客维权可以采取多种措施

首先，游客要注意保全证据。旅游合同中虽然有到购物点的条款，但只能在旅游行程中安排购物点，并不能据此强迫游客购物，也不能约定所谓的购物标准。我国旅游法律法规明确规定，导游和领队不得诱导、欺骗、强迫或者变相强迫旅游者购物或者参加另行付费旅游项目。在案例 37 和案例 38 中，导游采用各种方式对游客购物进行强迫或变相强迫，作为游客可以采取录音、录像、拍照、留存购物凭证等方式保全证据，以便下一步进行维权。

其次，游客要齐心合力地拒绝强制购物。我国旅游法律法规规定，导游和领队应当严格执行旅游行程安排，不得擅自变更旅游行程或者中止服务活动，不得向旅游者索取小费。在案例 38 中，旅行社导游以不去下一个景点为由要挟游客购物，此时游客们应当果断团结起来，共同向导游所在旅行社、旅游监管部门投诉，要求继续提供旅游服务。实践中，通过游客齐心合力当场成功维权的案例屡见不鲜，体现出了集体维权的威力。

最后，游客要及时主张权利。我国旅游法律法规规定，旅行社不得以不合理的低价组织旅游活动，诱骗旅游者，并通过安排购物或者另行付费旅游项目获取回扣等不正当利益。在案例 38 中，"零团费"购物旅游团明显属于不合理低价组团旅游，是国家明令禁止并重点治理的对象。根据法律规定，旅游者有权在旅游行程结束后 30 日内，要求旅行社为其办理退货并先行垫付退货货款，或者退还另行付费旅游项目的费用。因此，孙先生可以在法定的时间内及时提出主张，要求旅行社办理强制购买珠宝退货并先行垫付退货款。

💡 **温馨提示**

国家对旅游强制购物问题多次进行专项整治，各地旅游监管部门不断加大打击强制购物乱象，但"零团费"等不合理低价购物旅行团仍然屡禁不止，巨大的利润空间是部分旅行社不惜铤而走险的根本原因所在。

因此，广大游客们要擦亮双眼，认清"零团费"低价旅游购物团的陷阱所在，谨防受骗。主要注意以下几点：

**1. 认真查看证照防受骗**

游客在选择旅行社时要注意查看"三证一险"，即旅行社经营许可证、营业执照、税务登记证和旅行社责任保险。特别要注意该旅行社是否有相应的发票、规范的管理流程以及保险、导游等一系列保障措施，尽量选择信誉好、可信赖的旅行社，不要为了贪图便宜找一些质量没有保证的小旅行社，对所谓的"零团费"购物旅游团应当果断抵制。

**2. 谨慎签订合同防陷阱**

当游客遇到低价促销旅游线路时，要认真阅读合同相关内容及条款，特别是关于旅游购物点的约定内容，明确一些容易引发纠纷的事项。例如，全程有哪些旅游购物点、是否需要给导游和司机小费、老年人是否要额外加收费用、哪些旅游点属于自费项目等，避免产生纠纷。

**3. 选择维权方式防侵权**

当游客与导游、旅行社发生纠纷时，旅行社一般会采取息事宁人的方法，给予游客象征性的补偿。此时，旅游者要懂得选择合适的方式进行维权。根据我国旅游法律法规规定，旅游者可以选择双方协商，也可以向消费者协会、旅游投诉受理机构或者有关调解组织申请调解，还可以根据仲裁协议提请仲裁机构仲裁，或者直接向人民法院提起诉讼等多种形式进行维权，善于运用法律及时维护自身合法权益。

## 法条链接

### 《中华人民共和国旅游法》

**第三十五条** 旅行社不得以不合理的低价组织旅游活动，诱骗旅游者，并通过安排购物或者另行付费旅游项目获取回扣等不正当利益。

旅行社组织、接待旅游者，不得指定具体购物场所，不得安排另行付费旅游项目。但是，经双方协商一致或者旅游者要求，且不影响其他旅游者行程安排的除外。

发生违反前两款规定情形的，旅游者有权在旅游行程结束后三十日内，要求旅行社为其办理退货并先行垫付退货货款，或者退还另行付费旅游项目的费用。

**第四十一条** 导游和领队从事业务活动，应当佩戴导游证，遵守职业道德，尊重旅游者的风俗习惯和宗教信仰，应当向旅游者告知和解释旅游文明行为规范，引导旅游者健康、文明旅游，劝阻旅游者违反社会公德的行为。

导游和领队应当严格执行旅游行程安排，不得擅自变更旅游行程或者中止服务活动，不得向旅游者索取小费，不得诱导、欺骗、强迫或者变相强迫旅游者购物或者参加另行付费旅游项目。

**第九十二条** 旅游者与旅游经营者发生纠纷，可以通过下列途径解决：

（一）双方协商；

（二）向消费者协会、旅游投诉受理机构或者有关调解组织申请调解；

（三）根据与旅游经营者达成的仲裁协议提请仲裁机构仲裁；

（四）向人民法院提起诉讼。

**第九十三条** 消费者协会、旅游投诉受理机构和有关调解组织在双方自愿的基础上，依法对旅游者与旅游经营者之间的纠纷进行调解。

**第九十四条** 旅游者与旅游经营者发生纠纷，旅游者一方人数众多并有共同请求的，可以推选代表人参加协商、调解、仲裁、诉讼活动。

## 2. 旅行社"任性"解散旅游团，游客该如何维权？

有的朋友可能会有这样的经历：到旅行社报名参团成功后，为旅行做了一番精心准备，兴致勃勃地准备出行时，却突然被旅行社告知旅游团取消了。旅行社给出的理由一般是参团人数不够、线路规划调整或其他原因。原定旅游行程取消，所有前期的准备付诸东流，不仅扫兴，而且还可能会产生其他损失。那么，面对旅行社"任性"解散旅游团的行为，游客该如何维权呢？

### 📇 案情回顾

#### 案例39：旅行社编造理由解散旅游团遭消费者投诉

黄女士一行到某旅行社报名参加了江南五日游，行程日期为10月25日至10月29日。正当黄女士高高兴兴准备出行时，旅行社在10月15日突然来电通知，由于报名人数未达到出团人数最低要求，该行程宣告取消。

黄女士觉得非常扫兴，但想到当时自己签订的旅游合同中确实有"当人数达不到成团要求的，旅行社可以解约"的条款，只好按要求前往旅行社门店办理退款。

之后，黄女士通过一个偶然的机会从该旅行社内部得知，此次旅行团的取消并非旅行社所说的人数未达到出团要求，而是旅行社发现参团人数较少，而其选择的旅游线路成本又较高，为保证其经营利润才临时决定取消。

黄女士认为旅行社单方面违反合同约定，编造理由"任性"解散旅游团，侵害了自己的合法权益。于是，黄女士到旅游监管部门投诉，要求旅行社除退还自己报名的团费外，还必须给予一定的赔偿金，并书面道歉。

### 👉 以案说法

在案例39中，旅行社在成团前10日突然取消行程，黄女士不仅旅游心情全无，而且为旅游所作的前期准备也付诸东流。例如，已向单位请假、承诺朋友代购礼物、探亲访友安排等。

按照我国旅游法律法规的规定，在符合一定条件的前提下，旅行社可以单方面解除合同，但不能"任性"而为。主要有以下规定：

### 1. 解散旅游团时间不能"任性"

根据法律规定，旅行社招徕旅游者组团旅游，因未达到约定人数不能出团的，组团社可以解除合同。但是，境内旅游应当至少提前7日通知，出境旅游应当至少提前30日通知。

本案属于国内旅游，旅行社提前10日通知黄女士解除合同属于合法行为。假设，旅行社在出团前7日以内才通知黄女士，则不能解除合同；如要解除合同，旅行社必须承担违约责任。

### 2. 解散旅游团理由不能"任性"

法律规定，对于国内旅游，旅行社虽然可以提前7日通知旅游者解除合同，但客观上必须是出现约定人数不能出团的情形。

案例39中，旅行社谎称人数未达到出团要求而不能成行，真实情况却是选择的旅游线路成本过高而临时决定取消行程。如果黄女士能够举证证明旅行社没有出现不能成团的情况，则旅行社不能解除合同；如果旅行社执意解除合同，就要承担违约责任。

### 3. 解散旅游团赔偿不能"任性"

我国旅游法律法规规定，因未达到约定的成团人数解除合同的，组团社应当向旅游者退还已收取的全部费用。除此之外，基于行业惯例，旅行社有义务提供其他替代线路或推荐其他旅游团供旅游者选择。

法律还明确，因未达到约定人数不能出团的，组团社经征得旅游者书面同意，可以委托其他旅行社履行合同。组团社对旅游者承担责任，受委托的旅行社对组团社承担责任。

案例39中，旅行社必须退还黄女士所交全部费用。视路途远近，旅行社对黄女士产生的交通费用也有一定的补偿义务。

综上所述，黄女士可以要求旅行社全额退还自己报名的团费。如果能够举证证明旅行社方面并非人数不只不能成团，则旅行社还须承担违约责任。旅行社基于自身经营声誉考虑，可以在与黄女士协商的基础上，对其准备这次旅行所产生的损失进行一定的赔偿，如支付误餐费、往返交通费等，并选择口头或书面道歉。

## 温馨提示

### 1. 旅行社单方面解除合同必须符合一定条件

许多读者可能会感到诧异：为什么法律会规定，旅行社在出发前7日以上提出解除合同的，不用承担违约责任呢？

这是因为法律不仅保护旅游者的利益，同时也要考虑到旅行社的经营风险。这样的规定，平衡了旅行社和旅游者之间的利益，对双方而言都相对公平。

基于旅游行业的特殊性，如果旅行社不具有在规定时间内解除合同的权利，经营成本和风险俱增，对整个旅游行业持续、健康发展是不利的。基于法律公平的理念，法律规定，旅游者和旅行社在行程前可以书面形式提出解除合同，在出发前7日以上提出解除合同的，双方互不承担违约责任。

### 2. 旅游者维权计算时间节点有方法

国家旅游局（现为文化和旅游部）和国家工商行政管理总局（现为国家市场监督管理总局）联合制定了《团队境内旅游合同（示范文本）》，其性质虽然不属于法律，但具有行政指导的功能。其中明确规定，"出发前7日以上"，是按出发日减去解除合同通知到达日的自然日之差计算，不含第7日。旅游者掌握该计算方法，就可以及时有力地主张权益。

### 3. 旅游者把握举证责任有技巧

我国民事诉讼活动一般采用"谁主张，谁举证"原则，即当事人对自己的主张，要自己向法院提供证据证明。结合案例39，如果黄女士主张并非人数未达到出团要求，而是旅行社为了保证经营利润而取消行程，则必须提交相关证据。如证人证言（可以进行电话录音）、成团人数具体要求、实际报名人数及人员名单等，必要时可以要求旅行社提供，也可以申请法院依法调取，有理有据地维护自身合法权益。

### 4. 旅游者主张赔偿权利有法律规定

《团队境内旅游合同（示范文本）》中明确要求，旅行社提出解除合同的，应全额退还旅游费用。而且，旅行社应当在解除合同的通知到达日起5个工作日内，向旅游者退还旅游费用。因此，旅游者要懂得及时主张权利，了解相关赔偿要求，在接到旅行社解除合同通知之日起5个工作日内，及时要求旅行社退还全部旅游费用，维护自己合法权益。

## 📎 法条链接

1.《中华人民共和国民事诉讼法》

**第六十七条** 当事人对自己提出的主张，有责任提供证据。

当事人及其诉讼代理人因客观原因不能自行收集的证据，或者人民法院认为审理案件需要的证据，人民法院应当调查收集。

人民法院应当按照法定程序，全面地、客观地审查核实证据。

2.《中华人民共和国旅游法》

**第六十三条** 旅行社招徕旅游者组团旅游，因未达到约定人数不能出团的，组团社可以解除合同。但是，境内旅游应当至少提前七日通知旅游者，出境旅游应当至少提前三十日通知旅游者。

因未达到约定人数不能出团的，组团社经征得旅游者书面同意，可以委托其他旅行社履行合同。组团社对旅游者承担责任，受委托的旅行社对组团社承担责任。旅游者不同意的，可以解除合同。

因未达到约定的成团人数解除合同的，组团社应当向旅游者退还已收取的全部费用。

## 💧 3. 出国签证不通过，让游客承担费用合理吗？

每逢节假日，不少人会选择出国旅游，一来可以体验异域风情，欣赏域外风景，二来可以避开国内旅游高峰，防止心情添"堵"。出国游与国内游相比，有一项前期准备工作必不可少，那就是出国旅游签证。那么，如果出国旅游签证过程中出现签证不通过的问题，责任该如何划分呢？游客是否需要承担损失费用呢？

### 案情回顾

#### 案例40：游客质疑旅行社——签证风险为何要游客承担？

陈先生"十一"长假期间准备参加某旅行社组织的日本七天游。当陈先生到旅行社准备签订旅游合同时发现，旅行社提供的格式合同中写有一项条款：游客赴日本旅游签证只能在出国前最后一天才能出签，如果申请日本大使馆未能通过游客通过旅行社提交的签证，则游客需支付"机位占用费"1000元。

陈先生认为，旅行社的这个条款不合理。如果赴日本旅游签证只能在出国前最后一天才能出签，旅行社可以提前告知游客出签大概需要多长时间，以便游客早作准备提交相关资料，旅行社自己可以控制好时间提交申请，而不应该是在出行前一天才知道结果。而且，旅行社有责任确保审核签证通过，如果签证申请不能通过，如同做生意过程中出现风险差错一样，该风险和所谓的"占位费"应该由旅行社承担。

陈先生与旅行社就此条款进行协商，旅行社称，一直以来都是按这样的条款操作，主要原因在于日本大使馆方面有这样的要求，属于"不可抗力"，旅行社方面对此无能为力。

陈先生表示不满，双方不欢而散。陈先生又先后咨询另外几家旅行社，发现旅行社口径大同小异，都要求旅客承担不出签证的风险。陈先生遂向旅游监管部门反映，要求旅游监管部门对该行业现象和格式合同条款进行监督和审查。

### 以案说法

#### 1. 什么叫作"格式合同"？

案例40涉及的问题是：在签订旅游合同过程中，游客发现旅行社提供的格式合同中有不合理条款时，究竟该如何维护自身合法权益？

所谓格式合同，是指合同一方当事人为重复使用而预先拟定的合同，在订立合同时事先并没有与合同另一方协商制定条款，又称为定式合同、标准合同。

在旅游行业中，格式合同的使用非常广泛，由此也带来一系列法律问题。例如，在使用格式合同的过程中，由于旅行社处于相对强势的一方，基于自身利益考虑，为避免风险，容易拟定出不平等的条款，客观上侵犯了合同另一方游客的合法权益。

### 2. 什么是格式合同中的不合理条款？

在案例40中，陈先生便遭遇了格式合同中的不合理条款。

首先，申请签证的时间应当由旅行社自己合理预留，并确保通过审批，这是旅行社提供服务的一项重要内容。

其次，如果申请签证中出现问题，旅行社可以自行采取补救措施，如及时通知游客，建议改报后面的团期。如果游客不同意，根据旅游相关法律法规的规定，旅行社可以解除合同，并不存在所谓的出团前一天签证出问题，也不属于旅游合同中常提到的台风、海啸、地震等"不可抗力"。

最后，如果游客与旅行社对签证不通过的责任划分有不同意见，完全可以进行平等协商，并且写入合同。可见，旅行社单方面制定出国签证不通过游客承担损失费用的合同条款是不合理的。

### 3. 遇到格式合同不合理条款时要怎样维权？

旅客遇到格式合同中的不合理条款主要可以采取以下三种方法：

一是要明确指出不合理条款，并与对方协商，要求修改或者删除。案例40中陈先生如果发现合同中存在不合理条款，可以第一时间与旅行社协商，要求旅行社修改，重新出具新的合同版本。

二是如果对方坚持不予更改，可以选择不签合同，也可以先行签署并注明对不合理条款持保留意见。案例40中如果旅行社坚持不修改，陈先生可以选择先行签署合同，但可以在合同空白醒目处注明"对合同第几条保留意见，如发生纠纷另行协商解决"。

三是如果对方坚持要求全盘接受，不接受不合理条款的保留，可以先行签署并妥善保管好合同原件，以便维权需要。案例 40 中如果双方协商不成，均不肯作出让步，而陈先生又不想放弃这次交易机会，可以选择先行签署合同，保存好证据，以备不时之需。

根据我国《民法典》规定和行业惯例，有合同约定的从约定，但对格式合同中的不合理条款，法律也可以判决其无效。没有约定的，如果旅行社已经接受了游客的委托，即使"机位费"等费用已经真实发生，也应由旅行社自行承担责任。如果是因为旅行社的过错给游客造成损失的，如出签不成给游客行程安排造成影响，以及由此带来了经济损失，旅行社还应当承担赔偿责任。

### 温馨提示

旅游格式合同在为旅行社和游客的交易带来便利的同时，其中的不平等条款也可能侵害到游客的合法权益。如果游客不仔细阅读合同条款，极有可能莫名其妙地签订下"不平等"合同。

从案例 40 中不难发现，陈先生如果没有注意到签证不过的责任及可能产生的费用问题，便可能遭受风险和损失。旅行社在订立格式条款的过程中，基于趋利避害的思想，大都倾向于减轻自身责任和风险。实践中，旅行社较为容易订立的不合理条款有：

**1. 转嫁风险之"移花接木"**

有的旅行社善于把所有责任都转移给保险公司，将自己的赔偿金额限定在保险公司的赔付金额内，在合同中约定如果游客损失超过保险最高赔付金额，超出部分旅行社不赔偿。但事实上，按照我国《民法典》相关规定，旅行社不能不合理地免除自己因侵权或者违约要承担的民事责任。

**2. 减轻责任之"金蝉脱壳"**

有的旅行社为了减轻自身责任，在合同中约定在给游客提供交通运输、酒店、购物点等服务过程中发生问题的，旅行社不承担责任。而根据我国《民法典》相关规定，旅行社对所提供的旅游服务有审查注意的义务，如果其在所指定服务过程中存在问题，应该对游客承担赔偿责任。

### 3. 故弄玄虚之"瞒天过海"

有的旅行社喜欢用"不可抗力"来推脱责任，如在合同中约定遇到堵车、天气恶劣、车辆故障等情况时，属于"不可抗力"范畴，旅行社可以免除自身责任。但实际上依据我国《民法典》相关规定，法律意义上的"不可抗力"仅限于不能预见、不能避免并不能克服的客观情况，如台风、地震等，而堵车、一般的恶劣天气、车辆故障等根本不是法律意义上的"不可抗力"，不能成为旅行社免责的理由。

### 4. 单方约定之"反客为主"

有的旅行社在约定违约责任时，故意设计出对自己有利的条款。如在合同中约定，旅行社可以根据实际情况和经营需要变更旅游合同内容。但是，根据我国《民法典》相关规定，合同生效后，如需变更或解除均应经合同双方当事人协商确定。只要旅行社方面存在过错，就应当为自己的行为承担民事责任。

由此可见，游客在与旅行社签订旅游合同时一定要擦亮双眼。一般而言，游客不可能、也难以与旅行社就每一条款进行磋商、交涉和讨价还价，但至少可以对旅游行程安排、旅游服务标准、违约责任等核心条款进行沟通协商。

如果协商不成，当然可以选择不签合同。但如果认为格式合同侵犯自身权益时，可以如案例40中的陈先生一样，向旅游监管部门、消费者协会等机构进行投诉，申请上述机构调解解决纠纷。旅游监管部门、工商行政部门可以依职权对旅游格式合同中存在的问题进行检查，依法督促旅行社及时进行整改，强化旅游格式合同监督工作力度，不断规范旅行社经营行为。

## ⟳ 法条链接

### 1.《中华人民共和国民法典》

**第四百九十六条** 格式条款是当事人为了重复使用而预先拟定，并在订立合同时未与对方协商的条款。

采用格式条款订立合同的，提供格式条款的一方应当遵循公平原则确定当事人之间的权利和义务，并采取合理的方式提示对方注意免除或者减轻其责任等与对方有重大利害关系的条款，按照对方的要求，对该条款予以说明。提供格式条款的一方未履行提示或者说明义务，致使对方没有注意或者理解与其有重大利害关系的条款的，对方可以主张该条款不成为合同的内容。

**第四百九十七条** 有下列情形之一的，该格式条款无效：

（一）具有本法第一编第六章第三节和本法第五百零六条规定的无效情形；

（二）提供格式条款一方不合理地免除或者减轻其责任、加重对方责任、限制对方主要权利；

（三）提供格式条款一方排除对方主要权利。

**第五百八十三条** 当事人一方不履行合同义务或者履行合同义务不符合约定的，在履行义务或者采取补救措施后，对方还有其他损失的，应当赔偿损失。

**2.《中华人民共和国旅游法》**

**第六十七条** 因不可抗力或者旅行社、履行辅助人已尽合理注意义务仍不能避免的事件，影响旅游行程的，按照下列情形处理：

（一）合同不能继续履行的，旅行社和旅游者均可以解除合同。合同不能完全履行的，旅行社经向旅游者作出说明，可以在合理范围内变更合同；旅游者不同意变更的，可以解除合同。

（二）合同解除的，组团社应当在扣除已向地接社或者履行辅助人支付且不可退还的费用后，将余款退还旅游者；合同变更的，因此增加的费用由旅游者承担，减少的费用退还旅游者。

（三）危及旅游者人身、财产安全的，旅行社应当采取相应的安全措施，因此支出的费用，由旅行社与旅游者分担。

（四）造成旅游者滞留的，旅行社应当采取相应的安置措施。因此增加的食宿费用，由旅游者承担；增加的返程费用，由旅行社与旅游者分担。

**第七十四条** 旅行社接受旅游者的委托，为其代订交通、住宿、餐饮、游览、娱乐等旅游服务，收取代办费用的，应当亲自处理委托事务。因旅行社的过错给旅游者造成损失的，旅行社应当承担赔偿责任。

……

**第九十二条** 旅游者与旅游经营者发生纠纷，可以通过下列途径解决：

（一）双方协商；

（二）向消费者协会、旅游投诉受理机构或者有关调解组织申请调解；

（三）根据与旅游经营者达成的仲裁协议提请仲裁机构仲裁；

（四）向人民法院提起诉讼。

# 4. 拼车自驾游受伤，旅行社和驾驶人谁担责？

近年来，拼车自驾出行备受旅游者青睐。拼车不仅经济实惠，而且结伴出行也为旅途增添了不少乐趣。然而，在旅行社组织的拼车自驾游活动中，旅行社、拼车游客、拼车驾驶员因为拼车的缘故也"拼"出了一些纠纷，引发的一些法律问题值得关注。

## 案情回顾

### 案例41：旅行社网上组织旅客拼车出游发生事故

何某与陈某、朱某（女）、张某（女）在网上报名参加了某旅行社的"自由驰骋——环青海湖自驾游旅游季"项目，并在网上与旅行社签订了合同。

在旅行社的组织安排下，自驾游拼团成功。合同中约定，由何某自驾私家车，搭乘陈某、朱某、张某自行前往青海湖，三人向何某支付车旅费。驾驶途中，何某有意在朱某、张某等人面前炫耀车技，在道路上超速行驶，结果在转弯处不慎撞上路基，导致朱某、张某身体多处受伤骨折。

经交管部门认定，驾驶员何某负全部责任。朱某、张某与何某就医药费等赔偿问题协商不成，遂向法院提起民事诉讼，要求何某、旅行社共同赔偿损失。

### 案例42：旅行社开发拼车自驾游探险项目发生意外

韩某、吴某、黄某参加了湖南某旅行社组织的"张家界自驾游探险之旅"。三人约定吴某、黄某共同搭乘韩某驾驶的 SUV 越野车到张家界参加自驾游，韩某承诺不收取两人任何费用。

三人与湖南某旅行社签订书面旅游服务合同，旅行社派出导游与韩某等人同行。导游称，为了欣赏到张家界更震撼的风景，他将带领韩某等人到乡村小路上行驶，沿途体验当地风俗民情。行驶途中，由于道路崎岖，韩某驾驶技术不精，在一处拐弯时与迎面开来的小轿车发生碰撞，导致三人及导游均不同程度受伤。

经交管部门认定，韩某在此次事故中负全部责任。吴某、黄某提出韩某驾驶不慎存在过错，旅行社选择路线不当也存在过错，因此要求韩某、旅行社赔偿自身损失。三方协商不成，吴某、黄某向法院提起诉讼，要求韩某、旅行社支付医疗费、误工费等费用。

### 以案说法

#### 1. 拼车是"好意施惠"还是法律行为？

法律上所称的合同，是指平等主体之间就某个事项中的权利和义务达成的一致意见，并不要求必须以书面形式订立。口头约定一样可以产生法律效力，口头约定的权利义务内容，只要能够得到有力证明，依然受到法律保护。

在案例41中，陈某、朱某、张某向何某支付了车旅费，双方事实上成立了运输合同法律关系。但基于何某并非以营利为目的，因此本次驾驶并不属于营运性质。但何某作为驾驶员，理应负有谨慎驾驶的业务，由于何某个人原因造成交通事故，经交管部门认定何某负全部事故责任，何某应当向陈某等人承担赔偿责任。鉴于何某并非以营利为目的，带有一定的互惠互助性质，可以适当减轻何某的赔偿责任。

在案例 42 中，韩某免费搭载吴某、黄某等人，在理论界称之为"好意施惠"行为。在这种情况下，车辆驾驶人韩某未获得任何利益，但实际上具有了运送人的身份，仍然负有安全驾驶的义务。韩某由于驾驶技术不精发生交通事故，经交管部门认定负全部责任，显然具有过错，因此应当向吴某、黄某承担赔偿责任。但是，由于吴某、黄某等人是免费搭乘，法院在责任认定上也应考虑到公平原则和善良风俗，主持调解或判决时应考虑适当减少韩某的民事赔偿责任。

**2. 拼车出事故旅行社是否要承担责任？**

旅行社是否存在过错、需不需要向旅客承担赔偿责任是这类纠纷中争论的焦点。

在案例 41 中，何某与陈某、朱某、张某在旅行社组织下约定了拼车出游事项，何某履行拼车驾驶义务，享受获取拼车报酬的权利，陈某、朱某、张某对应享受乘车权利，履行支付拼车报酬的义务。陈某、朱某、张某与旅行社之间签订旅游合同，约定了拼车责任事项，依据合同约定，旅行社没有过错，因此不承担责任。基于合同讲究权利义务基本对等的原则，如果陈某等人支付的拼车费用只够分摊运费成本，不足以让何某实现与市面上营运车辆类似规模营利的话，法院可考虑适当减轻何某的赔偿责任。

在案例 42 中，湖南某旅行社作为本土旅行社理应熟悉当地地形地貌，应当可以预见张家界地形崎岖可能带来的驾驶难度和风险，在开发该自驾游旅游项目时应该充分考虑拼车驾驶员的因素，在安排导游陪行时更应当保证旅客安全。对于外地司机来说，在不熟悉张家界路况的情况下行驶，依据常理发生事故的概率自然会有所增加，事实证明也确实如此。由于旅行社在选择线路和导游陪行过程中均存在一定过错，因此应当承担相应的赔偿责任。

**3. 拼车发生严重交通事故驾驶人可能构成犯罪**

拼车出游，旅行社、拼车驾驶人、拼车人三方都要清楚地认识到"拼车"可能带来的法律风险。

在上述案例41、42中，所幸都没有出现人员死亡或者三人以上重伤的情况，否则拼车驾驶人还可能构成交通肇事罪，需要承担刑事法律责任，后果更为严重。

旅行社组织拼车自驾游活动应当谨慎，尤其注意在重大节日期间防范拼车出行风险，充分尽到提醒注意义务；旅游路线要事先考察摸底，切勿为了追求经营效益，甘冒风险，得不偿失。

## 💡 温馨提示

### 1. 旅行社要防范拼车风险

旅行社不仅要谨慎开发所谓的"拼车自驾游"服务项目，清楚告知游客拼车过程中可能存在的交通风险，还要特别注意如果提供全程陪同服务时，必须对拼车驾驶人资质尽到审查义务，避免自身过错。因为有过错，就意味着要承担责任。

### 2. 拼车人要预防乘坐风险

拼车参与人应当尽到审慎的监督和注意义务。例如，询问或查看驾驶人是否有驾驶执照，留意观察驾驶人精神状态防止出现酒驾或醉驾，注意察看车辆外观、轮胎等车辆基本状况等。因为只有尽到注意义务，才能最大限度地争取自身的合法权益。如果没有尽到注意义务，就意味着自己存在一定过错或过失，可以减轻对方的责任。

### 3. 拼车驾驶员要注意驾驶风险

拼车驾驶员应当清楚知晓自身肩负谨慎驾驶的义务，包括遵守交通规则、按照汽车驾驶规则谨慎驾驶车辆、确保车况良好等。特别要提醒的是，拼车驾驶员要懂得通过购买商业保险来防范交通事故风险。除购买常见的汽车商业保险外，建议增加购买车上成员险，俗称"座位险"，以便更好地保障驾驶员及乘客的利益，也可以通过保险来分担风险。

## 法条链接

1. 《中华人民共和国刑法》

**第一百三十三条** 违反交通运输管理法规，因而发生重大事故，致人重伤、死亡或者使公私财产遭受重大损失的，处三年以下有期徒刑或者拘役；交通运输肇事后逃逸或者有其他特别恶劣情节的，处三年以上七年以下有期徒刑；因逃逸致人死亡的，处七年以上有期徒刑。

2. 《中华人民共和国民法典》

**第一千一百六十五条** 行为人因过错侵害他人民事权益造成损害的，应当承担侵权责任。

依照法律规定推定行为人有过错，其不能证明自己没有过错的，应当承担侵权责任。

**第一千一百七十三条** 被侵权人对同一损害的发生或者扩大有过错的，可以减轻侵权人的责任。

**第一千一百七十四条** 损害是因受害人故意造成的，行为人不承担责任。

3. 《最高人民法院关于审理交通肇事刑事案件具体应用法律若干问题的解释》

**第一条** 从事交通运输人员或者非交通运输人员，违反交通运输管理法规发生重大交通事故，在分清事故责任的基础上，对于构成犯罪的，依照刑法第一百三十三条的规定定罪处罚。

**第二条** 交通肇事具有下列情形之一的，处三年以下有期徒刑或者拘役：

（一）死亡一人或者重伤三人以上，负事故全部或者主要责任的；

（二）死亡三人以上，负事故同等责任的；

（三）造成公共财产或者他人财产直接损失，负事故全部或者主要责任，无能力赔偿数额在三十万元以上的。

交通肇事致一人以上重伤，负事故全部或者主要责任，并具有下列情形之一的，以交通肇事罪定罪处罚：

　　（一）酒后、吸食毒品后驾驶机动车辆的；

　　（二）无驾驶资格驾驶机动车辆的；

　　（三）明知是安全装置不全或者安全机件失灵的机动车辆而驾驶的；

　　（四）明知是无牌证或者已报废的机动车辆而驾驶的；

　　（五）严重超载驾驶的；

　　（六）为逃避法律追究逃离事故现场的。

# 5. 旅行社尽职尽责后遇上"不可抗力"可以免责吗？

　　在旅途中，游客们可能会遇到堵车、旅游大巴抛锚、酒店无法入住等烦心事。于是导游们尽心尽力，调动各种资源、运用各种方法为游客们排忧解难。即便如此，有时也会出现兑现不了旅游合同承诺的情况。这时旅行社会表示，导游们已经尽职尽责，无奈遇上"不可抗力"，依照合同约定旅行社无须承担责任。那么究竟什么才算是"不可抗力"？旅行社尽职尽责后是否就可以免责呢？

## 案情回顾

### 案例 43：旅行社更换巴士、替换房间引发游客不满

　　"十一"黄金周，张某等 5 名游客参加了某旅行社组织的"绿城一日游"。但在旅游过程中，该旅行社却用普通的小型中巴车替换了合同承诺的"空调旅游巴士"，合同承诺的酒店住宿双人标间也被换成了四人间。张某等人以旅行社违约为由，向旅游监管部门进行投诉，要求该旅行社退回一半旅游费用作为违约金。

　　该旅行社辩称：正值旅游旺季，绿城作为近几年新开发的旅游景点，旅游人数激增。之所以降低档次标准，是因为绿城出现道路拥挤情况，空

调大巴行走、掉头不便，而且宾馆房间奇缺，只能进行压缩。这是旅行社无法左右的客观原因，属于"不可抗力"，旅行社已经全力进行协调补救，并没有过错。双方各执一词，协商不成，遂起纠纷。

### 案例44：旅行社单方取消热门景点遭游客投诉

黄金周期间，何某与某旅行社签订旅游合同，约定旅行社安排游览龙门石窟、少林寺等景点。但在旅游期间，旅行社称少林寺当天接待人数已达上限、不具备接待能力，属于合同约定的"不可抗力"，取消了游览少林寺的安排。何某后投诉该旅行社违约，要求其承担赔偿违约金责任。经查，当天少林寺确实发布了接待游客已达上限的预警公告，但并没有限制游客接待。双方协商不成，何某将旅行社告上法庭。

## ☞以案说法

### 1. 什么是"不可抗力"？

案例43、44的焦点在于旅行社是否能以"不可抗力"为由主张免责。要解决此类纠纷首先必须明确什么叫作"不可抗力"，其次判断旅行社面临的情形是否属于"不可抗力"，最后确认旅行社是否需要承担责任。

"不可抗力"是一个法律术语。根据我国《民法典》规定，"不可抗力"是指不能预见、不能避免并不能克服的客观情况。不能预见、不能避免、不能克服这"三不"特征，是法律上认定"不可抗力"的重要标准。"不可抗力"主要包括三种情形：一是自然灾害，如台风、洪水、地震等；二是政府行为，如战争、政府禁令、征收、征用等；三是社会异常事件，如罢工、骚乱、瘟疫等。

### 2. "不可抗力"是法定免责的事由

"不可抗力"是法定的免责事由，具有强制性。当事人不能自行约定将"不可抗力"排除在免责事由之外，也不能按照自己的想法来定义"不可抗力"。

也就是说，如果真遇上"不可抗力"，无论有没有尽职尽责，行为人都可以免责。反之，如果不属于"不可抗力"，行为人要承担一定责任。

### 3. 准确判断是否属于"不可抗力"

在案例 43 中，绿城属于新开发景区，黄金周属于旅游旺季，旅行社完全可以预见这些情形，因此不符合"不可抗力"不能预见的特征，不属于法律上的"不可抗力"。尽管旅行社已全力进行协调解决，但仍然与旅游合同约定的内容不相符，其尽职尽责不能成为其免责的理由。张某等人可以要求旅行社承担违约责任，退赔差价，赔偿损失。

在案例 44 中，旅行社作为旅游经营者，应当按照旅游合同的约定安排何某游览约定的景点。黄金周期间，旅行社完全可以预见到热门景点可能出现游客爆满的情况，因此少林寺发布接待游客上限预警也不属于法律意义上的"不可抗力"，旅行社应当承担赔偿责任。

根据相关司法解释的规定，旅行社违反合同约定，减少旅游服务项目，旅游者可以要求旅游经营者赔偿未完成约定旅游服务项目的合理费用。因此，何某可以依法向某旅行社主张违约损害赔偿。

### 温馨提示

如果游客本人不从事法律类工作，那么要求游客认真审查合同并能找出问题未免有些强人所难。但是，掌握基本的法律常识，在订立旅游合同时关注重点条款，这点是游客可以做到的。

#### 1. 做到"知己知彼"

旅游合同的主要内容是明确双方权利义务，游客要重点了解合同中关于免除旅行社责任、加重游客责任的条款，特别是要细读合同责任部分。发现问题或有不明确的地方要及时与旅行社沟通，如果认为有必要，还可以咨询法律专业人士。

#### 2. 做到"胸有成竹"

旅游者签订旅游合同时要对旅行路线、交通工具、住宿标准了然于胸，如有疑惑要及时向旅行社提出，在旅行合同中予以明确。此外，最好提前了解或向旅行社询问旅游目的地交通路况、天气情况等，尤其是山区、沿海地区可能出现的极端恶劣天气和突发状况，以防不测。

### 3. 做到"沉着应对"

当遇到不可抗力导致履行合同困难时，要理性看待，冷静应对，注意保留好相关票据凭证，积极维权。例如，保留好合同文本、支付凭证、拍下现场照片或视频、截图微信对话等，有理有据地与旅行社协商，争取通过沟通对话解决纠纷。万一协商不成，再向旅游监管部门投诉，寻求法律救济。

## 法条链接

### 1.《中华人民共和国民法典》

**第一百八十条** 因不可抗力不能履行民事义务的，不承担民事责任。法律另有规定的，依照其规定。

不可抗力是不能预见、不能避免且不能克服的客观情况。

**第五百九十条** 当事人一方因不可抗力不能履行合同的，根据不可抗力的影响，部分或者全部免除责任，但是法律另有规定的除外。因不可抗力不能履行合同的，应当及时通知对方，以减轻可能给对方造成的损失，并应当在合理期限内提供证明。

当事人迟延履行后发生不可抗力的，不免除其违约责任。

### 2.《最高人民法院关于审理旅游纠纷案件适用法律若干问题的规定》

**第十五条** 旅游经营者违反合同约定，有擅自改变旅游行程、遗漏旅游景点、减少旅游服务项目、降低旅游服务标准等行为，旅游者请求旅游经营者赔偿未完成约定旅游服务项目等合理费用的，人民法院应予支持。

旅游经营者提供服务时有欺诈行为，旅游者依据消费者权益保护法第五十五条第一款规定请求旅游经营者承担惩罚性赔偿责任的，人民法院应予支持。

## 6. 游客权益受损，在线旅游平台是否要担责？

随着"互联网+"在旅游业中的迅猛发展，在线旅游平台风生水起，涌现出一批在线旅游服务运营商。市场充分竞争对消费者而言当然是好事，但是如果游客在接受在线旅游平台服务过程中权益受到损害，在线旅游平台是否应该承担责任？旅客又该如何维护自身合法权益呢？

### 案情回顾

**案例 45：旅客在线下单错误却不能取消**

莫女士计划去成都旅行，在某在线旅游平台上预订了成都市区的某酒店，入住两晚费用为 2563 元。可就在付款后，莫女士突然发现其入住日期选择错误，相差了一个月。莫女士立即与在线旅游平台客服沟通要求改订。而客服先是表示该情况需和代理商联系，后又明确告知莫女士，网站上已说明此业务属于"不可取消"产品，订单确认后便无法操作变更。

在与该平台多次协商无果后，莫女士又联系上酒店的客服。该酒店表示接受订单的酒店需要代理商提供的退订信息。莫女士又拨通了该平台的客服电话，得到的答复是，酒店同意退没有用，代理商不同意，也没办法取消。莫女士希望该平台能提供代理商的联系方式，让自己直接与代理商进行沟通，好不容易该平台才同意提供代理商的联系方式。可折腾了半天的最终结果却是以代理商不同意取消订单而告终。

**案例 46：旅游线路缩水旅客索赔遭拒绝**

某旅行社在某知名网站发布了一款旅游信息。游客李先生通过网站向旅行社预订了该旅游项目，并支付了相应的费用。行程结束后，李先生认为该旅行社提供的服务不符合合同约定，不仅缺少一个重要景点，而且住宿酒店标准也没有达到合同承诺的星级要求。李先生要求旅行社和在线平台共同承担赔偿责任。在线平台称，平台仅仅提供中介服务，不是旅游合同的当事人和执行者，拒绝承担赔偿责任。三方协商不成，遂产生纠纷。

### 案例47：网上预订特色酒店却遭遇闭门羹

王小姐在某酒店预订网站上预订了西班牙南部的悬崖酒店，到达之后却吃了闭门羹，酒店告知王小姐他们并没有收到预订信息。王小姐联系酒店预订网站后得知，因为悬崖酒店网站系统出现了问题，导致没有收到她的订单。同时网站表示，悬崖酒店肯定入住不了，但可以帮忙再找一家，网站所能做的是承担房费差额。

王小姐十分不满，没有接受网站处理意见，而是自己另找住处。回国后，王小姐联系该网站要求双倍赔偿订单金额。该网站辩称，网站是免费的第三方平台，盈利主要靠住宿供应方在客人入住后向其支付的佣金，而此次事故是悬崖酒店系统出错，责任在悬崖酒店而不是网站，他们已与悬崖酒店方面进行了沟通，但悬崖酒店不愿意赔偿，他们也没办法。王小姐对答复意见不满，双方遂起纠纷。

## 以案说法

### 1. 在线平台依法应当承担相应责任

在法律关系中，网络服务平台处于居间人（中介）的地位，旅游合同双方当事人是旅客与旅行社（或酒店）。但是，网络旅游平台自己制定的规则不能违反法律中关于合同解除、变更以及违约责任等规定。

特别值得一提的是，网络交易平台明知或者应当知道销售者、服务者利用其平台侵害消费者合法权益，而未采取必要措施的，依法与该销售者或者服务者承担连带责任。

### 2. 在线平台制定的霸王条款归于无效

在案例45中，在线旅游平台规定的"不可取消"规则，其实是排除了当事人解除和变更合同的权利，这种做法违反了有关合同和消费者权益保护的法律规定，已构成霸王条款，应归于无效。

有的在线平台常常辩称，其并未排除消费者取消订单的权利，只是将消费者的付款作为违约金扣除了，这种做法违反了法律关于违约责任的规定，是不合法的。

如果消费者被扣除的付款超过法定的合理数额时，消费者可以向工商行政管理部门投诉，在线平台将面临行政处罚的风险。

### 3. 消费者依法可以向在线平台主张合法权益

根据消费者权益保护法律法规的规定，消费者通过购买商品或者接受服务，其合法权益受到损害的，可以向销售者或服务者要求赔偿。

但是，如果在线旅游平台作出了更有利于消费者承诺的，应当履行承诺，否则应当承担赔偿责任。例如，在线旅游平台承诺入住五星级酒店，但实际上未达到该标准的，应当按照五星级标准补偿消费者差价。而且，如果在线旅游平台不能提供销售者、服务者真实名称、地址和有效联系方式等信息的，基于过错责任，游客可以向其要求赔偿。在线旅游平台赔偿后，有权向销售者或服务者追偿。

在案例46、47中，如果李先生、王小姐能够证明在线旅游平台承诺未兑现，或者在提供中介服务过程中存在过错的，可以向其主张赔偿。如果双方协商不成，可以向旅游监管部门、消费者协会等机构投诉，也可以向人民法院提起诉讼。

### 温馨提示

#### 1. 通过在线旅游平台预订出游最好提前确认行程

如何才能让自己避免遇到"到店无房"的烦心事呢？一般而言，就算已收到在线平台发送的手机确认短信，也最好联系客服进一步确认，同时索取准确的酒店房间预订单号。

更保险的做法是，在入住前一晚打电话到酒店确认房间，并告知酒店准确的入住时间，保证酒店在可能超卖的情况下也为你保留房间。当然，在线旅游平台也有义务制定相应的规则去制约供货商，本着诚信经营的原则提供服务。如果在线旅游平台不重视信誉问题，终将自食其果，逐渐丧失消费者的信任，也可能面临更多的诉讼风险。

### 2. 了解国内在线旅游平台的运营模式

从运营模式上看，目前国内网络旅游平台大致可分为两种类型：

第一种称之为"在线旅行代理人"模式，即把代理人的生意搬到线上，盈利主要靠佣金，即酒店预订、机票预订、旅游线路预订的代理费等，一些传统旅行社或代理商打造自己的网站向旅游者提供网上服务也属于此种类型。

第二种是第三方旅游网络交易平台，这些平台集合了各种代理、旅行中介、旅行社等信息，类似旅行领域的"搜索引擎"，通过链接跳转的方式，让旅客进入供应商的网站完成购买交易，以抽成的方式盈利。

知道上述模式后，游客们要清楚知晓为自己提供服务的属于哪种类型的运营商，特别留意违约责任的问题，避免遇到维权困扰。

### 3. 游客要注意保留证据，理性维权

当游客自身合法权益遭受侵害时，要注意通过合法手段理性维权。一般而言，可以先行协商，协商不成再考虑选择诉讼或仲裁的方式解决纠纷。在维权过程中要高度重视保留证据，可以通过网络截图、手机拍照、电话录音等方式取证，必要时可以咨询法律专业人士，选择适用消费者权益保护、合同违约、财产侵权等多种方式维权。

## 法条链接

### 1.《中华人民共和国民法典》

**第五百八十三条** 当事人一方不履行合同义务或者履行合同义务不符合约定的，在履行义务或者采取补救措施后，对方还有其他损失的，应当赔偿损失。

**第五百八十四条** 当事人一方不履行合同义务或者履行合同义务不符合约定，造成对方损失的，损失赔偿额应当相当于因违约所造成的损失，包括合同履行后可以获得的利益；但是，不得超过违约一方订立合同时预见到或者应当预见到的因违约可能造成的损失。

**第五百八十五条** 当事人可以约定一方违约时应当根据违约情况向对

方支付一定数额的违约金，也可以约定因违约产生的损失赔偿额的计算方法。

约定的违约金低于造成的损失的，人民法院或者仲裁机构可以根据当事人的请求予以增加；约定的违约金过分高于造成的损失的，人民法院或者仲裁机构可以根据当事人的请求予以适当减少。

当事人就迟延履行约定违约金的，违约方支付违约金后，还应当履行债务。

### 2.《中华人民共和国消费者权益保护法》

**第四十四条** 消费者通过网络交易平台购买商品或者接受服务，其合法权益受到损害的，可以向销售者或者服务者要求赔偿。网络交易平台提供者不能提供销售者或者服务者的真实名称、地址和有效联系方式的，消费者也可以向网络交易平台提供者要求赔偿；网络交易平台提供者作出更有利于消费者的承诺的，应当履行承诺。网络交易平台提供者赔偿后，有权向销售者或者服务者追偿。

网络交易平台提供者明知或者应知销售者或者服务者利用其平台侵害消费者合法权益，未采取必要措施的，依法与该销售者或者服务者承担连带责任。

# 7. 遇到旅游合同纠纷，是选择诉讼还是仲裁？

随着物质生活水平的提高，工作之余人们常常选择外出旅游放松身心。旅游既可以休闲娱乐，也可以开阔视野、增长见识，但由于身处异地，人生地不熟，也可能遇到一些"水土不服"的问题。一旦在旅游过程中发生纠纷，不仅旅游心情全无，而且在维权方面也可能遇到麻烦。那么，当出现旅游纠纷又调解不成时，游客该选择诉讼方式还是仲裁方式进行维权呢？这两种解决纠纷的方式又有何利弊呢？

### 案例48：对旅行社服务不满，旅客发现只能诉讼

张先生报名参加某旅行社组织的"南极洲旅游、摄影、探索12天游"。旅游结束后，张先生对旅行社的安排很不满意，于是向旅游监督部门投诉。

投诉内容主要有三项：一是在12天的行程中，旅行社安排的导游为全陪，但是这名导游对当地情况并不熟悉，全程讲解很少；二是穿越德雷克海峡是本次旅行的核心之一，但旅行社仅仅点到为止，根本没有安排穿越；三是主要景点的游览时间大幅"缩水"。旅行社对张先生的投诉不认同，经旅游监督部门调解双方仍不能达成一致意见。

正当张先生打算走法律途径解决纠纷时，突然发现按照自己与旅行社签订的旅游合同约定，当纠纷协商或调解不成时，只能向人民法院起诉。张先生觉得诉讼方式太复杂，只好选择继续调解。最后双方达成协议，旅行社同意赔偿张先生及其他游客每人3000元，张先生表示与自己交纳的88000元团费相比，对调解结果并不满意。

### 案例49：签证过期出境遭拒，旅客被迫接受调解

暑假期间，刘女士带着儿子一起报名参加了某旅行社组织的香港迪士尼乐园、香港海洋公园精品游。当刘女士和儿子来到深圳准备过海关时，被海关工作人员告知其香港个人旅游签证已过期，拒绝其出境，刘女士被迫取消香港行程，自己和儿子感到很失望。

刘女士十分生气，认为旅行社作为专业服务机构，工作人员在组团时没有尽到检查证件的义务，于是向旅游监督部门投诉，要求退回香港旅游部分费用。旅行社认为，组团时已经声明旅客对个人证件真伪及有效期负责，刘女士对这次出行事故亦负有一定责任，双方经过反复沟通协商，仍不能达成和解。

眼看调解不成，刘女士欲通过法律途径解决纠纷。这时她突然发现，自己在签订旅游合同时选择的是"出现纠纷调解不成的，通过向法院诉讼解决"。刘女士称，合同是在旅行社工作人员引导下签订的，自己并没有细

看。想着诉讼一般耗时较长，经过考虑再三，刘女士决定接受调解结果。最终旅行社退回旅游费 1088 元，刘女士表示对处理结果并不满意。

## 以案说法

案例 48、49 中涉及的问题在于：当出现旅游合同纠纷并经过有关部门调解不成时，游客采取何种方式才能更好地维护自身权益？

**1. 选择诉讼维权有哪些不便？**

在案例 48 中，张先生选择的是出境游，其对旅行社服务内容不甚满意；在案例 49 中，刘女士选择的是国内游，其认为旅行社在审查其证件时存在过错，应当承担过错责任。但无论是出境游还是国内游，他们在签订旅游合同时，都无一例外地选择了调解不成时通过法院诉讼解决。

其实，出现这样貌似巧合的情况绝非偶然，案例 49 中的刘女士一语道破天机。原来，在签订旅游合同时，旅行社的工作人员一般会有倾向性地引导游客选择诉讼方式。旅行社为何如此"热情地"引导游客作出选择呢？原因就在于，选择诉讼本身虽然费用比较低，但是在维权时存在诸多不便，主要表现在以下三个方面：

（1）诉讼成本过高，让许多游客望而却步。到法院诉讼的立案费虽然比较低，但是诉讼带来的其他成本却比较高。绝大多数旅游合同纠纷诉讼标的额较小，一般在 2 万元左右。而在一线城市，请律师的基本费用都不止 2 万元，这还不包括维权产生的交通、餐饮、食宿等其他费用，以及时间精力成本。如此"性价比"的案件，让许多律师都不愿接受这样的"小案子"，也让维权当事人觉得很不划算。

（2）诉讼程序较为复杂，让当事人力不从心。选择诉讼意味着将面对烦琐的诉讼程序，如果对一审判决不服还可以上诉，对二审判决不服还可以申请再审。诉讼活动较为专业，而且诉讼实行的是地域管辖，当事人想要维权并不容易。在现实困难面前，许多游客最终都被迫选择放弃以诉讼的方式维权。

（3）牵扯精力较多，让维权方得不偿失。中国传统文化中讲究"以和为贵",陷入诉讼并不是件令人轻松的事情。不仅要投入大量的时间精力,而且还要承担败诉的风险。法院处理这类案件所需要的时间也不短,即便是最终法院判决胜诉,还有可能面临执行不到位的问题。相对于旅游合同纠纷这类标的额较小的案件而言,赔偿数额并不高,往往一场诉讼下来许多当事人都会感到得不偿失。

**2. 选择仲裁方式维权有何便利?**

如此看来,旅行社引导消费者选择诉讼方式,目的就是增加维权成本和难度,让游客自己权衡诉讼维权的利弊,促使其尽快接受调解结果,避免旅行社承担更大的赔偿风险。于是,在与游客签合同时,旅行社事先制作合同格式文本、工作人员有倾向性地引导签约便不足为奇了。

作为弱势一方的游客,在明白诉讼维权的利弊后,签订旅游合同时自然要打起二十分的精神。那么当发生纠纷调解不成时,选择仲裁方式有何便利?

(1)当事人的自主选择性大大增强。仲裁以自愿为原则,可以协议确定仲裁的管辖地,不实行地域管辖和级别管辖,当事人还可以选定组成仲裁庭的仲裁员。

(2)处理合同纠纷更为方便快捷。一旦双方合同约定选择仲裁解决合同纠纷,就不得再到法院提起诉讼。而且仲裁是一裁终局制,不存在上诉或再审,即便是向法院申请撤销仲裁,法院也不再从实体上进行审查,只有当仲裁在程序上存在法定明显错误时才可以撤销。相较于诉讼漫长又充满变数的诉讼程序而言,仲裁明显在"性价比"上高出一筹。

(3)仲裁之下维权成本大大降低。仲裁程序比较简单,因为是双方自愿选择,所以仲裁气氛比起诉讼的剑拔弩张而言宽松了许多。仲裁结案的速度与诉讼案件相比也较快,虽然仲裁立案的费用一般比法院的立案费要高,但对于旅游合同纠纷这样的小标的案件而言,还是节省了不少时间精力成本,弱势一方的权益能够得到更好的实现。

## 温馨提示

### 1. 诉讼并不一定是解决问题的最佳方式

客观来讲，并不是所有的法律纠纷都适合通过诉讼途径来解决。如简单的交通事故、普通劳动纠纷、一般医疗纠纷、并不严重的婚姻家庭类纠纷等。这些案件如果通过法院诉讼，不仅成本高、程序多、耗时长，而且容易激化矛盾，伤害感情，并不利于法律定分止争目的的实现。

当前法院案多人少的矛盾已经十分突出，大量案件的涌入让法官们应接不暇，让原本稀缺的司法资源更加捉襟见肘。

### 2. 避免选择诉讼作为解决纠纷的唯一方式

避免诉讼成为唯一解决问题的方式，向全社会倡导除诉讼以外的多种解决纠纷的方法，具有十分现实的意义，解决旅游合同纠纷便是如此。由于诉讼标的小，法律关系相对简单，采取调解的方式解决纠纷固然可取，当调解不成时，与诉讼相比，选择仲裁无疑更能有效地维护游客合法权益。

### 3. 要重点关注违约责任约定的争议解决方式

旅游监管部门、消费者协会等机构要对解决旅游合同纠纷方式的选择高度关注，提醒广大游客在签订旅游合同时要认真阅读相关合同条款，尤其是违约责任条款中"争议的解决方式"一项，谨慎作出选择。

当然，作为旅行社一方，也要坚持诚信为本，遵守合同约定，避免案例48中的旅游细节内容纠纷。同时也要提升旅游服务水准和工作水平，不断完善相关工作制度和内部监督机制，最大程度上防止类似案例49中的工作失误发生。

## 法条链接

### 1.《中华人民共和国民事诉讼法》

**第三条** 人民法院受理公民之间、法人之间、其他组织之间以及他们相互之间因财产关系和人身关系提起的民事诉讼，适用本法的规定。

**第十条** 人民法院审理民事案件，依照法律规定实行合议、回避、公开审判和两审终审制度。

**第二十二条** 对公民提起的民事诉讼，由被告住所地人民法院管辖；被告住所地与经常居住地不一致的，由经常居住地人民法院管辖。

对法人或者其他组织提起的民事诉讼，由被告住所地人民法院管辖。

同一诉讼的几个被告住所地、经常居住地在两个以上人民法院辖区的，各该人民法院都有管辖权。

**2.《中华人民共和国仲裁法》**

**第四条** 当事人采用仲裁方式解决纠纷，应当双方自愿，达成仲裁协议。没有仲裁协议，一方申请仲裁的，仲裁委员会不予受理。

**第五条** 当事人达成仲裁协议，一方向人民法院起诉的，人民法院不予受理，但仲裁协议无效的除外。

**第六条** 仲裁委员会应当由当事人协议选定。

仲裁不实行级别管辖和地域管辖。

**第九条** 仲裁实行一裁终局的制度。裁决作出后，当事人就同一纠纷再申请仲裁或者向人民法院起诉的，仲裁委员会或者人民法院不予受理。

……

**第五十八条** 当事人提出证据证明裁决有下列情形之一的，可以向仲裁委员会所在地的中级人民法院申请撤销裁决：

（一）没有仲裁协议的；

（二）裁决的事项不属于仲裁协议的范围或者仲裁委员会无权仲裁的；

（三）仲裁庭的组成或者仲裁的程序违反法定程序的；

（四）裁决所根据的证据是伪造的；

（五）对方当事人隐瞒了足以影响公正裁决的证据的；

（六）仲裁员在仲裁该案时有索贿受贿，徇私舞弊，枉法裁决行为的。

人民法院经组成合议庭审查核实裁决有前款规定情形之一的，应当裁定撤销。

人民法院认定该裁决违背社会公共利益的，应当裁定撤销。

第五章

# 成长烦恼

## 1. 暴力"伤师"，师生纠纷如何处理？

尊师重道是中华民族的传统美德，师生情谊往往传为佳话。让人意想不到的是，本应是琅琅书声的校园也会传出不和谐的音符，校园课堂上出现学生暴力袭击老师的事件，给原本和谐的师生关系蒙上了一层阴影。"伤师"事件背后究竟隐藏着什么样的原因？面对学生的暴力行为，法律又是如何回应的呢？

**案情回顾**

### 案例50：初三学生课堂拔刀将老师刺死

某中学初三学生张某（14周岁）在课堂上与老师发生口角。其间，张某觉得老师当着众多同学批评自己，让他很难堪，于是便在教室里大声辱骂老师。该老师开始并没有理会，张某以为老师理亏，便煽动并纠集其他学生一起辱骂老师。

该老师不堪受辱起身制止，竟遭到众学生持凳打砸。混乱中，张某拿出随身携带的水果刀刺向该老师腹部致其重伤。最终，该老师经医院抢救无效死亡。接学校报警后，公安机关将张某抓获。

### 案例 51：初中生拒交考卷煽动同学群殴老师

网络曝光了一则视频，视频记录了某初中课堂上学生殴打老师的惊人一幕。视频完整再现了当时的情景：一名老师让学生王某（15 周岁）上交考试卷，王某不仅拒绝交卷，还口出秽语辱骂该老师，两人之间发生了争吵。该老师一怒之下抓住王某衣领并动手掐王某脖子，结果招来王某激烈反击。教室内另外几名男生在王某的招呼下，一哄而上，群殴老师，甚至还有学生拿板凳砸老师。该老师一边用手臂遮挡头部，一边试图与学生理论，却毫无效果，反而惹来新一轮群殴。事后，该老师经法医鉴定为轻伤。公安机关依法传唤王某等人。

## 以案说法

当前，在一些校园内存在少数问题学生，他们在家中行为骄横，在学校是"小霸王"，稍被管教便会引发过激行为，案例 50、51 中的张某、王某即是如此。公众在道德上谴责学生暴力袭击老师行为的同时，也要理性反思诱发学生"伤师"行为的原因，更要善于运用法律武器，维护校园的和谐稳定。

**1. 刺死老师要承担何种法律责任？**

在案例 50 中，张某在课堂上用水果刀刺死了老师。根据我国《刑法》规定，已满 14 周岁不满 16 周岁的人，犯故意杀人、故意伤害致人重伤或者死亡、强奸、抢劫、贩卖毒品、放火、爆炸、投放危险物质罪的，应当负刑事责任。张某已年满 14 周岁，应当承担刑事责任。

基于张某并没有故意杀死老师的主观想法，只有故意伤害老师的意图，属于故意伤害致人死亡，根据我国《刑法》规定，构成故意伤害罪。张某将为自己的年少轻狂付出惨痛的代价，教训深刻。

**2. 打伤老师要承担何种法律责任？**

在案例 51 中，王某纠集同学将老师打成轻伤。根据我国《刑法》规定，不满 14 周岁的人，不负刑事责任；已满 14 周岁不满 16 周岁的人故意伤害他人，达到重伤以上程度的须承担刑事责任。由于该案受伤老师经法医鉴定仅为轻伤，且王某不满 16 周岁，对其不予刑事处罚，但应责令其父母或其监护人加以管教；在必要的时候，依法对其进行专门矫治教育。

虽然王某因为年龄原因不受刑事处罚，但是民事法律责任却不能免除。根据我国《民法典》相关规定，无民事行为能力人、限制民事行为能力人造成他人损害的，由监护人承担侵权责任。王某不满 16 周岁，属于限制民事行为能力人，因此其监护人，也就是其父母或其他有监护责任的亲属，依法应当向该老师支付一笔赔偿费用。此外，其他参与殴打老师的同学，如果能够证实对老师所负的轻伤也有一定责任的话，他们的家长也应当承担与过错程度相当的民事赔偿责任。

**3. 体罚学生能否成为减轻学生"伤师"责任的理由？**

司法实务中，许多暴力"伤师"案件的起因都源于老师存在体罚学生的行为。例如，案例 51 中老师就有先动手掐学生脖子的行为。但是，如果老师的体罚没有造成学生身体轻伤以上的严重后果，则不构成刑事犯罪，属于违反师德的行为，不能作为学生暴力袭击老师的理由，也不能减轻学生暴力"伤师"的法律责任。

只有当老师体罚行为程度足以对学生身体造成严重伤害时，学生的反击行为才有可能构成刑法意义上的正当防卫。事实上，一般而言，少数老师的体罚行为都不足以给学生身体造成严重伤害，多数出于管教的善意。因而，在坚决反对老师体罚学生的同时，也要教育学生正确认识老师的体罚行为，不能误导学生产生"以暴制暴"的错误观念。

### 温馨提示

**1. 学生德育教育和身心健康不容忽视**

反思校园内的学生"伤师"事件，不得不提到一些暴力游戏和影视作品对学生心理健康的不良影响。一些学生容易模仿影视剧里的情节，把与老师对抗视为一件"很酷"的事情，为了在同学面前出风头，而把对老师的尊敬抛在脑后。由此可见，学校应当格外重视学生的德育教育，联合学生家长为学生营造有利于身心发育的良好环境，引导学生培养健康向上的兴趣爱好，抵制不良游戏和影视作品对心理的腐蚀。

**2. 要运用恰当的方法处理师生纠纷**

值得一提的是，当前许多学校在处理学生暴力"伤师"事件时缺乏正确的应对方法。出现纠纷后，一些校方持息事宁人的态度，结果往往令双方都不满意。校方主要顾及学校的声誉，站在学校的立场上力主调解。而有的学生家长考虑到自己孩子今后在校学习的实际情况，选择接受调解。

但是，"学生打老师"的事实却被淡化了，这样的处理方式会对学生教育产生负面影响，难以起到警示教育的作用。因此，掌握正确的处理方法显得尤为重要，校方应当站在客观公正的角度处理师生纠纷，避免偏袒或不公带来的不良影响。

**3. 运用法律武器妥善处理校园暴力事件**

司法实践中，师生之间发生"互殴事件"后，如果没有出现重伤及以上的严重后果，一般是由校方出面邀请学生家长进行协商，双方达成谅解，视双方受伤的情况提出相应赔偿要求。如果老师存在体罚行为，学校应当对老师进行批评，并依规给予相应处罚；如果明显是学生过错引发的过激行为，则应当重点对学生进行严肃教育，督促家长配合，依据校规给予相应处罚。

如果出现案例 50 中的暴力犯罪，学校应当果断报警，由警方介入依法依规处理；如果是类似案例 51 中的伤害案件，则要督促学生监护人严加管教，及时赔付受伤老师的损失。只有在法律的干预、学校和家庭的共同努力下，树立正确的处理师生纠纷的观念，掌握定分止争的正确方法，才能在校园内筑起一道法治的防护墙，有效遏制校园暴力事件的发生。

 **法条链接**

**1.《中华人民共和国刑法》**

**第十七条** 已满十六周岁的人犯罪，应当负刑事责任。

已满十四周岁不满十六周岁的人，犯故意杀人、故意伤害致人重伤或者死亡、强奸、抢劫、贩卖毒品、放火、爆炸、投放危险物质罪的，应当负刑事责任。

已满十二周岁不满十四周岁的人，犯故意杀人、故意伤害罪，致人死亡或者以特别残忍手段致人重伤造成严重残疾，情节恶劣，经最高人民检察院核准追诉的，应当负刑事责任。

对依照前三款规定追究刑事责任的不满十八周岁的人，应当从轻或者减轻处罚。

因不满十六周岁不予刑事处罚的，责令其父母或者其他监护人加以管教；在必要的时候，依法进行专门矫治教育。

**第二百三十四条**　故意伤害他人身体的，处三年以下有期徒刑、拘役或者管制。

犯前款罪，致人重伤的，处三年以上十年以下有期徒刑；致人死亡或者以特别残忍手段致人重伤造成严重残疾的，处十年以上有期徒刑、无期徒刑或者死刑。本法另有规定的，依照规定。

**2.《中华人民共和国民法典》**

**第一千一百八十八条**　无民事行为能力人、限制民事行为能力人造成他人损害的，由监护人承担侵权责任。监护人尽到监护职责的，可以减轻其侵权责任。

有财产的无民事行为能力人、限制民事行为能力人造成他人损害的，从本人财产中支付赔偿费用；不足部分，由监护人赔偿。

**3.《中华人民共和国预防未成年人犯罪法》**

**第二十九条**　未成年人的父母或者其他监护人发现未成年人有不良行为的，应当及时制止并加强管教。

**第三十条**　公安机关、居民委员会、村民委员会发现本辖区内未成年人有不良行为的，应当及时制止，并督促其父母或者其他监护人依法履行监护职责。

## 2. 校园欺凌会产生怎样的法律后果？

校园本是未成年人茁壮成长的摇篮，但随着一宗宗校园暴力事件的曝光，"校园欺凌"一词进入公众视野。所谓"欺凌"，即为欺负、凌辱两词的合称，而"校园欺凌"是指校园内存在的、发生在学生之间的暴力或非暴力凌辱行为，有的表现为合伙起来欺负同学，有的表现为对同学实施侮辱性行为。从媒体曝光的校园欺凌案件来看，暴力手段之残忍、情节之恶劣令人触目惊心。

### 案情回顾

**案例 52：高中男生殴打同班同学致其脾脏破裂**

某高中生刘某成绩优秀，经常协助老师批改作业、试卷和管理班级纪律。班上多名同学对刘某"看不顺眼"，经常谩骂其"是老师的一条狗"。

这天，刘某因登记陈某不遵守课堂纪律而遭到陈某记恨。放学后，陈某伙同另外两名男生将刘某堵到厕所里。陈某将刘某的头按到马桶中，逼其下跪，并对刘某进行辱骂，继而拳脚相加，直到刘某百般哀求才作罢。

事后，遭受殴打的刘某立即报告老师。老师向学校反映，但校方并没有及时作出处罚决定。事发不久，陈某得知刘某"向学校告状"后恼羞成怒，再次纠集同伙在校外过道处对刘某进行殴打，致使刘某脾脏破裂。经医院紧急抢救，刘某生命无碍，但却留下后遗症。公安机关依法对陈某等三人立案侦查。经查，三人均已年满 14 周岁但未满 16 周岁。

**案例 53：初中女生集体殴打同寝室舍友**

某初中女生张某在校园寝室内遭到同宿舍 5 名女同学的集体殴打，理由竟然是张某对其中两名女生翻白眼。5 名女生对张某殴打近十分钟，致使张某头部、额头、手臂等身体多处出现瘀青。张某大声呼救，旁边宿舍的同学竟无人敢上前劝阻。张某家长在发现孩子身体伤痕后，经询问才得知真相。经法医鉴定，张某身上的伤痕已构成轻伤。

经查，施暴的几名女生是张某的同班同学，均未满 14 周岁。张某性格较为孤僻，与宿舍同学素来不和，宿舍同学也经常对张某冷嘲热讽。学校建议张某家长与施暴学生家长协商解决赔偿问题，并对 5 名施暴学生作出校纪处分。

## 以案说法

### 1. 未成年人实施校园欺凌可能承担刑事责任

校园欺凌多发生在中小学在校学生之间，表现为谩骂、侮辱等语言暴力和轻微的行为暴力。未成年人本属于弱势群体，却又成为语言、行为暴力的制造者和受害者，由此引发的法律问题需要根据不同情况具体分析。

在案例 52 中，陈某等人为了泄愤，集体殴打同班同学，造成被害人脾脏破裂，已达到重伤程度。根据我国《刑法》的规定，已满 14 周岁不满 16 周岁的人，犯故意杀人、故意伤害致人重伤或者死亡、强奸、抢劫、贩卖毒品、放火、爆炸、投放危险物质罪的，应当负刑事责任。陈某等人已满 14 周岁不满 16 周岁，故意殴打他人致人重伤，依法构成故意伤害罪，应当负刑事责任。

### 2. 未成年人实施校园欺凌也可能承担民事责任

在案例 53 中，5 名施暴女生只因一个白眼就群殴舍友，致其轻伤。根据我国《刑法》规定，只有年满 14 周岁才承担刑事责任。5 名女生均未年满 14 周岁，因此不负刑事责任。但是，根据我国《民法典》相关规定，无民事行为能力人、限制民事行为能力人造成他人损害的，由监护人承担侵权责任。因此，5 名女生的监护人依法应当向被害人承担民事赔偿责任。

从曝光的校园欺凌事件来看，暴力情节越来越严重，但施暴者却呈现出低龄化趋势。绝大部分实施欺凌的学生未达到刑事责任年龄，或者欺凌严重程度未触犯刑法，最终被追究刑事责任的只是少数，虽然不用承担刑事责任，但是根据《刑法》的规定，因不满 16 周岁不予刑事处罚的，责令其父母或其他监护人加以管教；在必要的时候，依法进行矫治教育。

### 3. 校园欺凌中的侮辱行为可能导致法律责任

在校园欺凌案件中，常常涉及侮辱被害人人格的情况。例如，案例 52 中，陈某将刘某的头按入马桶中就属于侮辱行为，常见的侮辱行为还有当众扒光他人衣服进行羞辱、强迫他人做难堪的动作、逼他人下跪等，这些行为都属于侵犯被害人人格权的行为。如果行为人不满 18 周岁，则由其监护人依法承担民事侵权赔偿责任。

如果行为人已年满 18 周岁，在欺凌过程中实施了语言侮辱行为的，还可能涉嫌构成侮辱罪。根据我国《刑法》规定，以暴力或者其他方法公然侮辱他人或者捏造事实诽谤他人，情节严重的，构成侮辱罪。这里的"其他方法"就包括谩骂、羞辱等非暴力凌辱行为。所谓"情节严重"，主要是指以暴力或者其他方法侮辱、诽谤他人手段恶劣，造成严重后果的情形。例如，有的案件中出现被害人不堪受辱跳楼自杀的后果，则属于典型的情节严重的情形。此时如果行为人已满 18 周岁，则应当承担侮辱罪刑事责任。

### ⓘ 温馨提示

#### 1. 校园欺凌问题值得充分重视

国务院教育督导委员会办公室印发《关于开展校园欺凌专项治理的通知》，从"积极有效预防学生欺凌和暴力""依法依规处置学生欺凌和暴力事件""切实形成防治学生欺凌和暴力的工作合力"三方面，对防治中小学生欺凌和暴力提出了专业细致、有针对性的要求。

#### 2. 校园欺凌成因复杂，须具体分析

校园欺凌的形成原因很复杂，既有受社会一些不良风气的影响，也与学生个体的家庭教育密切相关。有的校园学生受一些暴力影视作品的影响，对暴力行为充满好奇和崇拜；有的学生受学习成绩不好的现实困扰，爱扎堆抱团，一旦形成小团体就容易出现攻击倾向，容易引发校园暴力；还有学生缺乏家庭关爱，价值观出现扭曲，想以暴力行为博取眼球、吸引关注。

总之，校园戾气的形成非一日之功，校园欺凌的成因十分复杂，要想消灭校园欺凌非朝夕可以实现，应当受到全社会的高度关注，群策群力，久久为功。

**3. 预防校园欺凌须采取有力举措**

（1）加强青少年心理健康教育。将校园安全教育与法治教育相结合，整合社会资源，有组织地开展学生喜闻乐见的法治教育，提高学生自我认识、自我调适、自我控制的能力。例如，利用心理咨询室开展学生心理健康咨询、公布校园欺凌救助热线、联系公检法各方参与校园安全教育和普法教育等，让学生从心底敬畏法律，尊重他人，以正确的方式解决同学内部的矛盾纠纷。

（2）加大校园欺凌惩戒力度。贯彻未成年人"双方保护"原则，积极构建惩防结合的长效工作机制。既要根据具体需求对被欺凌学生采取心理干预、医疗救助、法律援助等措施，也要对实施欺凌学生进行行为矫正。尤其要对实施校园欺凌的学生、家长进行训诫（告诫），对校园欺凌涉嫌违法犯罪的，学校要及时报案并配合立案调查，有效惩治施暴者，依法保护未成年人合法权益。

（3）加强校园欺凌事件的预防和监控。学校要承担起监控校园欺凌事件主体责任，教育管理部门要对经常出现欺凌事件的学校启用问责机制，不断提高监测和预判能力。学校和公安部门要加强沟通配合，有针对性地布置视频监控，不断净化校园内外环境，防范校园欺凌事件发生。

## 🔗 法条链接

**1.《中华人民共和国刑法》**

**第二百三十四条**　故意伤害他人身体的，处三年以下有期徒刑、拘役或者管制。

犯前款罪，致人重伤的，处三年以上十年以下有期徒刑；致人死亡或者以特别残忍手段致人重伤造成严重残疾的，处十年以上有期徒刑、无期徒刑或者死刑。本法另有规定的，依照规定。

第二百四十六条  以暴力或者其他方法公然侮辱他人或者捏造事实诽谤他人，情节严重的，处三年以下有期徒刑、拘役、管制或者剥夺政治权利。

前款罪，告诉的才处理，但是严重危害社会秩序和国家利益的除外。

通过信息网络实施第一款规定的行为，被害人向人民法院告诉，但提供证据确有困难的，人民法院可以要求公安机关提供协助。

2. 《中华人民共和国民法典》

第一千一百八十八条  无民事行为能力人、限制民事行为能力人造成他人损害的，由监护人承担侵权责任。监护人尽到监护职责的，可以减轻其侵权责任。

有财产的无民事行为能力人、限制民事行为能力人造成他人损害的，从本人财产中支付赔偿费用；不足部分，由监护人赔偿。

3. 《中华人民共和国预防未成年人犯罪法》

第三十八条  本法所称严重不良行为，是指未成年人实施的有刑法规定、因不满法定刑事责任年龄不予刑事处罚的行为，以及严重危害社会的下列行为：

（一）结伙斗殴，追逐、拦截他人，强拿硬要或者任意损毁、占用公私财物等寻衅滋事行为；

（二）非法携带枪支、弹药或者弩、匕首等国家规定的管制器具；

（三）殴打、辱骂、恐吓，或者故意伤害他人身体；

（四）盗窃、哄抢、抢夺或者故意损毁公私财物；

（五）传播淫秽的读物、音像制品或者信息等；

（六）卖淫、嫖娼，或者进行淫秽表演；

（七）吸食、注射毒品，或者向他人提供毒品；

（八）参与赌博赌资较大；

（九）其他严重危害社会的行为。

第三十九条  未成年人的父母或者其他监护人、学校、居民委员会、村民委员会发现有人教唆、胁迫、引诱未成年人实施严重不良行为的，应当立即向公安机关报告。公安机关接到报告或者发现有上述情形的，应当及时依法查处；对人身安全受到威胁的未成年人，应当立即采取有效保护措施。

# 3. 面对网络欺凌，青少年该如何应对？

当公众的目光还聚焦在谴责校园暴力欺凌事件时，另一种相对隐蔽、易被忽视的另类"欺凌"正在校园内悄然发生，这就是"网络欺凌"。随着网络在校园内的普及和社交平台的兴起，"网络欺凌"事件在青少年中时有发生，给青少年心理健康造成严重影响。而且，线上的欺凌"软"暴力容易蔓延到线下，成为校园真暴力。

## 案情回顾

### 案例 54：高中男生网络造谣诋毁女同学

某高中生吴某暗恋同班的女生陈某已久，在表白失败后，开始在网络上对陈某进行纠缠。吴某利用 QQ、微信等通信工具不定期向陈某发送色情图片和视频，让陈某不堪其扰。在被陈某拉入黑名单后，吴某又在校园网站内匿名发帖造谣，通过 PS 人物头像、改图等形式捏造陈某被校外富豪包养的谣言，给陈某声誉造成了一定影响。后经陈某家长查实后向学校反映，学校联系吴某家长对吴某进行劝诫。在证据面前，吴某承认了网络造谣的事实，并向陈某及其家长道歉。

### 案例 55：初中女生照片被修改成不雅照

15 岁的小蓓是一名初三学生。一天放学回家后突然又哭又闹，随后连续几天不吃不喝，也不肯上学，急坏了她的家人。后来，小蓓的母亲查看小蓓手机发现，有人用小蓓的证件照合成了一张女性半裸体照片，并将该照片发到了同学群中，引起同学一片哗然。

据小蓓家长调查了解，这张照片是小蓓的一个同班同学合成的。该同学在网上找到一张袒胸露乳的女性人物照片，然后用修图软件进行处理，把该照片的头像换成小蓓的证件照，然后发到同学群里。该同学本意是想跟小蓓开个玩笑，没想到却给小蓓造成了巨大的心理打击。小蓓的家长认为，这起事件已经不是简单的玩笑问题，已经给小蓓造成了严重精神伤害，于是到派出所报案，警方依法介入调查。

## 以案说法

### 1. 什么是"网络欺凌"？

所谓"网络欺凌"，是指发生在网络社交生活中的欺负、凌辱事件。一般表现为利用网络公共性、匿名性、便捷性等特点，在网络上对他人进行恶意的语言攻击、诽谤、侮辱等，使他人心理受到较大伤害。

网络欺凌的具体形式主要包括：公开个人信息资料（俗称"起底"）、利用修图软件改图传播、信息骚扰（如发送色情信息）、网络隔空辱骂、录制侮辱视频并传播等。

### 2. 网络欺凌他人可能会承担刑事责任

网络欺凌者往往不认为网上欺凌会给他人造成伤害，只会觉得"有趣""好玩"，并没有认识到是一种过错。例如，案例55中，小蓓的同学认为只是在"开玩笑"，殊不知这是网络欺凌行为的一种，已经侵犯了小蓓的人格权，可能承担民事侵权责任，情节严重的，还可能要承担刑事责任，面临牢狱之灾。

我国关于利用信息网络实施诽谤等刑事案件的司法解释规定，所谓"情节严重"是指同一诽谤信息实际被点击、浏览次数达到5000次以上，或者被转发次数达到500次以上的；或者造成被害人或者其近亲属精神失常、自残、自杀等严重后果的；或者2年内曾因诽谤受过行政处罚，又诽谤他人的等。我国《刑法》明确规定，以暴力或者其他方法公然侮辱他人或者捏造事实诽谤他人，情节严重的，处3年以下有期徒刑、拘役、管制或者剥夺政治权利。

由此可见，小蓓同学的行为可不是"开玩笑"这么简单，只不过是因为年龄问题才没有被追究刑事责任，而他的监护人则要承担相应的法律责任。

### 3. 网络欺凌他人也可能面临行政处罚

在案例 54 中，吴某实施了发送信息骚扰、捏造事实诽谤陈某的行为，也属于典型的网络欺凌。根据我国《治安管理处罚法》的规定，公然侮辱他人或者捏造事实诽谤他人的，或者多次发送淫秽、侮辱、恐吓或者其他信息，干扰他人正常生活的，处 5 日以下拘留或者 500 元以下罚款。吴某将为自己不理智的行为付出代价。

### 温馨提示

#### 1. 青少年面对网络欺凌要理性

青少年面对网络欺凌时，首先要保持理性，不要想着反击报复，而是选择置之不理，将攻击对象纳入网络黑名单，切断网络联系。如果知道欺凌者与自己的关系，如是学校的同学，此时可以选择向欺凌者的老师、家长反映，让学校和家长出面帮助制止网络欺凌行为。

#### 2. 遭遇网络欺凌可寻求法律帮助

被欺凌者在侵犯自身隐私、造成自身名誉伤害等严重情况下，应当及时求助自己的监护人。监护人可以报警，及时制止欺凌行为，避免损失扩大，也可以诉诸法律，对网络欺凌者及其监护人提起民事诉讼。未成年人的监护人、学校及其他组织和个人，发现未成年人遭受网络欺凌侵害的，应当高度重视，及时采取措施予以救助。

#### 3. 遭遇网络欺凌可向社交平台投诉

网络欺凌行为大部分内容是骚扰、侮辱、威胁、侵害他人隐私等，这些都有悖于社交网站、APP 平台的服务条款，因此被欺凌者也可以选择向社交网站、APP 平台投诉，要求依规处理网络欺凌者。有关网站、社交平台应当在醒目位置标注警示标识或说明，不得发布涉及欺凌内容的信息。对未成年人个人信息资料、涉嫌欺凌行为的照片、欺凌行为视频等，要尽到基本的审查义务，否则网信、工信等部门可以依据职责给予处罚。

## 🔗 法条链接

**1.《中华人民共和国刑法》**

**第二百四十六条** 以暴力或者其他方法公然侮辱他人或者捏造事实诽谤他人，情节严重的，处三年以下有期徒刑、拘役、管制或者剥夺政治权利。

前款罪，告诉的才处理，但是严重危害社会秩序和国家利益的除外。

通过信息网络实施第一款规定的行为，被害人向人民法院告诉，但提供证据确有困难的，人民法院可以要求公安机关提供协助。

**2.《中华人民共和国治安管理处罚法》**

**第四十二条** 有下列行为之一的，处五日以下拘留或者五百元以下罚款；情节较重的，处五日以上十日以下拘留，可以并处五百元以下罚款：

（一）写恐吓信或者以其他方法威胁他人人身安全的；

（二）公然侮辱他人或者捏造事实诽谤他人的；

（三）捏造事实诬告陷害他人，企图使他人受到刑事追究或者受到治安管理处罚的；

（四）对证人及其近亲属进行威胁、侮辱、殴打或者打击报复的；

（五）多次发送淫秽、侮辱、恐吓或者其他信息，干扰他人正常生活的；

（六）偷窥、偷拍、窃听、散布他人隐私的。

**3.《最高人民法院、最高人民检察院关于办理利用信息网络实施诽谤等刑事案件适用法律若干问题的解释》**

**第一条** 具有下列情形之一的，应当认定为刑法第二百四十六条第一款规定的"捏造事实诽谤他人"：

（一）捏造损害他人名誉的事实，在信息网络上散布，或者组织、指使人员在信息网络上散布的；

（二）将信息网络上涉及他人的原始信息内容篡改为损害他人名誉的

事实，在信息网络上散布，或者组织、指使人员在信息网络上散布的；

明知是捏造的损害他人名誉的事实，在信息网络上散布，情节恶劣的，以"捏造事实诽谤他人"论。

第二条　利用信息网络诽谤他人，具有下列情形之一的，应当认定为刑法第二百四十六条第一款规定的"情节严重"：

（一）同一诽谤信息实际被点击、浏览次数达到五千次以上，或者被转发次数达到五百次以上的；

（二）造成被害人或者其近亲属精神失常、自残、自杀等严重后果的；

（三）二年内曾因诽谤受过行政处罚，又诽谤他人的；

（四）其他情节严重的情形。

# 4. 出现校园安全事故纠纷该怎么办？

在媒体曝光的校园安全事件中，有许多是由于校园安全设施不到位以及管理不善造成的，校园意外已经悄悄成为在校学生的"隐形杀手"。

## 案情回顾

### 案例 56：高中女生意外坠楼抢救无效身亡

某高级中学发生了一起学生坠楼事件。该校保安在巡查过程中发现，一名女生倒在实验楼前的地上。随即，该学生被紧急送往医院救治，后经抢救无效身亡。公安机关通过查看学校视频监控证实，该学生确为坠楼。坠楼女生为该校高二年级的一名学生，在学校表现及学习成绩较好，与老师、同学的关系也较融洽。

事发后，该校立即启动安全应急预案，配合医院救治及公安部门进行调查，受害学生家长与学校就赔偿问题产生纠纷。

### 案例57：教师校园内驾车不慎撞伤学生

某市连续发生两起校园内教师驾车撞死撞伤学生的安全事故。一起发生在当地小学，早上学生进校时，该校老师开车进校园速度较快不慎发生意外，造成两死一伤；另一起发生在该市某中学，该校老师开车外出时在拐弯处视线受阻，不慎撞伤上体育课归来的学生。

据调查，这两起事故发生的重要原因在于校园内交通管理严重滞后，交通标识混乱，人车混行。两起事故在当地造成恶劣影响，引发受害学生家长与学校的法律纠纷。

## 以案说法

#### 1. 校园安全问题容易引发法律纠纷

当前，校园安全问题在学校管理中已经上升到了非常重要的位置。校园安全事件容易引发家长与学校之间的矛盾。有的学校怕承担责任影响学校声誉，一味推卸责任；个别受害学生家长行为明显过激，让学校无所适从，由此引发一系列法律问题。

例如，有的学校处理事故过于简单，对受害事实遮遮掩掩，对自身责任避重就轻，不能做到实事求是，引发家长猜疑，甚至激化矛盾；有的受害学生家长在校内开设灵堂，殴打、辱骂学校领导，扰乱正常教学秩序，造成相关人员人身伤害，并通过网络、新闻媒体爆料，对学校声誉产生严重影响。上述行为都可能产生法律责任。

#### 2. 学校对学生伤害有过错的应当承担责任

根据我国《民法典》相关规定，在案例56中，学生发生坠楼事件，如果查实学校方面确实存在安全问题，如栏杆设置过低、未设置警示标志等，那么根据我国《民法典》及相关行政法规的规定，学校在管理方面存在过错，学校的校舍、场地、其他公共设施，以及学校提供给学生使用的学具、教育教学和生活设施、设备不符合国家规定的标准，或者有明显不安全因素，造成了学生伤害事故，学校将因为自身过错，依法承担部分甚至全部责任。

如果经过调查校园安全设施没有问题，学校在管理方面没有失误，在事故发生过程中也没有任何过错，则依法不承担责任。学校可以根据实际情况，本着自愿公平的原则，对学生家属给予适当的帮助和金钱补偿。

### 3. 学校赔偿后，可以向有关责任人员追偿

在案例57中，校园交通管理问题间接导致了学生安全事故的发生，虽然事故的直接原因不在学校，主要是驾驶员操作不当导致的，但是在事故发生的过程中，学校也存在明显过错。例如，未实现人车分流、校园管理人手设置不足、安全标识不醒目等。

根据我国《民法典》以及相关行政法规的规定，因学校安全保卫、消防、设施设备管理等安全管理制度有明显疏漏，或者管理混乱，存在重大安全隐患，而未及时采取措施造成学生伤害事故的，学校应当依法承担相应的责任。因此，该事故主要应该由肇事方承担主要责任，但是学校在交通管理方面的混乱客观上也为事故发生埋下安全隐患，应视过错程度承担部分责任。

在责任承担方面，学校对学生伤害事故负有责任的，根据责任大小，适当予以赔偿。学校无责任的，因学校教师或其他工作人员在履行职务中故意或重大过失造成的学生伤害事故，学校予以赔偿后，可以向有关责任人员追偿。

### 温馨提示

#### 1. 造成校园安全问题原因多样

学生安全问题重如泰山，校园"隐形杀手"之所以出现，不仅有学校管理不到位的原因，也有师生缺乏安全防范意识的原因。有的学校重教学、轻管理，校园管理较为混乱，容易出现一系列安全问题；有的学生教学设施管理缺位，教室年久失修，设施老化，校园内的桥梁、湖泊缺乏基本的安全防护，出现安全隐患；有些师生对校园安全问题不够重视，认为只是个别事件。

## 2. 要重视发挥法律定分止争的作用

学校、受害学生家长都必须有法律意识，在法律的框架内解决问题，重视发挥法律教育、引导、惩罚等功能，不应激化矛盾，以妥善处理好善后事宜。

学生伤害事故责任应当根据相关当事人的行为与损害后果之间的因果关系依法确定。如果是学校、学生或者其他当事人的过错造成学生伤害事故的，相关当事人应当根据其行为过错程度的比例及其损害后果之间的因果关系承担相应的责任。如果当事人的行为是造成损害后果发生的主要原因的，应承担主要责任；如果当事人的行为是造成损害后果发生的非主要原因的，承担相应的责任。

## 3. 学校方应当及时履行救助义务

学校在校园安全问题发生后，应当及时履行救助义务，避免法律风险。例如，在校内发生学生受伤事故后，学校应及时救助受伤害学生并及时告知其监护人，有条件的还应当采取紧急救援等方式救助。

在校学生及其监护人应当了解相关的校园安全知识。家长应当经常教育子女注意校园学习、生活安全，采取必要的安全防范措施。

此外，当纠纷发生后应当理性维权，如果遇到棘手的情况时，应当联系法律顾问或者有经验的律师等法律专业人士，依法妥善处理事故带来的法律纠纷。

### 法条链接

#### 1.《中华人民共和国民法典》

**第一千二百条** 限制民事行为能力人在学校或者其他教育机构学习、生活期间受到人身损害，学校或者其他教育机构未尽到教育、管理职责的，应当承担侵权责任。

**第一千二百零一条** 无民事行为能力人或者限制民事行为能力人在幼儿园、学校或者其他教育机构学习、生活期间，受到幼儿园、学校或者其他教育机构以外的第三人人身损害的，由第三人承担侵权责任；幼儿园、学校或者其他教育机构未尽到管理职责的，承担相应的补充责任。幼儿园、学校或者其他教育机构承担补充责任后，可以向第三人追偿。

**2.《学生伤害事故处理办法》**

**第九条**　因下列情形之一造成的学生伤害事故，学校应当依法承担相应的责任：

（一）学校的校舍、场地、其他公共设施，以及学校提供给学生使用的学具、教育教学和生活设施、设备不符合国家规定的标准，或者有明显不安全因素的；

（二）学校的安全保卫、消防、设施设备管理等安全管理制度有明显疏漏，或者管理混乱，存在重大安全隐患，而未及时采取措施的；

（三）学校向学生提供的药品、食品、饮用水等不符合国家或者行业的有关标准、要求的；

（四）学校组织学生参加教育教学活动或者校外活动，未对学生进行相应的安全教育，并未在可预见的范围内采取必要的安全措施的；

（五）学校知道教师或者其他工作人员患有不适宜担任教育教学工作的疾病，但未采取必要措施的；

（六）学校违反有关规定，组织或者安排未成年学生从事不宜未成年人参加的劳动、体育运动或者其他活动的；

（七）学生有特异体质或者特定疾病，不宜参加某种教育教学活动，学校知道或者应当知道，但未予以必要的注意的；

（八）学生在校期间突发疾病或者受到伤害，学校发现，但未根据实际情况及时采取相应措施，导致不良后果加重的；

（九）学校教师或者其他工作人员体罚或者变相体罚学生，或者在履行职责过程中违反工作要求、操作规程、职业道德或者其他有关规定的；

（十）学校教师或者其他工作人员在负有组织、管理未成年学生的职责期间，发现学生行为具有危险性，但未进行必要的管理、告诫或者制止的；

（十一）对未成年学生擅自离校等与学生人身安全直接相关的信息，

学校发现或者知道，但未及时告知未成年学生的监护人，导致未成年学生因脱离监护人的保护而发生伤害的；

（十二）学校有未依法履行职责的其他情形的。

**第十条** 学生或者未成年学生监护人由于过错，有下列情形之一，造成学生伤害事故，应当依法承担相应的责任：

（一）学生违反法律法规的规定，违反社会公共行为准则、学校的规章制度或者纪律，实施按其年龄和认知能力应当知道具有危险或者可能危及他人的行为的；

（二）学生行为具有危险性，学校、教师已经告诫、纠正，但学生不听劝阻、拒不改正的；

（三）学生或者其监护人知道学生有特异体质，或者患有特定疾病，但未告知学校的；

（四）未成年学生的身体状况、行为、情绪等有异常情况，监护人知道或者已被学校告知，但未履行相应监护职责的；

（五）学生或者未成年学生监护人有其他过错的。

# 5. 大学生社会实践活动被利用，该如何维权？

现如今，越来越多的大学生选择投身公益事业，他们有的不辞辛苦甘当志愿者，有的远赴贫困山区爱心支教，在无私的奉献中寻找人生价值。然而，与此同时，社会上也出现了一些不法分子在利益驱使下，利用大学生的爱心和单纯牟取私利的现象。真善美、假丑恶，在现实生活中形成鲜明对比。大学生在进行社会实践活动时应当提高警惕，防止自己的爱心和满腔热忱被人利用，善于运用法律武器维护自身合法权益。

## 案情回顾

### 案例58：大学生"支教"变成有偿辅导班

小王是某高校的大一学生。这个暑期他报名参加了由某"支教联盟"组织的爱心支教活动。该支教活动一共30天，其中7天招生、20天讲课、余下3天休息，虽然没有工资，但包食宿并报销往返路费。经过面试并签订协议后，小王被分到某县一个支教点，进行为期一个月的支教活动。

但令小王感到不解的是，支教点居然要求他上街发传单，且宣传单上还写着每节课的收费金额。小王立即质疑：支教不应该是免费的吗？为何变成了收费性质的辅导班？后来"支教"骗局被当地居民揭穿，小王和他的同学向"支教联盟"负责人讨说法，但对方并未回应，反而恐吓小王和其同学，小王随即向校方进行了反映。

经调查，所谓的"支教联盟"是一家民营企业，并无举办支教活动的相应资质，其打着"爱心支教"的旗号，实际上办的是收费的辅导班。随后，当地有关部门依法对该"支教联盟"进行了查处，相关责任人受到法律追究。

### 案例59：师范生志愿服务沦为廉价劳动力

小张是某师范大学大二的学生，他在学校组织的一个志愿者协会从事志愿者活动。一天，小张接到了一个来自"创业先锋营"的通知，称有一项既能服务残弱人士又能获得社会实践证书的活动希望他能参加。小张欣然前往，但参加活动后不久就发现自己上当受骗了。

原来，所谓的"服务残弱人士"就是去做家政服务，服务对象都是某家政公司的客户，并不是残疾人或贫困家庭。该家政公司给小张支付每小时9块钱的工资，而客户支付给该家政公司的报酬却是每小时35块钱。小王感觉自己沦为了该家政公司的廉价劳动力，志愿服务变成了兼职打工，遂将情况报告给学校。

经调查，这个"创业先锋营"打着当地妇联的名义，欺骗大学生进行廉价兼职，其活动不具有合法性，相关部门已对其性质以及责任人展开调查。

## 以案说法

### 1. 打着社会公益旗号涉嫌诈骗

当今社会涉及公益类的骗局日益增多，这些骗局利用人们同情心和乐于行善的心理，捏造事实、诱之小利，具有很强的欺骗性。而大学生由于社会经验不足，更容易被不良商家利用，变成他们敛财的工具。

如案例 58 中，"支教联盟"打着"爱心支教"的幌子，以包食宿并报销往返路费为诱饵骗取小王的信任，然后有偿教学，实际上就是利用小王的爱心，并借他的劳动力来赚取非法利益。

在案例 59 中，"创业先锋营"打着妇联旗号，隐瞒真相，谎称是志愿者服务，利用小张的善心，榨取其劳动力价值，属于典型的诈骗行为。

### 2. 编造谎言属于虚构事实、隐瞒真相的诈骗行为

司法实践中，诈骗罪一般表现为行为人以非法占有为目的，采用虚构事实、隐瞒真相的方式实施欺诈，令被害人产生错误认识处分财产，行为人获得非法利益。在案例 58、59 中，"支教联盟""创业先锋营"都具有非法占有大学生劳动力价值的目的，都采用了编造谎言欺骗的诈骗犯罪手法，如果非法所得利益达到了立案标准，则依法构成诈骗罪。根据我国《刑法》规定，诈骗公私财物，数额较大的，处 3 年以下有期徒刑、拘役或者管制。

### 3. 受骗大学生可以依据法律规定追讨劳动报酬

在案例 58、59 中，小王、小张受欺骗提供劳务，"支教联盟""创业先锋营"获利没有合法根据，构成不当得利。根据我国《民法典》相关规定，因他人没有法律根据，取得不当利益，受损失的人有权请求其返还不当利益。因此小王、小张有权依法向"支教联盟""创业先锋营"要求返还不当得利，包括提供劳务应得的劳务费用、交通费用、餐饮住宿费用等。

### 4. 受骗大学生可以选择报警或谈判进行维权

在案例 58、59 中，小王和小张发现自己被骗后都选择向校方反映受骗情况，这是正确的做法。因为校方有义务维护在校学生的合法权益，并依

法向有关部门举报。

面对这种情况，小王和小张还可以报警，以涉嫌诈骗罪为由，请求警方对"支教联盟""创业先锋营"有关责任人立案侦查。

小王和小张还可以选择与"支教联盟""创业先锋营"协商谈判，要求他们及时挽回损失。倘若涉案单位缺乏认错态度，不接受协商谈判，则应当果断报警，请警方介入处理。

## 温馨提示

### 1. 大学生参加社会实践要提高警惕

近年来，一些不法分子利用大学生的单纯和爱心，进行诈骗活动。类似"支教联盟""创业先锋营"这样的组织时有出现，他们打着慈善公益的旗号，有组织、有预谋地针对大学生实施诈骗活动。因此，大学生在参加社会实践活动时，有必要了解一些基本的信息和流程。例如，活动的组织方主体是否适格、活动流程安排、服务人员对象等，有疑问时要及时询问，解答心中的疑惑，避免自己的爱心和热情被人利用。

### 2. 学校要切实肩负起监管责任

对学生参加社会实践活动，学校仅仅提醒学生不要参与非法组织是远远不够的，应当采取必要措施，防止大学生受骗。一方面要加强宣传工作，班级辅导员、学生组织都要积极参与社会实践活动注意事项的宣传，密切关注学生实习动态，不应当"甩手掌柜"；另一方面要加强监管，做好领导和指引工作，特别是在案发后，要积极作为，敢于担当，坚决追究责任，配合司法机关严惩犯罪行为。

### 3. 大学生发现受骗要懂得维权

大学生如果发现自己上当受骗，要向案例58、59中的小王、小张学习，在确保人身安全的前提下，勇于举报，既可以向校方反映，也可以选择报警，协助有关部门坚决打击犯罪，取缔、查处违规组织，惩戒相关责任人。这既是维护自身合法权益，也可以防止类似骗局再次危害社会。

## 法条链接

1. 《中华人民共和国刑法》

第二百六十六条 诈骗公私财物，数额较大的，处三年以下有期徒刑、拘役或者管制，并处或者单处罚金；数额巨大或者有其他严重情节的，处三年以上十年以下有期徒刑，并处罚金；数额特别巨大或者有其他特别严重情节的，处十年以上有期徒刑或者无期徒刑，并处罚金或者没收财产。本法另有规定的，依照规定。

2. 《中华人民共和国民法典》

第九百八十七条 得利人知道或者应当知道取得的利益没有法律根据的，受损失的人可以请求得利人返还其取得的利益并依法赔偿损失。

3. 《最高人民法院、最高人民检察院关于办理诈骗刑事案件具体应用法律若干问题的解释》

第一条 诈骗公私财物价值三千元至一万元以上、三万元至十万元以上、五十万元以上的，应当分别认定为刑法第二百六十六条规定的"数额较大"、"数额巨大"、"数额特别巨大"。

……

## 6. 大学生如何防范陷入传销陷阱？

随着媒体曝出的一些大学生深陷传销组织的消息，让校园传销受到关注。有的大学生被骗进入传销组织，蒙受巨额财产损失；有的被传销组织控制，人身遭受伤害甚至遇害身亡。为什么传销组织会将"黑手"伸向大学生？传销组织究竟有哪些套路？传销行为涉及哪些法律问题？面对传销"黑手"，大学生又该如何防范呢？

**案情回顾**

### 案例 60：大二学生被亲属拉入传销组织骗走 5 万多元

小张今年 20 岁，在某大学读大二。暑期期间，小张接到了姨妈打来的电话，邀请她到自己打工的地方转转，还包来往路费。小张觉得挺不错，就一口答应了。

小张到了以后才发现，姨妈参与了一项"资本运作"。对方宣称，通过一定的商业手段和专业金融手段，能让钱在短时间内不断翻倍、裂变。小张跟着姨妈一起听课，因为她大学学的是美术专业，对金融知识知之甚少，为此这家机构还专门安排了一名"海外留学生"给小张单独讲述财富裂变原理。

看着这名"留学生"不凡的谈吐，听着不断蹦出的英文单词，小张觉得自己好像懂了一些。但小张自己没有钱，无法投资。这家机构的另外一名年轻人帮助小张提高了支付宝花呗额度，并且成功帮助她套现。

为了增大自己的投资金额，小张还在这家机构帮助下，在针对大学生贷款的几个网络平台上先后进行了网络贷款，加上支付宝套现的金额，小张一共"投资"了 5 万多元。因为实在没钱了，小张回到家里，打算叫自己的姐姐一起加入。幸好小张的姐姐意识到妹妹参与的可能是传销活动，及时向法律人士求助。

### 案例 61：大学生暑期打工陷传销后溺亡

某职业学院的学生小林暑假外出打工后就再也没有回来。后来经家属和警方证实，小林陷入了传销组织后溺水身亡。

据了解，小林在暑假期间经校友卿某某（已退学）介绍去打工。她到达打工的地方后，被传销人员许某某等人纠缠游说参与传销活动，要求她把自己的家人朋友拉入传销组织推销所谓的高科技产品，积极发展下线。小林不从，遭到许某某等人的非法拘禁。这天许某某、郭某某和谢某某等人带着小林行至河岸边，继续劝说小林参与传销。小林一时情绪激动跳入河中，由于不识水性又无人搭救导致溺水身亡。警方立即开展立案侦查，并迅速抓获许某某等人，三人对限制小林人身自由的犯罪事实供认不讳。

## 以案说法

### 1. 组织领导传销活动属于犯罪行为

所谓传销活动，是指组织者以发展人为商业模式（俗称"拉人头"），以被发展人直接或者间接发展其他人的数量计算业绩、给付报酬，或者要求被发展人以交费为条件取得加入资格等方式牟取非法利益的行为。

我国《刑法》规定，组织、领导以推销商品、提供服务等经营活动为名，要求参加者以缴纳费用或者购买商品、服务等方式获得加入资格，并按照一定顺序组成层级，直接或者间接以发展人员的数量作为计酬或者返利依据，引诱、胁迫参加者继续发展他人参加，骗取财物，扰乱经济社会秩序的传销活动的，构成组织、领导传销罪。

在案例60中，拉人投资项目，以发展人员计算投资回报，以及案例61中以推销高科技产品为名，要求参与者把家人朋友拉入销售团队并缴纳费用的手法，都属于典型的传销行为，组织领导者构成犯罪。

### 2. "拉人头"是传销行为的本质特征

传销行为严重扰乱社会经济秩序，对参与传销的个人以及社会稳定都有极大危害。现在的传销组织经过"升级换代"，不仅有产品、会伪装，而且善于利用网络，变得越发具有欺骗性和隐蔽性。

但是，透过现象看本质，判断一个组织是不是传销，关键看其人员营利模式是不是通过发展下线来实现。通俗地讲，只要其核心营销模式是"拉人头"，而不是直接面对消费者，其本质就是传销。

特别值得强调的是，组织、领导传销罪追究的主要是传销的组织策划者，以及多次介绍、诱骗、胁迫他人加入传销组织的积极参与者。对类似案例60中的小张，则属于受害者，法律不会追究其刑事责任。

### 3. 传销组织领导者还可能涉嫌多个其他罪名

传销组织领导者除了可能构成组织、领导传销罪，还可能构成多个其他罪名。国内传销组织有的主要以宣传洗脑、交钱"拉人头"为主，有的多采用控制人身自由、限制通讯联络、暴力威胁等手段，要求受害者编造理由向家里要钱。

由于大学生还在读书，开口向家里要钱往往比较容易，因而更容易被传销组织者利用。由于欺骗的对象都是自己的亲朋好友，受害者即便意识到被骗也无可奈何，会被情感"绑架"，这便达到了传销组织领导者非法揽财的目的。

与洗脑不同，一些传销组织领导者对陷入传销的不听话的大学生采用拘禁、打骂等非法手段逼其就范，有时就会发生人身伤亡的严重后果。

这样，组织领导者就不仅涉嫌组织、领导传销罪，还可能涉嫌非法拘禁、故意伤害、故意杀人等多项罪名。在司法实务中，要结合具体案情情节定罪处罚。案例 61 中的小林陷入传销，遭受非法拘禁并导致溺亡的严重后果，对传销组织者应以组织、领导传销罪和非法拘禁罪追究刑事责任，数罪并罚。

💡 温馨提示

**1. 传销组织喜欢把"黑手"伸向大学生的原因**

首先，有些大学生追求经济独立，传销组织多以"赚大钱"为诱饵，这些大学生往往是受骗的重点对象；其次，大学生缺乏社会实践经验，相对单纯，而传销组织善于伪装和包装，大学生更容易相信；最后，孩子是家长的"心头宝"，基本孩子要求的，家长都会信任和配合，所以传销组织容易向大学生伸"黑手"。

**2. 大学生识别传销组织的方法**

现实中的传销组织五花八门，大学生们应注意甄别。比较典型的、常见的传销形式有三种：

（1）"投资创业型"，即以投资入股为名，拉大学生入伙，许以各种美好承诺，一旦骗得投资款，马上要求其发展"下线"。

（2）"产品销售型"，即推出所谓保健品、化妆品、医疗器械等商品（多为假冒伪劣产品），要求大学生进行销售，销售对象不是普通的消费者，而是自己的亲朋好友，让大学生为了成为所谓的"金牌销售"而努力发展"下线"。

（3）"教育培训型"，即开设成功学、心理学、营销学等一系列培训课程，以成为公司讲师为名收取大学生"入门费"，然后进行传销洗脑要求其发展"下线"。

无论传销组织以何种形式包装，大学生只要把握住一条判断标准，那就是看该组织的商业模式是不是以"拉人头"、发展下线牟利，如果是，那么其本质就是传销组织。

### 3. 大学生摆脱传销组织的正确方法

大学生在求职或兼职打工过程中，首先，要提高自身的认知能力，克服功利心理，提高防范意识；其次，要了解清楚招聘单位的有关信息，必要时可到"国家企业信用信息公示系统"网站查询，看看用人单位主体资格是否合法，是否有正常的生产经营活动；最后，要看是否要求发展"下线"，并直接或间接以发展人员数量作为计酬或者返利依据，是否要求或变相要求交纳"入门费""门槛费"，以获得加入资格。如果有，则要果断拒绝或离开。

如果不慎陷入传销组织，遇到非法拘禁，如被"软禁"或者被"跟踪"等，大学生要保持理性，利用外出等有利时机，在人员较为密集的地方寻找机会摆脱控制并求救，也可以通过装病或者利用与家人通话报平安的机会寻求自救。如果不幸遭遇暴力，要沉着冷静，切勿正面对抗，在确保自身人身安全的前提下，静等有利时机出现，利用对方放松警惕之时伺机逃离并报警。

### 法条链接

**《中华人民共和国刑法》**

**第二百二十四条之一** 组织、领导以推销商品、提供服务等经营活动为名，要求参加者以缴纳费用或者购买商品、服务等方式获得加入资格，并按照一定顺序组成层级，直接或者间接以发展人员的数量作为计酬或者返利依据，引诱、胁迫参加者继续发展他人参加，骗取财物，扰乱经济社会秩序的传销活动的，处五年以下有期徒刑或者拘役，并处罚金；情节严重的，处五年以上有期徒刑，并处罚金。

**第二百三十八条**　非法拘禁他人或者以其他方法非法剥夺他人人身自由的，处三年以下有期徒刑、拘役、管制或者剥夺政治权利。具有殴打、侮辱情节的，从重处罚。

犯前款罪，致人重伤的，处三年以上十年以下有期徒刑；致人死亡的，处十年以上有期徒刑。使用暴力致人伤残、死亡的，依照本法第二百三十四条、第二百三十二条的规定定罪处罚。

为索取债务非法扣押、拘禁他人的，依照前两款的规定处罚。

国家机关工作人员利用职权犯前三款罪的，依照前三款的规定从重处罚。

# 7. 大学生勤工俭学做代购，会面临走私的法律风险吗？

大学生们通过自己的知识技能在课余时间勤工俭学，既能接触社会，又能获得收入改善生活，可谓一举两得。然而，勤工俭学并不是一件容易的事，打工辛苦自不必说，收入也并不可观。一些大学生开始动起了"歪脑筋"，打起了来快钱、赚粗钱的主意，由此引发一些走私刑事案件。

## 案情回顾

### 案例 62：大二学生暑假当"水客"运枪被捕

小吴是某大学的大二学生。暑假的一天，在境外旅游的小吴在"暑期打工信息群"中看到一个名叫"阿强"的学生发布的招工信息，称帮忙带货过关入境可赚取 250 元带工费。小吴觉得这个挣钱方式太简单了，赚的钱还可以改善下学期的生活，于是就和"阿强"取得联系。

某日下午，"阿强"与小吴见面后便把黑色斜挎包交给小吴。随后，小吴入境，在经过海关申报台时未向海关申报所携物品被海关检查。经查，小吴随身携带的行李有疑似枪支6把，经鉴定均为枪支（气枪）。随后，小吴因涉嫌走私武器罪被刑事拘留。

小吴被拘留后称，其知道自己的行为是走私，但他以为所携带的是手机之类的电子产品，如果知道是枪支，根本不可能带。后经法院审理，小吴犯走私武器罪，被判处有期徒刑3年。

### 案例63：海外留学生做代购涉嫌走私犯罪

在韩国留学的小马为补贴留学费用做起了海外代购。在网上收到买家下单后，小马帮人代购了4只高档手表。没想到，小马在回国过关时因涉嫌走私被海关当场查获。

小马被查获时辩称，所带手表折后价为5000美元，因为是现金付款，并没有保留表盒、表卡和小票等物证。海关缉私部门认为，完税价格认定的第一顺位是真实交易价格，往往参考发票、刷卡单、银行记录上的数字，如果这些都没有保留，海关部门会根据国内市场批发价格计算出鉴定价格。

根据鉴定，小马代购的每只高档手表的完税价格为10万元人民币，根据案发时高档手表关税30%的税率计算，仅一只手表就要缴税3万元人民币。后法院经审理后认为，小马违反海关法规，携带依法应当缴纳税款的物品入境时未向海关申报，偷逃应缴税额较大，其行为已构成走私普通物品罪，判处拘役1个月，缓刑2个月，并处罚金人民币14万元，没收手表。

### 以案说法

**1. 什么叫作"走私"？**

所谓"走私"，是指违反海关法和国家其他法律法规的规定，逃避海关监管，非法运输、携带、邮寄国家禁止进出境的物品、国家限制进出境的物品、依法应当缴纳关税的货物、物品进出境的行为。

走私犯罪会给国家造成巨大税收损失，同时也破坏了正常的市场经济秩序，具有严重的社会危害性，是我国重点打击的犯罪行为之一。

### 2. 只要有走私故意，对象认识错误不影响罪名认定

案例 62 中的小吴作为学生，利用暑期赚钱无可厚非。但是赚钱应该靠诚实劳动，万万不应该利用"走私"这种违法犯罪手段挣钱。根据我国《刑法》规定，走私武器、弹药、核材料或者伪造的货币，情节较轻的，处 3 年以上 7 年以下有期徒刑，并处罚金。

小吴主观上明知自己的行为是走私，仍不惜铤而走险，以身试法，其走私的物品属于国家明令禁止进出境的枪支，依法构成走私武器罪。

值得注意的是，小吴强调自己不知道走私的物品是枪支，以为是手机之类的电子产品，认为自己只是充当了一名普通的"水客"，主观恶意小，感到十分冤枉。但是根据相关司法解释的规定，走私犯罪嫌疑人主观上具有走私犯罪故意，但对其走私的具体对象不明确的，不影响走私犯罪的构成，应当根据实际的走私对象定罪处罚，因此小吴构成走私武器罪。

### 3. 因蒙骗而对走私对象认识错误的可以从轻处罚

由于小吴主观上已经明知自己的行为是走私，而对走私的物品不闻不问，在主观心理上有放任的故意，因此对其以走私武器罪追究刑事责任是完全合法的。

但是，鉴于有证据证明，小吴只是为了 250 元带工费而走私，其主观上因被蒙骗而对走私对象存在认识错误，可以从轻处罚。法院判处小吴有期徒刑 3 年，已经属于从轻处罚。假设，小吴明知是枪支而走私，按照相关法律规定，走私气枪 5 支以上的，属于情节较重，则小吴可能被判处 7 年以上有期徒刑。

### 4. 走私物品偷逃税额较大的，构成走私普通物品罪

在司法实务中，出现了一些类似于小吴、小马一样的年轻人，本想勤工俭学却不慎陷入犯罪深渊。他们中许多人错误地认为，帮忙带带手机、奶粉、名表等物品，赚点带工费只是普通违规行为，大不了罚款没收了事，不属于违法犯罪。殊不知，这种明知自己的行为是走私，逃避海关监管，偷逃进出境货物、物品应缴税额的行为，属于严重违法行为，具有严重的

危害性，达到一定数额的就构成犯罪。

现实中，较为常见的是走私电子产品、手表、金饰等物品。案例63中的小马携带依法应当缴纳税款的物品入境未向海关申报，偷逃应缴税额数额较大，依法构成走私普通物品罪。

💡 温馨提示

### 1. 公众要认识到走私的社会危害性

由于走私犯罪并不直接侵犯公民个人的切身利益，好像没有特定的受害人，因此并没有引起广大公民的充分关注。相反，有不少公民认为走私活动能给消费者带来好处和实惠，因此对走私犯罪不以为然，在心理上也比较宽容。有一些大学生甚至觉得做"水客"是凭劳动赚钱，对走私行为的社会危害性认识不足。

如果放任走私，将会对整个国家税收机制产生重要影响。税收减少，社会各项公共事业也难以得到持续发展，最终受害的还是公众，获益的是极少数走私犯罪分子。因此，社会公众都要从思想观念上认识到走私的社会危害性，坚决抵制走私货物。

### 2. 学生切勿怀揣侥幸心理携带违禁物品过关

案例62、63中的小吴、小马都因为一时的错误葬送了自己的前途，究其原因除了贪图蝇头小利，最重要的原因在于不知法、不懂法，教训惨痛。此类案例为风华正茂的大学生敲响了警钟，切不可因走私普通货物、物品价值较小而为之，心中要敬畏法律，切莫怀揣侥幸心理踏入违法犯罪之途，让自己的青春留下无法挽回的悔恨。

### 3. 过关是否需要报税要留意相关规定

一般关口会不断循环播音提示，需要报税的物品，学生如果不知道自己携带的物品是否需要报税，可以留心收听广播，也可以阅读关口粘贴的海关公告，公告会很醒目地列出哪些物品不能携带过关，哪些需要依法报税。

一般而言，进出境物品的所有人应当向海关如实申报，并接受海关查验。个人携带进出境的行李物品、邮寄进出境的物品，应当以自用、合理数量为限，并接受海关监管。一旦被发现禁止和限制携带的物品，极有可能会受到法律的制裁。

## 🔄 法条链接

### 1.《中华人民共和国刑法》

**第一百五十一条**　走私武器、弹药、核材料或者伪造的货币的，处七年以上有期徒刑，并处罚金或者没收财产；情节特别严重的，处无期徒刑，并处没收财产；情节较轻的，处三年以上七年以下有期徒刑，并处罚金。

走私国家禁止出口的文物、黄金、白银和其他贵重金属或者国家禁止进出口的珍贵动物及其制品的，处五年以上十年以下有期徒刑，并处罚金；情节特别严重的，处十年以上有期徒刑或者无期徒刑，并处没收财产；情节较轻的，处五年以下有期徒刑，并处罚金。

走私珍稀植物及其制品等国家禁止进出口的其他货物、物品的，处五年以下有期徒刑或者拘役，并处或者单处罚金；情节严重的，处五年以上有期徒刑，并处罚金。

单位犯本条规定之罪的，对单位判处罚金，并对其直接负责的主管人员和其他直接责任人员，依照本条各款的规定处罚。

**第一百五十三条**　走私本法第一百五十一条、第一百五十二条、第三百四十七条规定以外的货物、物品的，根据情节轻重，分别依照下列规定处罚：

（一）走私货物、物品偷逃应缴税额较大或者一年内曾因走私被给予二次行政处罚后又走私的，处三年以下有期徒刑或者拘役，并处偷逃应缴税额一倍以上五倍以下罚金；

（二）走私货物、物品偷逃应缴税额巨大或者有其他严重情节的，处三年以上十年以下有期徒刑，并处偷逃应缴税额一倍以上五倍以下罚金；

（三）走私货物、物品偷逃应缴税额特别巨大或者有其他特别严重情节的，处十年以上有期徒刑或者无期徒刑，并处偷逃应缴税额一倍以上五倍以下罚金或者没收财产。

单位犯前款罪的，对单位判处罚金，并对其直接负责的主管人员和其他直接责任人员，处三年以下有期徒刑或者拘役；情节严重的，处三年以上十年以下有期徒刑；情节特别严重的，处十年以上有期徒刑。

对多次走私未经处理的，按照累计走私货物、物品的偷逃应缴税额处罚。

2.《最高人民法院、最高人民检察院、海关总署关于办理走私刑事案件适用法律若干问题的意见》

六、关于行为人对其走私的具体对象不明确的案件的处理问题

走私犯罪嫌疑人主观上具有走私犯罪故意，但对其走私的具体对象不明确的，不影响走私犯罪构成，应当根据实际的走私对象定罪处罚。但是，确有证据证明行为人因受蒙骗而对走私对象发生认识错误的，可以从轻处罚。

# 8. 毕业生初涉职场，"三方协议"怎么签？

毕业季来临，在致青春怀旧的节奏中，象牙塔里的学子开始陆续走出校园，步入职场江湖，实现人生角色的转变。在且行且珍惜的日子里，最开心的莫过于收到 offer 的那刻激动，这不仅是对自我价值的肯定，也是今后自力更生、丰衣足食的起点。毕业生在与用人单位签订正式劳动合同之前，一般会按照学校要求签订一份被称为"三方协议"的文件，那么，"三方协议"到底具有怎样的法律效力？签订"三方协议"时又该注意些什么问题呢？

## 案情回顾

**案例 64：用人单位违约应承担违约责任**

小陈是某高校毕业生，毕业前夕与某公司签订了《高校毕业生就业协

议》，协议约定毕业后小陈正式到公司报到，协议中还约定"如有违约，违约方支付违约金3000元"。

然而，即将报到的时候，该公司却突然通知小陈希望解除就业协议，同时表示愿意按照"三方协议"的约定承担违约责任，支付违约金。小陈认为自己因为签订了"三方协议"，就没有再去找其他工作，如今公司违约让他失去了其他的就业机会，3000元的违约金根本无法弥补自己的损失。小陈更希望该公司能够继续履行合同，让自己如期报到上班。那么，他该如何维护自己的权益呢？

### 案例65：因考上公务员而违约应承担违约责任

小汪是某高校毕业生，毕业前与某企业签订了《高校毕业生就业协议》。签订协议后小汪致力于公务员考试，并成功通过考试被某机关录取，于是小汪决定与原先签订了"三方协议"的公司解除协议。

该公司要求小汪按照双方约定交纳5000元的违约金，小汪认为该协议书并不是正式的合同，如今就业竞争激烈，毕业生就业难，在公务员考试之前，毕业生为了能有一份"保底"的工作与用人单位签订就业协议，也是形势所迫，因此不愿意承担违约责任。那么，因考上公务员而违约能否不交违约金呢？

### 👆 以案说法

#### 1. "三方协议"具有怎样的法律效力？

所谓"三方协议"，是《普通高等学校毕业生、毕业研究生就业协议书》的简称，是指由学生本人、学校和用人单位三方共同签订的协议文本。"三方协议"在毕业生到单位报到、用人单位正式接收毕业生后自行终止，毕业生到单位报到后，单位再与毕业生签订正式的劳动合同。

一般而言，"三方协议"是由高校毕业生就业指导中心制作的格式文本，协议书里包含了用人单位、毕业生的信息，以及双方如实告知的义务、工作岗位、收入、福利、试用期、违约金的约定，就业协议经甲乙双方签字盖章后生效。

根据我国《民法典》的规定，依法成立的合同，受法律保护，只要当事人之间的协议不违反法律法规强制性规定，那么双方之间基于自愿达成的约定，就具有法律上的效力。"三方协议"虽然不是劳动合同，但具有合同的法律效力。因此，毕业生与用人单位在签订"三方协议"时都应当考虑清楚。

《民法典》同时规定，依法成立的合同，除了法律另有规定或者当事人另有约定的以外，自成立时生效。也就是说，"三方协议"一旦双方签字盖章后，便产生了法律效力。案例65中的小汪认为"三方协议"不是正式合同，不具有法律效力的观点是错误的。

虽然高校毕业生就业形势严峻，但小汪作为一名大学生，是完全民事行为能力人，应当充分预见自己民事行为的法律后果，一旦自己的行为违反了约定，就要承担相应的违约责任，按照"三方协议"约定支付违约金。

**2. 如果用人单位违反协议约定如何处理？**

在案例64中，用人单位单方面违约，小陈认为3000元的违约金无法弥补自己的损失，希望该公司能够继续履行合同，让自己如期报到上班的诉求是否合法呢？

我国《民法典》规定，当事人一方不履行合同义务或者履行合同义务不符合约定的，应当承担继续履行、采取补救措施或者赔偿损失等违约责任。也就是说，承担违约责任的形式有多种，违约方可以选择适用继续履行、采取补救措施或者赔偿损失。

因此，小陈有权要求公司继续履行"三方协议"，让自己报到上班，但如果用人单位不同意也不能强求，因为用人单位不愿意以继续履行的形式承担违约责任，选择支付违约金的形式承担违约责任，也是合法的。

**3. 如果毕业生违反约定如何处理？**

在案例65中，毕业生违约用人单位同样可以依据"三方协议"约定的违约责任主张违约金。在实践中，有一些单位和毕业生并没有明确约定违约金的具体数额，那么视为双方并未在违约金数额上达成一致的意见，一旦一方出现违约行为导致另一方损失的话，较难维权。

如果用人单位违约，临近毕业之际告知毕业生不予录取的话，那么就会导致毕业生因为基于对用人单位的信任，在就业后期放弃了寻找其他工作岗位的机会。但是，这种机会的丧失又难以用金钱来衡量，因此一旦毕业生被用人单位"放鸽子"的话，往往较难维权。比较直观的经济损失，是毕业生在争取到这个岗位过程中所付出的费用，包括车票、餐费等，但这些费用往往较少，相比损失而言微乎其微。

如果毕业生违约又没有约定违约金的话，用人单位也必须证明其直接的经济损失，其中包括招聘中的费用支出，以及因为毕业生不能如期报到给单位造成的直接经济损失。所以，为了避免不必要的纠纷与矛盾，毕业生与用人单位最好对违约金进行明确约定。

### ☿ 温馨提示

**1. 明确签约程序，做到胸有成竹**

"三方协议"的签订程序一般是：大学生和用人单位就该学生毕业后去该单位工作的有关事项达成一致，大学生领取就业协议书并如实填写基本情况和应聘意见并签名，然后由用人单位签订意见，最后由学校就业指导中心或者就业主管部门签订意见。如果之前已经有签约，毕业生选择违约的，必须办理完毕与原签约单位的解约手续，然后将原协议书交还招生就业工作处，并换取新的协议书。

**2. 把握签约细节，做到一字不差**

（1）核对名称。签字前要认真核对名称，看填写的用人单位名称是否与单位盖章名称一致，一字之差都可能导致协议无效。

（2）明确试用期时限。通常试用期为 3 个月，不得超过 6 个月。国家机关、高校、研究所一般采用的是见习期，通常为 1 年。如果在就业协议书中已经约定了试用期，那么正式签订合同时若用人单位还约定试用期的话，两个试用期加起来不得超过 6 个月，超出部分无效，应按正常工作时间计算。

（3）明确违约金数额。作为毕业生而言，应在协商中力争将违约金降到最低，通常违约金不超过 5000 元。

### 3. 注意防范违约，提防被"放鸽子"

毕业生或用人单位在应聘或招聘的时候，要如实告知与工作相关联的信息，并可以要求对方告知相关信息。毕业生如果想就业"保底"，那么在约定违约责任时就要将违约金约定低一些；如果想提防对方"放鸽子"，就要在"三方协议"中约定如无特别原因，用人单位应当选择继续履约，不得放弃录用；如果用人单位不同意将上述约定写入"三方协议"，那就尽可能将违约金约定高一些，并留心其他工作机会，以备不时之需。

## 🔗 法条链接

《中华人民共和国民法典》

**第四百六十五条** 依法成立的合同，受法律保护。

依法成立的合同，仅对当事人具有法律约束力，但是法律另有规定的除外。

**第五百零二条** 依法成立的合同，自成立时生效，但是法律另有规定或者当事人另有约定的除外。

依照法律、行政法规的规定，合同应当办理批准等手续的，依照其规定。未办理批准等手续影响合同生效的，不影响合同中履行报批等义务条款以及相关条款的效力。应当办理申请批准等手续的当事人未履行义务的，对方可以请求其承担违反该义务的责任。

依照法律、行政法规的规定，合同的变更、转让、解除等情形应当办理批准等手续的，适用前款规定。

**第五百七十七条** 当事人一方不履行合同义务或者履行合同义务不符合约定的，应当承担继续履行、采取补救措施或者赔偿损失等违约责任。

## 9. "裸贷"涉及哪些法律问题？

不知从何时起，"裸贷"一词出现在公众视野。"裸贷"看似你情我愿，实则败坏社会风俗，容易引发违法犯罪行为，不能因为双方出于自愿，法律就不能介入。那么究竟该如何认识"裸贷"？"裸贷"又涉及哪些法律问题呢？

### 案情回顾

#### 案例66：大学生抵押裸照借款，无力偿还被威胁"肉偿"

某大学女生小惠误信网络谣言参加线上交易活动，结果遭遇网络骗局，2000元血本无归。小惠被诈骗后心中十分懊恼又不敢向家人倾诉。2000元是小惠向要好的同学借的，眼看还钱日期将近，小惠想到通过网络借款以解燃眉之急。

通过微信，小惠与昵称为"校园放贷中心"的杨某取得联系，杨某要求以小惠拍摄手持身份证的裸照和手机通讯录作为抵押。小惠犹豫了一番，无奈想不到更好的筹钱办法，于是按照杨某的要求照办。后杨某通过微信转账借给小惠2000元，扣除利息实际到手1700元，商定周息为15%。

在还款500元后，小惠表示自己无力偿还本金和高额的利息，乞求减免利息。杨某拒绝了小惠的请求，威胁小惠不还款就"肉偿"，要求小惠去KTV、夜总会坐台接客，否则就向小惠的家长和朋友们公布裸照。绝望的小惠整理打印出微信截图作为报案材料向警方报警求助，后警方以敲诈勒索罪将杨某刑事拘留。

## 以案说法

### 1. 什么是"裸贷"?

所谓"裸贷",是指在网上借贷平台上提供裸照作为借款凭证的借贷形式。"裸贷"一般操作模式为:在进行借款时,以借款人手持身份证的上半身裸体照片作为借条,当借款人发生违约不能还款时,放贷人以公开裸体照片相要挟,逼迫借款人还款。如果借款人无力还款,放贷人就逼迫借款人以提供性服务等出卖肉体的方式偿还。

### 2. "裸贷"面临道德风险和法律风险

案例66中,小惠与放贷人之间有协议在先,且小惠出于自愿,貌似合理合法,法律好像也无能为力。但只要稍加分析就不难判断出"裸贷"存在明显的道德问题和法律风险。

普通民众从道德层面就能判断出"裸贷"行为有伤风化,"只要脱衣服拍个照就能借到钱"是一种对社会公序良俗赤裸裸的践踏。尽管"裸贷"出于双方自愿,但为了保护最基本的社会公义,提倡社会健康风尚,法律必须严加管制。

只要"裸贷"放贷者敢放高利贷,采用以裸照威胁、要挟、恫吓等手段,迫使被害人交出财物,数额较大的,根据《刑法》的规定,就可以以敲诈勒索罪追究其刑事责任。

### 3. "裸贷"容易诱发多种犯罪

特别值得关注的是,"裸贷"行为如果出于自愿,本身并不违法,只是有违社会公序良俗,但是"裸贷"却极易发展演变成各式各样的违法犯罪,制造出许多社会不稳定因素。在司法实践中,"裸贷"案件借款人一般是在校女大学生。主要可能诱发下列犯罪行为:

(1)有的借款人迫于放贷人武力胁迫,不得已被迫向放贷人"肉偿",此种情形下放贷人的武力胁迫行为,可能构成强奸罪。

(2)有的借款人自甘堕落,自愿选择"肉偿",破罐子破摔,主动选择从事卖淫活动,甘愿受放贷人的管理和控制。此时,放贷人可能构成组织卖淫罪。

（3）有的借款人不能如期还款，放贷人便将借款人裸照在网上散布传播，如果情节严重，放贷人可能构成传播淫秽物品罪。

（4）有的放贷人将借款人裸照放在网上供人下载，大肆宣传，并以此牟利，则可能构成制作、复制、贩卖、传播淫秽物品牟利罪。

（5）有的放贷人以公开裸照为手段，要挟借款人支付明显高于银行同期贷款利率四倍以上的高额利息，具有非法占有借款人财物的意图，则可能构成敲诈勒索罪。

案例 66 中小惠向警方求助的方法是完全正确的，但在现实中，有许多借款人基于各种原因没有选择报警，从而让自己陷入危险境地，令人扼腕叹息。

### ⚲ 温馨提示

#### 1. 大学生要认清"裸贷"真面目

"裸贷"在大学校园内肆虐，值得警惕和反思。一部分大学生爱慕虚荣，习惯高消费，容易被一些不法分子盯上，抓住其急于用钱的心理，诱使其就范。

据媒体报道，"裸贷"利率与借款人的相貌、身材密切相关，相貌越出众、身材越诱人，利率越低。放贷人把资金出借给没有任何收入来源的大学生，他们不会不知道借贷的经济风险，但他们更看重的是借款人的身体资源，不会仅仅满足拿裸照向借款人的亲朋好友发送要挟为目的，更险恶的用意是以借款为诱饵，使女大学生逐步落入卖淫还贷的陷阱，成为黑色利益链条上的棋子。

大学生要理性克制自身的消费欲望，珍爱声誉，警惕攀比心理，认清"裸贷"醉翁之意不在酒，所谓的"金融创新"实际上是"狼外婆"的真面目，坚决抵制"裸贷"。

#### 2. 警惕"裸贷"各式各样的马甲

司法实务中出现了各式各样的"裸贷"诱骗形式，表现出的主要形式有：

（1）有的不法分子宣扬诚信交易，骗取对方信任。借钱是假，图色是真，借出去的钱故意拖着不让借款人还，结果利息越滚越多，逼借款人就范。

（2）有的不法分子善于使用"连环裸贷"，扮作好心人，不断放贷救急。还不上也不要紧，只要借款人能提供不同尺度的裸照即可，从上半身到全身，从照片到视频，尺度越来越大，一步步将借款人引向不归路。

（3）有的不法分子把传销方法引入"裸贷"中，要求借款人发展下线，自己便可以脱身，要求大学生发展自己的同学"裸贷"，玷污同学友情，败坏校园风气，造成十分恶劣的影响。

**3. 打击和预防要结合，防止"裸贷"现象蔓延**

学校一方面要加强校园管理和学生思想教育，另一方面可以通过发放校园助学贷款、提供勤工俭学岗位、设立互助基金等多种方式，引导学生树立正确的金钱观。

政府职能部门要加强法治宣传，加强对网上贷款平台的监管，特别是对"裸贷"网站坚决予以打击，对触碰法律的"裸贷"严厉惩治。

## 法条链接

**《中华人民共和国刑法》**

**第二百三十六条** 以暴力、胁迫或者其他手段强奸妇女的，处三年以上十年以下有期徒刑。

奸淫不满十四周岁的幼女的，以强奸论，从重处罚。

强奸妇女、奸淫幼女，有下列情形之一的，处十年以上有期徒刑、无期徒刑或者死刑：

（一）强奸妇女、奸淫幼女情节恶劣的；

（二）强奸妇女、奸淫幼女多人的；

（三）在公共场所当众强奸妇女、奸淫幼女的；

（四）二人以上轮奸的；

（五）奸淫不满十周岁的幼女或者造成幼女伤害的；

（六）致使被害人重伤、死亡或者造成其他严重后果的。

**第二百七十四条**　敲诈勒索公私财物，数额较大或者多次敲诈勒索的，处三年以下有期徒刑、拘役或者管制，并处或者单处罚金；数额巨大或者有其他严重情节的，处三年以上十年以下有期徒刑，并处罚金；数额特别巨大或者有其他特别严重情节的，处十年以上有期徒刑，并处罚金。

**第三百五十八条**　组织、强迫他人卖淫的，处五年以上十年以下有期徒刑，并处罚金；情节严重的，处十年以上有期徒刑或者无期徒刑，并处罚金或者没收财产。

组织、强迫未成年人卖淫的，依照前款的规定从重处罚。

犯前两款罪，并有杀害、伤害、强奸、绑架等犯罪行为的，依照数罪并罚的规定处罚。

为组织卖淫的人招募、运送人员或者有其他协助组织他人卖淫行为的，处五年以下有期徒刑，并处罚金；情节严重的，处五年以上十年以下有期徒刑，并处罚金。

**第三百六十三条**　以牟利为目的，制作、复制、出版、贩卖、传播淫秽物品的，处三年以下有期徒刑、拘役或者管制，并处罚金；情节严重的，处三年以上十年以下有期徒刑，并处罚金；情节特别严重的，处十年以上有期徒刑或者无期徒刑，并处罚金或者没收财产。

为他人提供书号，出版淫秽书刊的，处三年以下有期徒刑、拘役或者管制，并处或者单处罚金；明知他人用于出版淫秽书刊而提供书号的，依照前款的规定处罚。

第六章

# 家事风波

## 1. 孩子高空抛物，责任由谁来承担？

近年来，媒体报道的高空抛物致人损害案件中，经常会出现孩子的身影。有的孩子是高空抛物的受害者，有的孩子却是高空抛物的肇事者。那么，孩子高空抛物责任应由谁来承担？

### 案情回顾

**案例 67：高空坠下苹果致女婴进 ICU 病房**

某小区内，姥姥抱着 3 个月大的女婴凡凡（化名）在院子里晒太阳。不料祸从天降，从小区高楼上坠下一个苹果正好砸在凡凡头顶，导致其当场昏迷。随后凡凡被紧急送往儿童医院 ICU 病房。经医院诊治确认为重型颅脑损伤、迟发性颅内血肿、极重度贫血、创伤性休克。

事发后警方立即介入调查，通过调取事发前后小区内监控视频，排查涉事楼栋坠物一侧所有住户情况，提取比对住户生物样本，核查住户当日活动信息，最终确定肇事者为一名 11 岁的女童。事发时该女童独自在家，当时她看到一个被家里宠物狗咬过的苹果，遂打算将其投入阳台上喂食宠物狗的盘子中，不料苹果掉在阳台台阶上，并经过护栏间空隙坠落楼下，砸中凡凡头部。肇事者经警方调查确认后，涉事双方就赔偿问题进行了沟通和协商。

### 案例 68：3 岁男孩高空抛物险伤小伙伴

某小区居民楼下，几名小女孩正在邻街的商铺附近跳绳，突然上空落下一个电视机遥控器，女孩们一阵惊呼，在驻足观看片刻后见无大碍又继续玩耍起来。没想到过了一会儿，一辆儿童玩具车又从高空坠下，砸在距离女孩们约 1 米远的地方，女孩们立即跑进商铺躲起来。随后，一个玻璃水杯又坠落在同一地点，引来孩子们一阵尖叫。

后经民警调查，抛物者为该居民楼 13 层业主家的一名 3 岁男孩，由于家长没有仔细看管，该男孩将家中的物品从阳台边的防护栏间隙扔下，幸好没有砸到人，否则后果不堪设想。随后警方对该男孩监护人进行了批评教育。

### 以案说法

案例 67、68 均与未成年人有关，反映出城市楼房高空抛（坠）物问题突出。

#### 1. 未成年人高空抛物，责任家长来负

在案例 67 中，凡凡是高空抛（坠）物的无辜受害者，该案的肇事者是一名 11 岁的女童，其因自己的失误酿成惨剧，让两个家庭陷入困境。由于肇事者是未成年人，根据我国《民法典》相关规定，无民事行为能力人、限制民事行为能力人造成他人损害的，由监护人承担侵权责任。因此，该女童的监护人应当依法承担侵权赔偿责任。

在案例 68 中，3 岁男孩在无人照看的情况下多次高空抛物，险些误伤在楼下玩耍的小朋友们，所幸并未造成实际严重后果，因此不必承担责任。假设不幸砸中了楼下的小朋友，导致有人受伤等严重后果的，该男孩的监护人也应当依法承担侵权赔偿责任。

#### 2. 无法确认肇事者的，整栋楼住户一起补偿

案例 67 中，警方通过努力最终锁定了肇事者。然而，并不是所有高空抛物案件最终都能锁定肇事者，相反绝大多数类似的高空抛物案件都难以

找到肇事者，给受害者维权造成极大困扰。

受害人维权难的主要原因在于难以取证。视频监控是寻找高空抛物肇事者最有效的手段，没有监控想要找到肇事者往往是大海捞针。没有视频证据，即使有其他证据指向肇事者，但如果肇事者矢口否认，也很难定案。小区生活涉及生活隐私，安装监控摄像头的位置选择有限，而高空抛物多发生在户外阳台，不便安装摄像头监控，因此给取证带来很大难度。

我国《民法典》规定，高空抛物造成他人损害的，由侵权人依法承担侵权责任；经调查难以确定具体侵权人的，除能够证明自己不是侵权人的外，由可能加害的建筑物使用人给予补偿。

### 3. 《民法典》的规定是为了最大限度地给予受害人救济

司法实务中，一些高空抛物案件最后都因为找不到肇事者，导致整栋楼内的住户一起承担责任。有许多人质疑《民法典》这样规定显失公平，理由是许多住户根本没有任何过错，却要承担责任，不合法理。但是，就目前实际情况来看，确实没有比这更好的处理办法。

当无过错方合法权益与受害人合法权益发生冲突时，法律选择保护被害人的利益。值得注意的是，法律规定由可能加害的建筑物使用人给予补偿，是"补偿"而不是"赔偿"，可见承担的法律责任并不是一种严格意义上的侵权责任。我国《民法典》是站在对受害人最大限度救济的角度考虑，在综合平衡各方利益的基础上作出的规定。

### 4. 高空抛物行为在我国已入刑

高空抛出不仅可能产生民事责任，情节严重，危及公共安全的，行为人还可能承担刑事责任。2020 年通过《刑法修正案（十一）》，专门规定从高空抛掷物品，危及公共安全的，处拘役或者管制，并处或者单处罚金。如果高空抛物致人伤亡，或者造成其他严重后果，同时构成其他犯罪的，依照处罚较重的规定定罪处罚。也就是说，当高空抛物行为产生人员伤亡后果的，还可能构成过失致人重伤罪、过失致人死亡罪等罪名，哪个罪名处罚得重，就以哪个罪名定罪。

## 温馨提示

### 1. 高空抛物危害极大，切勿心存侥幸

高空抛物的危害超乎想象，一颗鸡蛋从足够高的楼层抛下足以砸破人的头骨。之所以高空抛物事件屡禁不止，慢慢发展成"悬在城市上空的痛"，与居民的个人素质、居住生活习惯以及国家对高空抛物行为的打击力度密切相关。

高空抛物随意性很大，很难抓到现行，危害也具有不确定性，容易让人产生侥幸心理，因此要特别注意避免。有些高楼住户觉得无所谓，反正也不知道是谁扔的，大到杂物，小到烟头纸屑，随手一扔，根本没有意识到高空抛物可能造成的严重后果，小区内因为高空丢下的烟头引发火灾的案例并不罕见。

### 2. 家长要教育孩子养成不抛物的好习惯

提高小区楼房住户对高空抛物问题的重视显得尤为重要。特别是作为未成年人的家长，一定要反复教育孩子不要高空抛物，扔下的是杂物，丢失的是文明，家长有责任让孩子们从小养成讲文明、不乱抛物的好习惯。

同时，家长还要注意加强对阳台堆物的管理，小区物业也要担负起管理服务职责，对高楼住户阳台可能存在坠物隐患进行管理、排查、纠正。在台风、暴风等灾害天气来临前夕，要及时发布通知提示，提醒广大业主注意阳台物品摆放。在小区楼下管理方面要设置一定距离的安全绿化带，禁止未成年人贴近楼边玩耍，以防不测。

### 3. 公安机关、小区物业均须尽责

根据我国《民法典》的规定，物业服务企业应当采取必要的安全保障措施防止高空抛物情形发生，未采取必要的安全保障措施的，应当依法承担未履行安全保障义务的侵权责任。因此物业服务企业要加强高空抛物危害性的宣传，加装必要的摄像头，通过技术防控等手段，让高空抛物更容易被发现。目前有一些城市小区加装了高清晰可夜视监控摄像头，专拍高空抛物这类不文明行为，尽管有人担心会侵害住户的隐私，但这也是治理

高空抛物要付出的必要代价。

我国《民法典》同时规定，发生高空抛物情形后，公安机关应当依法及时调查，查清责任人。高空抛物行为已入刑，公安机关更加有义务行使职权，通过加大办案力度，进行普法宣传，坚持教育和打击双管齐下，才能更加有效地遏制高空抛物行为，保护社会公众尤其是孩子们头顶上空的安全。

## 法条链接

1. 《中华人民共和国刑法》

**第二百九十一条之二**　从建筑物或者其他高空抛掷物品，情节严重的，处一年以下有期徒刑、拘役或者管制，并处或者单处罚金。

有前款行为，同时构成其他犯罪的，依照处罚较重的规定定罪处罚。

2. 《中华人民共和国民法典》

**第一千一百七十九条**　侵害他人造成人身损害的，应当赔偿医疗费、护理费、交通费、营养费、住院伙食补助费等为治疗和康复支出的合理费用，以及因误工减少的收入。造成残疾的，还应当赔偿辅助器具费和残疾赔偿金；造成死亡的，还应当赔偿丧葬费和死亡赔偿金。

**第一千一百八十八条**　无民事行为能力人、限制民事行为能力人造成他人损害的，由监护人承担侵权责任。监护人尽到监护职责的，可以减轻其侵权责任。

有财产的无民事行为能力人、限制民事行为能力人造成他人损害的，从本人财产中支付赔偿费用；不足部分，由监护人赔偿。

**第一千二百五十四条**　禁止从建筑物中抛掷物品。从建筑物中抛掷物品或者从建筑物上坠落的物品造成他人损害的，由侵权人依法承担侵权责任；经调查难以确定具体侵权人的，除能够证明自己不是侵权人的外，由可能加害的建筑物使用人给予补偿。可能加害的建筑物使用人补偿后，有权向侵权人追偿。

物业服务企业等建筑物管理人应当采取必要的安全保障措施防止前款

规定情形的发生；未采取必要的安全保障措施的，应当依法承担未履行安全保障义务的侵权责任。

发生本条第一款规定的情形的，公安等机关应当依法及时调查，查清责任人。

## 2. 家长教训"熊孩子"，真的是理所应当吗？

民间有俗语云："打是亲，骂是爱"，"棍棒底下出孝子"。这些所谓的育儿经成为诸多喜欢体罚孩子家长的口头禅，也对部分家长教育子女的方式产生较大误导。"熊孩子"不听话，家长打骂真的是理所应当吗？采取体罚的方式教育孩子会引发怎样的法律问题？针对体罚行为，法律是怎样保护孩子们的合法权益的呢？

### 案情回顾

#### 案例 69：孙女在超市内被爷爷殴打致轻微伤

一名男子在超市内掌掴一名女童，致使女童鼻孔流血。在周围群众劝阻的情况下该男子再次对女童掌掴，场景令人揪心。令人惊讶的是，该男子竟然是被打女童的亲爷爷，事发原因仅仅是孙女在超市内哭闹不肯离开。后经法医鉴定，遭掌掴的女童已构成轻微伤。当地公安机关发布了案情通报，该男子已出具认错悔过书，女童的父母也出具了谅解的书面申请，最终公安机关以殴打他人为由对该男子处以行政拘留 5 日的处罚。

#### 案例 70："虎爸"体罚女儿视频流出惹众怒

某小区电梯内视频监控记录下惊人一幕：一名男子带着一名女童乘电梯到楼下停车场，在电梯中该男子对女童作出了一连串扇巴掌的动作，还有"踢腿式"体罚，女童无处躲避，哭泣不止。监控视频流出后在网络上迅速传播，引发众怒。后经核实，该男子是女童的爸爸。

不少群众在网络上留言表示十分气愤，担心女童接下来还会遭到殴打，怀疑该男子有家庭暴力倾向。后经了解，该男子只是一时情急殴打女儿，并不存在长期家暴行为。

## 以案说法

上述两则案例同时聚焦时下一个热点问题：家长体罚孩子的行为法律该如何评价。

### 1. 打孩子可能会触碰法律红线

在案例 69 中，爷爷殴打孙女致其轻微伤，根据我国《治安管理处罚法》的规定，殴打他人的，或者故意伤害他人身体的，处五日以上 10 日以下拘留，并处 200 元以上 500 元以下罚款；情节较轻的，处 5 日以下拘留或者 500 元以下罚款。伤情经过司法鉴定达到轻微伤标准的，即符合治安管理处罚的程度。虽然双方是亲爷孙，但法律面前人人平等，爷爷仍然要为自己殴打孙女的行为承担法律责任。

### 2. 法律明确禁止对未成年人实施家庭暴力

在案例 70 中，"虎爸"偶尔气急殴打亲生女儿。根据我国《未成年人保护法》的规定，禁止对未成年人实施家庭暴力。就算是亲生父亲也没有权力殴打女儿。

我国《未成年人保护法》明确规定，违法侵害未成年人的合法权益，造成人身、财产损失或者其他损害的，依法承担民事责任；构成违反治安管理行为的，依法给予治安管理处罚；构成犯罪的，依法追究刑事责任。可见，只要是违法行为，一旦实施就会有面临法律追究责任的风险。

### 3. 打骂"熊孩子"并非只是"家务事"

打骂"熊孩子"并不是理所应当的"家务事"，只要触碰法律红线，致孩子伤情达到一定程度的就会受到法律的追究和制裁。司法实务中，是否达到轻伤以上的标准，要依据司法鉴定的相关意见。

我国《刑法》规定，故意伤害他人身体的，处 3 年以下有期徒刑、拘役或者管制。值得强调的是，故意伤害罪的主体为一般主体，凡是达到刑事责任年龄并具备刑事责任能力的自然人均能构成故意伤害罪。无论是父母、爷爷奶奶等直系亲属，还是保姆等其他监护人，均不影响故意伤害罪的认定。

## 温馨提示

### 1. 家长需更新教育理念

在我国，受传统家庭教育思想的影响，依然有很多家长把打骂孩子当作家长的天然权利。"我生的，我养的，打几下又怎样？""养不教，父之过。教不严，师之惰。"这样的家庭教育观念可谓根深蒂固。

但时至今日，家长应当切实转变教育观念。无数的事实已经反复证明，靠打骂教育出的孩子，内心深处缺乏安全感，缺乏爱意和感恩之心，表面上的顺从只是把不满暂时压抑下来，等到长大时机成熟或遇到导火索时便会以各种形式爆发出来，令人触目惊心。

### 2. 打骂孩子可能会导致严重后果

打骂孩子不仅会对孩子的身心健康造成负面影响，更有可能让家长或监护人在不经意间触犯法律。孩子属于典型的弱势群体，无依无靠，当家长对自己拳脚相加时更是无力寻求救济，此时就需要由法律来保护儿童的合法权益。

上述两个案例中的家长因为情绪一时失控，以暴力的形式迁怒于孩子，情节恶劣，有的已经受到行政处罚。通过法律的规范引导作用，逐渐让广大家长们认识到，孩子不是自己的"私人财产"，不能够随心所欲处置。孩子的基本权益受到法律的保护，"打孩子犯法"将逐步成为社会常识深入人心。

### 3. 家长应当成为孩子的好榜样

为人父母应当注意自己的言行，因为家长的一举一动都是孩子学习的对象。家长应该以身作则，谦虚谨慎，努力学习成为一名合格的家长。不仅要注重育儿理论知识的学习，更要注意在日常生活中言传身教，做好表率，彻底与"打骂"教育行为告别，让爱和平等的观念扎根心底，让依法教育的意识根植内心。

## 🔄 法条链接

**1.《中华人民共和国刑法》**

**第二百三十四条**　故意伤害他人身体的，处三年以下有期徒刑、拘役或者管制。

犯前款罪，致人重伤的，处三年以上十年以下有期徒刑；致人死亡或者以特别残忍手段致人重伤造成严重残疾的，处十年以上有期徒刑、无期徒刑或者死刑。本法另有规定的，依照规定。

**2.《中华人民共和国治安管理处罚法》**

**第四十三条**　殴打他人的，或者故意伤害他人身体的，处五日以上十日以下拘留，并处二百元以上五百元以下罚款；情节较轻的，处五日以下拘留或者五百元以下罚款。

有下列情形之一的，处十日以上十五日以下拘留，并处五百元以上一千元以下罚款：

（一）结伙殴打、伤害他人的；

（二）殴打、伤害残疾人、孕妇、不满十四周岁的人或者六十周岁以上的人的；

（三）多次殴打、伤害他人或者一次殴打、伤害多人的。

**3.《中华人民共和国未成年人保护法》**

**第十五条**　未成年人的父母或者其他监护人应当学习家庭教育知识，接受家庭教育指导，创造良好、和睦、文明的家庭环境。

共同生活的其他成年家庭成员应当协助未成年人的父母或者其他监护人抚养、教育和保护未成年人。

**第十七条**　未成年人的父母或者其他监护人不得实施下列行为：

（一）虐待、遗弃、非法送养未成年人或者对未成年人实施家庭暴力；

（二）放任、教唆或者利用未成年人实施违法犯罪行为；

……

**第一百二十九条**　违反本法规定，侵犯未成年人合法权益，造成人身、财产或者其他损害的，依法承担民事责任。

违反本法规定，构成违反治安管理行为的，依法给予治安管理处罚；构成犯罪的，依法追究刑事责任。

## 3. 孩子陷入危险游戏，家长要了解哪些法律知识？

不知从何时开始，一款死亡游戏从境外蔓延到国内青少年群体中。这款游戏专门针对 14 岁到 16 岁的青少年，玩家必须在规定时间内完成组织者发布的一系列挑战，通过各种方式进行自残，最终会被要求终结自己的生命。

当这款游戏引起人们关注的时候，又不断有新的危险游戏冒出来。为何危险游戏在青少年群体中这般有市场？他们究竟有怎样的危害？法律又该怎样保护青少年免受危险游戏伤害呢？

### 案情回顾

#### 案例 71：花样少年网上晒"人体刺绣"触目惊心

小张是一名高一新生，平常喜欢登录网站论坛发帖。一个偶然的机会他结识了一位网友，并被邀请加入一个叫"人体刺绣"的游戏中。

所谓"人体刺绣"，就是在人的肉体上穿针引线。小张为了寻求刺激，自愿加入。在组织者的要求下，小张在自己的手掌上刺绣，把自己用什么样的针线、怎样缝才不疼以教学帖的形式在论坛上发出来，并配上自己的手掌图片。该照片上的手掌伤痕累累，令人不忍直视。

学校和家长发现小张在玩"人体刺绣"后，立即找小张谈话，小张表示自己受到死亡威胁，如果不继续完成游戏，组织者会杀害自己和家人。在校方的干预下，小张注销了自己在网络论坛上的 ID 账号，结束了这场危险的游戏。

## 案例 72：吸食"笑气"让女留学生再也笑不起来

网络上有一篇文章讲述了我国一名女留学生在国外留学期间，因好奇吸食"笑气"，结果很快成瘾，不仅花光了几十万元，而且还出现了严重的毒副作用，导致生活不能自理，不得不放弃学业，坐着轮椅返回国内。

所谓"笑气"，化学名称叫一氧化二氮，原本是一种用于医疗麻醉和甜品加工的气体，过量吸食容易上瘾，最终可能导致瘫痪。吸食"笑气"从国外传入中国，在一些年轻人中悄然流行，圈内俗称"打气球"，是一个名副其实的"危险游戏"。

最为可怕的是，目前"笑气"在我国只是作为众多化学品的一种被列入《危险化学品目录（2015 版）》，在网购平台上居然还能查到数百种相关商品，甚至有许多买家留言"气很纯""很有劲儿"。一些从事医疗、禁毒工作的专业人士纷纷呼吁，有关部门宜尽快对"笑气"滥用可能造成的危害进行评估，并研究适当的管控措施，防止"笑气"蔓延给青少年带来的危害。

## 以案说法

### 1. 教唆参与危险游戏属于犯罪行为

法律意义上的教唆，是指以劝说、利诱、授意、怂恿、收买、威胁等方法，将自己的犯罪意图灌输给本来没有犯罪意图的人，致使其按教唆人的意图实施犯罪。

教唆不是一个单独的罪名，其主要特征是教唆人自己不亲自实施，而是叫其他人去实施自己的犯罪意图。一些危险游戏经常会出现组织者要求游戏参与者自残乃至自杀的情况，他们甚至会以威胁伤害参与者及其家人的方法逼迫参与者就范。这些危险游戏组织者要求参与者自残、自杀的行为，从刑法的角度来看，可以视为一种教唆行为。

### 2. 教唆未成年人自残的构成故意伤害罪

教唆他人自残、自杀的行为具有严重的社会危害性，引诱、威逼、胁迫不完全民事行为能力人（未成年人）自残、自杀的，可以直接认定教唆者构成故意伤害罪或故意杀人罪。

在案例71中，小张属于未成年人，"人体刺绣"游戏的组织者以杀害小张及其家人相威胁，逼迫小张继续自残，根据司法鉴定确定的伤残等级情况，如果达到立案追诉的伤残标准，依法可以故意伤害罪追究游戏组织者的刑事责任。如果发展到逼迫小张自杀的程度，并且实际发生了小张被迫自杀的严重后果，则可依法认定游戏组织者构成故意杀人罪。

**3. 孩子如果已成年，要对自己的行为负责**

根据我国《刑法》规定，引诱、教唆、欺骗他人吸食、注射毒品的，或者强迫他人吸食、注射毒品的，依法构成引诱、教唆、欺骗他人吸毒罪。如果"笑气"被正式列入毒品，那么引诱、教唆青少年吸食"笑气"的行为，就可以认定为引诱、教唆、欺骗或者强迫未成年人吸食、注射毒品的情形，依法应当从重处罚。

案例72中的女留学生属于成年人，她因为好奇而在他人的邀请下自愿吸食"笑气"，并最终导致瘫痪的严重后果，但由于目前"笑气"尚未被我国列入毒品行列，因此不能认定邀请她吸食"笑气"的人构成犯罪。只有当"笑气"正式被列为毒品之后，才能根据我国《刑法》规定对邀请他人吸食"笑气"的人定罪处罚。

💡 **温馨提示**

**1. 危险游戏多发生在青少年群体中**

危险游戏活动多发生在青少年群体中。这些游戏活动之所以能够在青少年群体中悄然传播，很重要的一个原因在于青少年天然的逆反心理。当一些青少年觉得自己无法融入家庭、学校和社会时，就会选择用这种反常规、反科学的举动，来体现自己的另类独行。

这类游戏多通过社交网络在青少年群体中传播。有的游戏以教唆青少年自杀为最终目标，危害极大。"人体刺绣"游戏对青少年身体的伤害也是十分严重，如案例71中小张在手掌刺绣，一旦有细菌或病毒的侵入，很可能会引起败血症，类似的案例报道已经屡见不鲜。

### 2. 警惕新型毒品的危害

"笑气"目前虽然暂时没有被列为毒品，但它的危害是毋庸置疑、显而易见的，案例72中女留学生的悲惨遭遇即是铁证，"笑气"被列为毒品只是时间问题。

全社会都要清醒地认识到新型毒品的危害，加强禁毒宣传力度。相信在不久的将来，国家有关部门会及时组织力量对"笑气"属性进行研判，出台相关规定，明确法律定性，规制"笑气"的滥用，严厉打击组织吸食"笑气"的不良行为，保护青少年免受新型毒品的伤害。

### 3. 学校和家长要关心青少年心理健康

处于初中、高中学习阶段的青少年进入青春叛逆期，自我伤害行为的发生率较高，因此学校和家长尤其要关注这一时期孩子们的心理和行为变化，一旦发现异常要及时干预和引导。

现实中，有的青少年因为害怕被学校、家长知道自己参与危险游戏，加上医学知识匮乏，即便出现了身体不适，也没有及时就医，贻误了治疗的有利时机，悔之晚矣。因此，学校和家长要在学习和生活上给予青少年全方位的关心，而不仅仅局限于关心他们的学习成绩。

### 🔗 法条链接

《中华人民共和国刑法》

**第二十九条** 教唆他人犯罪的，应当按照他在共同犯罪中所起的作用处罚。教唆不满十八周岁的人犯罪的，应当从重处罚。

如果被教唆的人没有犯被教唆的罪，对于教唆犯，可以从轻或者减轻处罚。

**第三百五十三条** 引诱、教唆、欺骗他人吸食、注射毒品的，处三年以下有期徒刑、拘役或者管制，并处罚金；情节严重的，处三年以上七年以下有期徒刑，并处罚金。

强迫他人吸食、注射毒品的，处三年以上十年以下有期徒刑，并处罚金。

引诱、教唆、欺骗或者强迫未成年人吸食、注射毒品的，从重处罚。

## 4. 青少年热衷网游，上当受骗后该怎么办？

当前，我国网络游戏产业风生水起。网络游戏虽然能给人们紧张的生活带来轻松与愉悦，但对于心智发育尚不成熟的青少年而言，则意味着巨大的诱惑。网络游戏强大的娱乐功能容易让青少年欲罢不能、沉迷其中，于是一些不法分子利用青少年涉世未深、心智尚不成熟的特点，利用网络游戏进行诈骗，屡屡得逞。面对形形色色的网络骗局，青少年欲做游戏中的"最强王者"，首先应当增强自己的法律观念，在风险防范意识上"装备"好自己。

### 案情回顾

**案例 73：女生兼职刷游戏充值卡上当受骗**

在校女生小娟很喜欢打一款网络游戏，为了让自己的游戏角色在游戏世界中所向披靡，小娟经常会花钱为游戏角色购买装备。一来二去小娟便感到囊中羞涩，于是想着兼职赚点钱给自己的网游角色换身好装备。

这天小娟在玩游戏时突然看到有网友发布广告，称可以在玩网游时兼职刷游戏充值卡赚取佣金，兼职方先支付钱购买指定游戏充值卡，然后雇佣方再将本金及提成返还给兼职方，每刷一单兼职方可提成8%。小娟觉得这是个赚钱的好机会，于是添加了对方的QQ，在线填写了《兼职申请表》。在对方一步步地引导下，小娟陆续刷了100余单游戏充值卡，数额接近1万余元。可是小娟左等右等也没有等到本金及佣金到账的消息，等到小娟通过QQ联系不上对方时才意识到上当受骗，随后报警求助。

**案例 74：寻找游戏代练对方收钱后却爽约**

生活在单亲家庭中的小刘沉溺网络游戏，为了让自己操作的游戏角色迅速升级，在游戏世界里能够高人一筹，小刘萌生出找游戏代练的念头。

小刘在玩游戏时见到有人在对话栏发布广告称可承接代练业务，价格优惠，达不到等级全额退款，此广告正合他的心意。于是，小刘通过社交软件与代练人取得联系。双方口头约定，在规定时间内，对方帮助小刘将某款热门网游角色提升到指定等级，小刘支付给对方人民币2000元，首付款1000元，余款等完成任务后再付清。双方谈妥后，小刘便通过网络支付了首付款。

让小刘没想到的是，对方收到款后未能如期将游戏角色提升到约定等级。小刘忍不住多次催促，对方便以工作繁忙、网络故障等理由一拖再拖。小刘忍无可忍，要求对方返还预付款。但对方表示，代练已经履行，其已经付出劳动，因此拒绝退款，并威胁如果继续纠缠就把小刘的账号卖掉。无奈之下，小刘只好咨询法律专业人士寻求解决之道。

## 以案说法

当今社会涉及网络的骗局日益增多，这些骗局充分利用网络虚拟性特点，采取虚构事实、诱之以利的手段，具有很强的欺骗性。而青少年涉世未深，缺乏社会阅历，容易轻信他人，因而成为众多网络骗子"青睐"的对象。

### 1. 以网络游戏为幌子进行诈骗涉嫌诈骗罪

在案例73中，骗子利用小娟作为学生想兼职赚钱的心理，编造出刷单可赚取佣金提成的谎言，骗得小娟的金钱。根据我国《刑法》规定，诈骗公私财物，数额较大的，构成诈骗罪。案例73中骗子诈骗小娟钱款接近1万元，已达到数额较大的立案标准，其行为已构成诈骗罪。小娟选择报警完全正确，公安机关应当依法立案侦查，抓捕犯罪嫌疑人。而小娟则有义务提供相关证据，配合公安机关尽快破案挽回经济损失。

### 2. 因网络游戏产生的纠纷可能导致民事法律责任

案例74中的情形与案例73相比有所不同，小刘与网络上联系的代练人之间属于民事合同法律纠纷，由此产生的是民事法律责任。

小刘之所以会碰上此类网络民事纠纷，与其缺乏风险意识有着密切关系。小刘在与对方约定网游角色代练事项时，不仅没有与对方签订书面合同，而且还贸然地支付了一半的费用，体现出风险防范意识较差。

虽然双方没有签订书面正式合同，但双方已经口头约定了权利义务关系。依照我国《民法典》有关规定，双方已经口头订立了合同，代练方未能如期完成合同约定，已经构成违约。小刘可以要求对方承担继续履行、采取补救措施或者赔偿损失等违约责任。

如果协商不成，小刘可以像案例 73 中的小娟一样选择报警求助，请警方介入调解，并保留好自己的转账凭证。如果对方对合同履行有异议导致调解不成时，小刘可以直接向法院提起民事诉讼，要求对方返回预付款项。

**3. 怎样区分合同纠纷与合同诈骗？**

合同纠纷属于民事纠纷，而合同诈骗属于刑事犯罪，两者有本质的不同。合同纠纷一般是在履行合同中发生的纠纷，双方本来都是想好好履行合同的，结果遇到各种各样的问题，产生了纠纷。而合同诈骗则不然，诈骗者从一开始就根本没有打算好好履行合同，而是打着合同的旗号骗人上当，具有非法占有他人财产的犯罪故意。

在案例 74 中，代练人的行为虽然不属于合同诈骗，但现实中确实存在打着签订合同的幌子，实际上进行诈骗犯罪的情形。我国《刑法》中规定了"合同诈骗罪"，即以非法占有为目的，在签订、履行合同过程中，骗取对方当事人财物，数额较大的行为。通俗地讲，就是一开始就没打算履行合同，而是抱着非法占有财物的目的，以合同为幌子骗取财产。

💡 **温馨提示**

随着网络游戏的风靡，一些青少年难以抵挡游戏的诱惑，急于升级游戏角色，做游戏中的"最强王者"，往往容易掉入不法分子的陷阱。

**1. 青少年玩网游要增强风险防范意识**

青少年通过诚实劳动兼职无可厚非，但通过网络找兼职时要格外警惕，千万不可轻信网络广告以及网友的宣传和搭讪。一般而言，通过 QQ 或电话联系的所谓"兼职"，尤其是需要应聘人先垫钱的基本上都是诈骗。例如案例73中，声称通过刷单兼职的网站实际上属于无法退款的虚拟商品交易网站，一旦被骗，不仅投诉无门，而且追回损失也会十分困难。

### 2. 重书面证据，不轻信口头承诺

当遇到类似于案例74中的合同履行问题时，不可轻信口头约定和承诺，应当选择与对方签订书面合同，将服务内容、价格、付款方式等权利义务以文字形式明确下来，网上也有一些合同格式文本可供下载，不要图一时省事而留下法律风险隐患。一旦出现纠纷，要妥善保管好书面合同并向相关部门积极主张权利。公众在日常生活中涉及签合同时一定要多留个心眼，既要防止上当受骗，也要注意看清合同条款内容，不要看都不看就签字。

### 3. 对占便宜的"好事"要提高警惕

预防诈骗或网络交易纠纷还是那句老话：天上没有掉下来的馅饼，出现便宜的"好事"时一定要提高警惕，不要贪小便宜。青少年既要防止陷入网络游戏不能自拔，也要具有一定的法律风险防范意识，在寻找网络兼职、选择游戏代练时，要选择正规的交易平台和恰当的交易方式，当自己财产利益受到侵犯时，要保全好相关证据，有力维护自己的合法权益。

值得强调的是，作为青少年家长，对孩子热衷网络游戏要注意加以引导，既不能视网络游戏为洪水猛兽，一味禁止，也不能放任子女沉溺网络游戏，不闻不问，听之任之。正确的做法应当是与孩子充分沟通，商定规则，将游戏时间控制在合理的范围内，以家长的监护力帮助孩子建立起自制力。

## 法条链接

### 1.《中华人民共和国刑法》

**第二百二十四条** 有下列情形之一，以非法占有为目的，在签订、履行合同过程中，骗取对方当事人财物，数额较大的，处三年以下有期徒刑或者拘役，并处或者单处罚金；数额巨大或者有其他严重情节的，处三年

以上十年以下有期徒刑，并处罚金；数额特别巨大或者有其他特别严重情节的，处十年以上有期徒刑或者无期徒刑，并处罚金或者没收财产：

（一）以虚构的单位或者冒用他人名义签订合同的；

（二）以伪造、变造、作废的票据或者其他虚假的产权证明作担保的；

（三）没有实际履行能力，以先履行小额合同或者部分履行合同的方法，诱骗对方当事人继续签订和履行合同的；

（四）收受对方当事人给付的货物、货款、预付款或者担保财产后逃匿的；

（五）以其他方法骗取对方当事人财物的。

**第二百六十六条**　诈骗公私财物，数额较大的，处三年以下有期徒刑、拘役或者管制，并处或者单处罚金；数额巨大或者有其他严重情节的，处三年以上十年以下有期徒刑，并处罚金；数额特别巨大或者有其他特别严重情节的，处十年以上有期徒刑或者无期徒刑，并处罚金或者没收财产。本法另有规定的，依照规定。

**2. 《中华人民共和国民法典》**

**第四百六十九条**　当事人订立合同，可以采用书面形式、口头形式或者其他形式。

书面形式是合同书、信件、电报、电传、传真等可以有形地表现所载内容的形式。

以电子数据交换、电子邮件等方式能够有形地表现所载内容，并可以随时调取查用的数据电文，视为书面形式。

**第五百七十七条**　当事人一方不履行合同义务或者履行合同义务不符合约定的，应当承担继续履行、采取补救措施或者赔偿损失等违约责任。

# 5. 怎样为孩子假期贴上"安全防护膜"?

当孩子开启假期模式时,家长也要开始操心孩子的假期生活。有的家长计划领着孩子回乡探亲、走亲访友,有的打算带着孩子旅游度假,开阔视野,增长见识。在孩子们欢度假期的同时,家长们也要提高防护意识,为孩子假期安全贴上"安全防护膜",让他们度过一个愉快祥和的假期。

## 案情回顾

### 案例75:高中生放假误坐"黑车"遭遇交通事故

假期到了,高中生小吴从学校返回农村老家。到达老家县城后,他需要换乘汽车去往乡镇的家中。可左等右等未见公共汽车身影,小吴心中很是焦急。这时,一辆无牌无照的"黑车"过来询问是否需要乘车,小吴归心似箭没多想就上了车。途中,"黑车"在沿村道行驶过程中,为避让一辆三轮摩托车冲下村道,致使坐在副驾驶位的小吴头部受伤。经交警部门认定"黑车"司机负全责,小吴向司机提出索赔遭拒,双方遂起纠纷。

### 案例76:少女网聊陷入"迷情暖男"圈套

又到假期,刚刚初中毕业的16岁少女小敏从农村老家来到在城市打工的父母身边。小敏喜欢上网聊天,无意中有个叫"雕刻时光"的男性网友添加了小敏为好友,两人相聊甚欢,小敏认定"雕刻时光"就是人们口中称道的"暖男"。这天晚上,两人相约在一间网吧正式见面,结果当晚小敏便与家人失联。家人报警后,警方展开调查,三天后在一个出租屋内发现被传销组织控制的小敏。警方解救出小敏,并依法拘留了化名为"雕刻时光"的陈某等三名犯罪嫌疑人。

### 案例77:假期缺乏监管高中生陷入色情网站

高中生小刘期末考试成绩不错,父母一高兴奖励给他一台笔记本电脑。

经过一个学期紧张的学习，小刘觉得应该好好犒劳下自己，父母也放松了对小刘的要求，忙于个人事务。这天在网上打游戏的小刘看到随游戏网站弹出来的"美女窗口"，极具诱惑性。

正值青春期的小刘忍不住好奇，点进去发现是一个色情网站，其中有许多聊天室内都有色情表演。涉世未深的小刘沉溺其中不能自拔，连续几天都是凌晨三四点才睡觉。几天下来，小刘出现眼睛视物不清、头昏脑涨、精神恍惚等症状，开始不愿意出门与人交往。父母发现异常后带小刘求助医生，后来在心理咨询师的干预下，小刘才逐渐摆脱色情网站的阴影。

## 以案说法

学生假期离开校园，暂时脱离校园的监管，往往会放松警惕。走出校园后，学生们有较长时间直接接触社会，因此家长要为学生的假期安全贴上一层"安全防护膜"，既要防止学生们出现人身安全意外，也要保护孩子们的心理健康。

### 1. 贴好"出行安全防护膜"

案例 75 中涉及的是学生假期出行安全问题。根据我国《道路交通安全法》的规定，国家对机动车实行登记制度。机动车经公安机关交通管理部门登记后，方可上道路行驶。尚未登记的机动车，需要临时上道路行驶的，应当取得临时通行牌证。

小吴选择搭乘无牌无照的"黑车"一般没有购买保险，一旦发生交通事故，索赔缺乏保障。

需要特别指出的是，小吴选择乘坐"黑车"本身也存在一定过错，在索赔时可能会面临少赔甚至得不到赔偿的问题。

由此可见，学生在假期出行时一定要注意选择乘坐正规车辆，最好保留好出行凭证直至行程安全结束。小吴可以依法向法院起诉，要求"黑车"司机赔偿人身损害。

### 2. 贴好"网络社交防护膜"

案例 76 是关于学生假期见网友人身安全的问题。网络社交具有虚拟性的特点，容易被不法分子利用，作为实施诈骗、抢劫等侵犯公民人身权利、财产权利违法犯罪的工具，因此学生约见网友一定要注意人身安全。陈某等三人涉嫌非法拘禁小敏，情节严重的，依法构成非法拘禁罪。

另外，陈某等三人胁迫小敏从事非法传销活动，根据我国《刑法》有关规定，还涉嫌构成组织、领导传销罪。当然，对被迫加入传销组织的小敏等一般参与者，法律一般不予追究责任。

### 3. 贴好"绿色上网防护膜"

案例 77 针对的是学生健康上网的问题。小刘在打游戏的过程中误入色情网站，心理健康受到严重影响。根据我国《刑法》规定，以牟利为目的，实施制作、复制、出版、贩卖、传播淫秽物品牟利行为的，以制作、复制、出版、贩卖、传播淫秽物品牟利罪定罪处罚。

虽然有法律的强有力威慑，但目前我国网络监管还不能做到百无一漏，有部分涉及暴力、色情的网页仍然混杂在普通网页中，对处于青春期的未成年学生心理健康造成严重威胁。因此作为未成年学生，要注意自觉抵制网上不良信息的侵扰，培养"绿色上网"的行为习惯，学校和家长也要注意加强教育和监管。

### 温馨提示

#### 1. 安全出行：教育孩子不该省的钱不能省

许多学生因为经济情况尚不宽裕，缺乏社会阅历，为了省钱和贪图方便往往会选择乘坐无牌照车，一旦发生交通事故容易引发法律纠纷。因此家长应当教育孩子要乘坐正规交通工具，为了人身安全该花的钱要花，不能贪便宜而冒风险。同时，也要告诫孩子外出时告知家长去向，切不可私自外出远游，防止出现人身意外。

#### 2. 社交安全：家长要切实履行监护责任

假期家长要切实担负起监护责任，一方面要重视与孩子的情感交流，另一方面也要注意对未成年人进行网络知识教育，避免未成年人遭受网络不良信息的侵害，尤其是要反复告诉孩子不要单独与陌生网友见面。学校也应组织开展情感类和安全类教育课程，包括交友、性教育、预防性侵犯等内容，提高青少年社交安全意识。

### 3. 网络安全：为孩子架起信息"过滤器"

对于假期孩子上网问题应当采取"疏而不堵、适度上网"的原则。家长要懂得网络、接纳网络，与孩子相互学习、共同成长，学校要培养青少年识别网络风险的能力，自觉抵制不良网站。政府网络监管部门要切实履行职责，进一步规范网络运营，制定完善行业标准，实行科学的信息分级制度，并要求网络服务提供者提供信息"过滤器"，依法依规监管。

## 🔄 法条链接

### 1.《中华人民共和国刑法》

**第二百二十四条之一** 组织、领导以推销商品、提供服务等经营活动为名，要求参加者以缴纳费用或者购买商品、服务等方式获得加入资格，并按照一定顺序组成层级，直接或者间接以发展人员的数量作为计酬或者返利依据，引诱、胁迫参加者继续发展他人参加，骗取财物，扰乱经济社会秩序的传销活动的，处五年以下有期徒刑或者拘役，并处罚金；情节严重的，处五年以上有期徒刑，并处罚金。

**第三百六十三条** 以牟利为目的，制作、复制、出版、贩卖、传播淫秽物品的，处三年以下有期徒刑、拘役或者管制，并处罚金；情节严重的，处三年以上十年以下有期徒刑，并处罚金；情节特别严重的，处十年以上有期徒刑或者无期徒刑，并处罚金或者没收财产。

为他人提供书号，出版淫秽书刊的，处三年以下有期徒刑、拘役或者管制，并处或者单处罚金；明知他人用于出版淫秽书刊而提供书号的，依照前款的规定处罚。

### 2.《中华人民共和国道路交通安全法》

**第八条** 国家对机动车实行登记制度。机动车经公安机关交通管理部门登记后，方可上道路行驶。尚未登记的机动车，需要临时上道路行驶的，应当取得临时通行牌证。

## 6. 孩子打赏主播，家长能把钱要回来吗？

现如今，许多人热衷于观看网络直播，为了讨心仪主播欢心，一些人通过打赏方式吸引其注意。他们使用真金白银购买各种虚拟礼物，在网络直播间赠送给主播，这其中不乏一些未成年人。基于对主播的狂热追捧，这些未成年人用亲属的钱打赏主播，往往一掷千金。那么，打赏主播的行为如何定性？打赏给主播的钱还能要回来吗？网络直播平台又该承担怎样的责任呢？

### 案情回顾

**案例 78：9 岁女童万元打赏主播只为偶像一声招呼**

9 岁的女生小吴一次偶然的机会进入一个网络直播间，对其中的男主播"小牛"一见钟情，疯狂地迷恋其一颦一笑，欲罢不能。

小吴在直播间见到"小牛"对送礼物的来宾都会热情地打声招呼，而自己无论怎么喝彩也不见"小牛"有什么表示。为了吸引"小牛"的注意，小吴开始偷偷使用妈妈的手机支付宝给"小牛"打赏，次数一多终于引起了"小牛"的注意，开始在直播间内亲切地称呼小吴的网名"小娃子"。每当平台开播前，"小牛"还会特别发信息给她称"小娃子，快来挂榜，涨人气了"。直到小吴妈妈使用支付宝时才发现，支付宝余额已从 1.6 万元变成了 15 元，经询问女儿才得知其打赏主播竟然花掉了 1 万余元。

**案例 79：14 岁少年为打赏主播花掉父母打工积蓄**

14 岁的小彭的父母在某服装厂打工，暑假期间小彭从老家来到父母身边。父母工作繁忙，无暇顾及小彭，小彭只好独自一人在家打网游消磨时光。后来小彭进入了一个网游玩家 QQ 群，群里有不少喜欢打网游的未成年人。一来二去小彭跟群中的几位好友熟悉起来，经常被好友们拉去共同观看一位网络女主播打游戏。

在网络直播间内，小彭看到该女主播不仅长相甜美，而且网游技术精湛，顿生好感，时间一长小彭感觉自己喜欢上了这位女主播。小彭的心思也被几位好友识破，纷纷给小彭支招，怂恿他给女主播打赏。于是小彭偷偷使用爸妈的银行卡给女主播买礼物打赏，在直播间内刷过礼物后，该女主播主动加小彭为好友，并跟他交流互动，问他"要做我的徒弟吗？"

事后，小彭坦言"给主播打赏礼物后，自己心情很好，蛮有成就感的，群内好友也会很羡慕"。就这样，小彭打赏的礼物越来越多，价格越来越高，直到被父母发现时，小彭已花掉父母辛苦打工、省吃俭用存下的积蓄3万余元。

## 以案说法

所谓打赏，即通过网络支付金钱或购买各种虚拟礼物（如鲜花、游艇、火箭等）送给网络直播主播，希望与之建立良好关系的行为。

如今，各种名目的网络直播平台蜂拥而至，形形色色的主播纷纷粉墨登场，直播内容也是五花八门。有的以相貌以及歌舞、声乐吸引网民，有的以游戏、魔术、占卜等技巧赢得网友青睐。这些直播的娱乐性和参与性较强，因此吸引了众多粉丝，而打赏则是粉丝与主播互动最重要的方式，这其中有相当一部分打赏的粉丝是不谙世事的未成年人。

### 1. 打赏属于法律意义上的赠与行为

根据我国《民法典》相关规定，合同中有一类合同叫作赠与合同，是指赠与人将自己的财产无偿给予受赠人，受赠人表示接受赠与的合同。小吴、小彭通过支付宝、银行卡购买网络虚拟礼物，然后用打赏的方式将礼物无偿给予主播，主播欣然接受，可以视为民法上的赠与行为。

我国《民法典》规定，订立合同可以采用书面形式、口头形式和其他形式，赠与行为也并不要求必须以书面合同的形式。因此，小吴、小彭已经以实际行动完成了赠与。

### 2. 未成年人的赠与行为并不当然有效

按照我国《民法典》规定，赠与财产转移后，赠与行为就已经生效，除非是有法定原因，如受赠人不履行赠与合同约定的义务，否则"一掷千金"就要不回来了。但是，案例78、79中的小吴、小彭均未年满18周岁，属于未成年人，因此赠与行为并不必然有效。

《民法典》规定，8周岁以上的未成年人为限制民事行为能力人，实施的民事法律行为应由其法定代理人代理或者经其法定代理人同意、追认。但是，未成年人可以独立实施纯获利益的民事法律行为或者与其年龄、智力相适应的民事法律行为。

小吴、小彭均属于限制民事行为能力人，他们向网络直播打赏过万元，数额较大，而且与未成年人的生活没有直接关联，可以认为是与其年龄、智力不相适应的民事活动，因此他们的打赏行为需要经过其父母的同意或追认后才能生效。

### 3. 未成年人打赏主播的钱款或可追回

小吴、小彭在未征得父母同意的情况下，通过使用父母手机支付宝、银行卡购买虚拟礼物打赏主播，造成了财产损失。根据我国《民法典》规定，限制民事行为能力人订立的合同，经法定代理人追认后，该合同有效。也就是说，只要小吴、小彭的父母对其赠与行为不予追认，那么他们赠与主播财物的行为就属于无效行为。根据我国《民法典》规定，合同无效或者被撤销后，因该合同取得的财产，应当予以返还。据此，小吴、小彭的父母可以要求主播返还打赏礼物所花费的钱款。

此外，如果有证据证明，网络平台或主播明知道打赏的粉丝是未成年人，仍然采取推送开播通知、招呼未成年人参与直播，或者诱使未成年人打赏等行为的，可以认定为存在一定过错。根据我国《民法典》规定，合同无效或者被撤销后，有过错的一方应当赔偿对方因此所受到的损失。如果能够证实网络平台或主播对未成年人打赏行为存在过错，那么对未成年人家长遭受的财产损失，网络平台或主播还应当按照过错责任大小承担相应赔偿责任。

#### 4. 网络主播的才艺展示和陪伴不能视为有价服务

有人认为，网络平台以及主播也付出了劳动和汗水，给观看直播的网民带来了欢乐，就好比去游乐场、影剧院娱乐或观看演出一样，其本质上属于一种休闲消费行为。无论成年人还是未成年人，其对网络主播打赏的行为类似于购买门票或支付娱乐服务对价，不能主张返还。

但是，从目前网络直播行业现状来看，绝大多直播都是免费的，任何人都可以登录平台观看直播，这和去游乐场、影剧院消费有显著的不同。打赏主播也没有规定具体、固定的价格，打赏行为可以发生在直播期间任何时候，具有很强的随意性，这与去休闲娱乐场所消费也有着本质不同。

因此，网络主播的才艺展示及陪伴不能视为有价服务，只能看作一种免费的表演，打赏也不能视为购买服务的行为，未成年人家长可以依法对未成年人打赏主播的钱款主张返还。

### 温馨提示

#### 1. 要小心使用网络支付功能

公民使用网络支付功能时要格外小心，最好设置支付密码并注意保密。如果设置免密支付，也不要在手机银行卡中存放大量存款，防止失窃或被孩子盗用。

有的孩子是在父母使用支付宝时偷偷记住了密码，有的是向父母谎称"给网游充点钱"，然后使用父母的银行卡。由此可见，家长要特别留意自己的网络支付系统，类似支付宝、银行卡、微信支付等支付密码不要让孩子得知，更不能将手机、银行卡长时间交给孩子保管。

#### 2. 发现孩子有打赏主播行为后要保留好证据

未成年人的家长或监护人除了要看好自己的手机"钱袋子"，也要加强对未成年人的日常教育和监管，特别要留意孩子看网络直播的一举一动。。

一旦发现未成年人打赏网络主播，家长要妥善保管好平台账户充值记录、转账凭证、支付宝或银行卡绑定手机信息等证据，必要时可将相关证据提交公证，便于下一步通过诉讼或其他手段有力维权。

### 3. 网络主播要尽到基本的审查义务

对于网络主播而言，由于在直播时看不到打赏人的模样，不能区分是成年人还是未成年人，为了防止出现类似的纠纷，除了坚决避免实施诱骗未成年人打赏的行为外，可以通过查看打赏用户个人资料进行甄别，对用户个人信息显示在 18 岁以下的要进行劝阻。

同时，还可以在直播期间发布"禁止未成年人对主播打赏"字样，对未成年人进行警示告诫，一旦发生纠纷时也可据此提出减免自身责任的主张。

### 4. 直播平台和监管部门要尽到监管责任

直播平台管理方应当加强直播正向引导和内容审核，必要时可采取技术手段监控网络直播，控制未成年人进入直播间，禁止未成年人打赏。同时，要加强对主播行为的管理，制定相关惩戒制度，发现网络主播存在诱导未成年人打赏行为时要及时提醒或制止，对于诱骗未成年人对其打赏的主播，要依据惩戒制度追究其责任。

政府职能部门一方面要完善网络直播市场准入制度，加强对网络直播平台的监管；另一方面要进一步完善账号实名制，推行直播平台用户会员实名注册制度。同时也要加大对网络直播违规经营行为的打击力度，弘扬主旋律，释放正能量，营造网络直播领域良好氛围，推动网络文化向健康、良性、有序的方向发展。

## 法条链接

**《中华人民共和国民法典》**

**第十九条** 八周岁以上的未成年人为限制民事行为能力人，实施民事法律行为由其法定代理人代理或者经其法定代理人同意、追认；但是，可以独立实施纯获利益的民事法律行为或者与其年龄、智力相适应的民事法律行为。

**第一百四十五条** 限制民事行为能力人实施的纯获利益的民事法律行

为或者与其年龄、智力、精神健康状况相适应的民事法律行为有效；实施的其他民事法律行为经法定代理人同意或者追认后有效。

相对人可以催告法定代理人自收到通知之日起三十日内予以追认。法定代理人未作表示的，视为拒绝追认。民事法律行为被追认前，善意相对人有撤销的权利。撤销应当以通知的方式作出。

**第一百五十七条**　民事法律行为无效、被撤销或者确定不发生效力后，行为人因该行为取得的财产，应当予以返还；不能返还或者没有必要返还的，应当折价补偿。有过错的一方应当赔偿对方由此所受到的损失；各方都有过错的，应当各自承担相应的责任。法律另有规定的，依照其规定。

**第四百六十九条**　当事人订立合同，可以采用书面形式、口头形式或者其他形式。

书面形式是合同书、信件、电报、电传、传真等可以有形地表现所载内容的形式。

以电子数据交换、电子邮件等方式能够有形地表现所载内容，并可以随时调取查用的数据电文，视为书面形式。

**第六百五十七条**　赠与合同是赠与人将自己的财产无偿给予受赠人，受赠人表示接受赠与的合同。

**第六百五十八条**　赠与人在赠与财产的权利转移之前可以撤销赠与。

经过公证的赠与合同或者依法不得撤销的具有救灾、扶贫、助残等公益、道德义务性质的赠与合同，不适用前款规定。

**第六百六十三条**　受赠人有下列情形之一的，赠与人可以撤销赠与：

（一）严重侵害赠与人或者赠与人近亲属的合法权益；

（二）对赠与人有扶养义务而不履行；

（三）不履行赠与合同约定的义务。

赠与人的撤销权，自知道或者应当知道撤销事由之日起一年内行使。

## 7. 幼教机构虐童牵涉哪些法律问题？

近年来，在幼儿园、亲子园、托管机构等幼教场所发生虐童案件，引发大众广泛关注。孩子们的一举一动时刻牵动着大人们的神经，幼童遭虐严重侵犯了社会公众的道德情感底线，也直接挑战了法律的权威。那么，虐童究竟牵涉哪些法律问题？受虐儿童家长又该如何主张合法权益呢？

### 案情回顾

**案例 80：某企业亲子园虐童事件被曝光**

据媒体报道，某企业为方便企业员工照顾幼儿，专门开办了企业内部托幼点，委托第三方机构代为管理运营。之后，该托管亲子园教师打孩子的视频在网上迅速流传。

视频显示，亲子园教师除了用手推搡、殴打孩子外，还强行喂幼儿疑似芥末的食物。事件迅速发酵，该企业及相关孩子家长向警方报警。警方查实，该企业开办在办公楼的亲子园内确实存在工作人员伤害在园幼儿身体的行为。警方随即依法控制了 4 名工作人员，其中 3 人因涉嫌虐待被监护、看护人罪被刑事拘留。

**案例 81：某地接连曝出幼儿园虐童案引人关注**

某县幼儿园家长陈女士发现，自己读大班的儿子康康（化名）脸上出现一块十分醒目的瘀伤，陈女士怀疑是被老师弄伤的，便找园长要求查看监控录像。在监控录像视频中清晰显示，康康多次被一名女教师用力揪脸，还被另一名女教师用脚踹。陈女士立即向园方投诉，双方多次沟通后，涉事幼儿园同意赔偿 8000 元，但陈女士不同意这一方案，并报警。

无独有偶，在该地某区幼儿园内被曝出两名老师长期暴力虐待孩子的恶性事件。几名孩子家长发现孩子大腿上出现多处瘀青，经耐心询问才得知孩子在幼儿园被老师暴打。经家长反映后当地教育局介入，幼儿园已开除该两名老师，并向家长进行赔偿。

## 以案说法

在幼教机构学习生活的儿童均缺乏表达和反抗能力，处于完全弱势的地位，一旦出现受虐情况无法自助救济，令人揪心。

### 1. 虐童行为可能构成多种犯罪

我国《刑法》规定，虐待家庭成员，情节恶劣的构成虐待罪。虐待罪仅限于家庭成员之间，只有家庭成员主动提出控告，公安机关才受理，案例80、81的被虐儿童不属于施虐者的家庭成员，因此不适用虐待罪，但可以适用虐待被监护、看护人罪。

我国法律专门设立虐待被监护、看护人罪，就是为了更好地保护儿童、老人、病人、残疾人等弱势群体的合法权益。我国《刑法》规定，对未成年人、老年人、患病的人、残疾人等负有监护、看护职责的人虐待被监护、看护的人，情节恶劣的，处3年以下有期徒刑或者拘役。此外，如果虐待行为造成了被虐儿童轻伤以上危害后果的，行为人还可能构成故意伤害罪。

### 2. 如何把握"情节恶劣"？

案例80中，亲子园工作人员采用殴打、强制喂刺激食品的手段体罚孩子，属于虐待儿童情节恶劣，依法构成虐待被监护、看护人罪。如果单位默许此种恶劣行为，还可能构成单位犯罪，可以对单位判处罚金，并对单位直接负责的主管人员和其他直接责任人员进行处罚。

司法实务中，认定"情节恶劣"一般基于虐待时间的长短、虐待行为的次数、虐待的手段以及虐待的后果等多个方面因素进行综合分析。特别要注意区分的是，简单的打屁股等轻微的、无恶意的行为，不能作为违法犯罪行为来处理。

### 3. 如何认定虐童者责任？

在案例81中，两起案件中的幼儿园老师均实施了不同程度的虐待小朋友的违法行为，应当根据案件具体情况具体分析。

如果属于一般虐待儿童情况的，可以以虐待被监护、看护人罪追究刑事责任。但如果虐待行为较为严重的，经法医鉴定伤情达到轻伤以上的，则应当依照处罚较重的规定定罪处罚。故意伤害罪的处罚要重于虐待被监护、看护人罪，案例81中康康脸上的瘀伤达到轻伤标准，因此应当以故意伤害罪追究虐童者刑事责任。

## 温馨提示

### 1. 虐童事件取证是关键，家长要多留心

由于幼儿不善表达，该类案件取证难度比较大，因此广大家长要特别注意观察孩子的日常表现，一旦发现异常，家长要善于借助监控设施取证，案例80、81中受虐儿童家长的维权表现是非常正确和有力的。

### 2. 预防虐童事件有法可依

我国《未成年人保护法》明确规定，学校、幼儿园、托儿所教职员工对未成年人实施体罚、变相体罚或者其他侮辱人格行为的，由公安、教育、卫生健康、市场监督管理等部门按照职责分工责令改正；拒不改正或者情节严重的，对直接负责的主管人员和其他直接责任人员依法给予处分。

### 3. 企业开办托管机构要尽责

企业在开办员工子女托管机构时一定要选择与正规教育机构合作，按规范审批新建幼教机构。尤其是要加强日常监管力度，否则一旦发生虐童事件，作为委托方的企业也要承担相应法律责任。此外，教育监管部门有责任加强对幼教机构及从业人员的管理和监督，注重发挥公民的社会监督和网络媒体的舆论监督作用。

## 法条链接

### 1.《中华人民共和国刑法》

**第二百三十四条** 故意伤害他人身体的，处三年以下有期徒刑、拘役或者管制。

犯前款罪，致人重伤的，处三年以上十年以下有期徒刑；致人死亡或

者以特别残忍手段致人重伤造成严重残疾的，处十年以上有期徒刑、无期徒刑或者死刑。本法另有规定的，依照规定。

**第二百六十条**  虐待家庭成员，情节恶劣的，处二年以下有期徒刑、拘役或者管制。

犯前款罪，致使被害人重伤、死亡的，处二年以上七年以下有期徒刑。

第一款罪，告诉的才处理，但被害人没有能力告诉，或者因受到强制、威吓无法告诉的除外。

**第二百六十条之一**  对未成年人、老年人、患病的人、残疾人等负有监护、看护职责的人虐待被监护、看护的人，情节恶劣的，处三年以下有期徒刑或者拘役。

单位犯前款罪的，对单位判处罚金，并对其直接负责的主管人员和其他直接责任人员，依照前款的规定处罚。

有第一款行为，同时构成其他犯罪的，依照处罚较重的规定定罪处罚。

2. 《中华人民共和国未成年人保护法》

**第二十七条**  学校、幼儿园的教职员工应当尊重未成年人人格尊严，不得对未成年人实施体罚、变相体罚或者其他侮辱人格尊严的行为。

**第一百一十九条**  学校、幼儿园、婴幼儿照护服务等机构及其教职员工违反本法第二十七条、第二十八条、第三十九条规定的，由公安、教育、卫生健康、市场监督管理等部门按照职责分工责令改正；拒不改正或者情节严重的，对直接负责的主管人员和其他直接责任人员依法给予处分。

# 8. 少年"黑客"真的"炫酷"吗？

随着计算机和互联网的普及，许多青少年通过学习掌握了较高的电脑操作技术。掌握一技之长固然可喜，但在司法实践中，出现了一些利用自身电脑技术实施网络犯罪的犯罪嫌疑人。他们多是未成年人，有的还是初中、高中的学生,他们有一个共同的爱好:攻击正常网络。人们习惯地把他们称之为"黑客"。那么,这些青少年为什么热衷于当"黑客"?网络"黑客"究竟涉及哪些法律问题呢?

## 案情回顾

### 案例82:少年"黑客"组团侵入银行金融网络盗窃

17周岁的刘某通过自学掌握了电脑黑客技术,在网上结识了一批与自己有共同爱好的同龄人,虽然素未谋面,但在刘某的带领下,这群同龄人组成了一个攻击银行金融网络的犯罪团伙。该团伙利用"黑客"软件成功侵入了多家银行网站,破译了全国数万个银行账户的资料,再利用网络支付漏洞盗刷他人银行卡,获取巨额非法利益。公安机关经过缜密侦查,一举查获该网络"黑客"团伙,该团伙中多名成员未满18周岁。后刘某等人被法院以盗窃罪分别判处有期徒刑。

### 案例83:高中生"黑客"侵入游戏服务器修改数据

高中生曾某酷爱网络游戏,熟悉计算机技术的他通过对某款热门网络游戏分析发现,该游戏程序存在安全漏洞。在好奇心和利益的驱使下,曾某自行编写程序进入该游戏(俗称"外挂"),利用该漏洞在游戏中的"钱庄"和"家"中输入负值的游戏币,并通过"外挂"使负值被服务器识别为正值,给自己的账号内非法增加游戏币。曾某通过网络交易平台销售非法所得游戏币获利数百万元,后曾某被法院以破坏计算机信息系统罪判处有期徒刑10年。

### 案例84:大学生"黑客"侵入教务系统更改成绩

某高校大学生陈某偶然发现该省高校教务网络系统存在漏洞,在好奇心的驱动下,陈某通过系统漏洞下载了教务系统数据库中的数据,并运用"黑客"技术轻而易举地破译了该系统密码,取得了系统管理员权限。陈某自以为找到了一条"生财之路",在网络上发帖称自己可以帮助在校学生有偿更改考试成绩,避免重修。后经学生举报,陈某被公安机关缉拿归案,法院以破坏计算机信息系统罪判处陈某有期徒刑5年。

## 以案说法

### 1. 什么是"黑客"？

所谓"黑客"，通常是指专门入侵他人计算机网络系统进行不法行为的计算机高手。现如今，社会上存在一定数量的"黑客"队伍，这其中有相当一部分是未成年人，这与未成年人学习能力较强、喜爱表现、好奇争胜的特征有一定的关系。

### 2. 计算机系统及数据受法律保护

在案例 82 中，刘某伙同他人利用"黑客"技术实施盗窃犯罪，犯罪对象是他人银行卡内的合法财物，严重侵犯了公民合法财产权，依法应以盗窃罪追究其刑事责任。

在案例 83、84 中，曾某、陈某通过"黑客"技术侵入正常计算机系统，采取修改、增加计算机程序的手法，破坏计算机信息系统功能以及其中的数据、应用程序，严重侵犯了正常计算信息系统的安全，且情节严重，依法构成破坏计算机信息系统罪。

### 3. "黑客"行为涉嫌犯罪

"黑客"行为大都涉嫌犯罪，而且根据不同情节构成不同罪名。通过比较案例 82 与案例 83、84，不难发现，虽然同为利用"黑客"技术侵入计算机系统，干扰计算机系统正常运行，也都有获利的情节，但构成的罪名不一样，量刑也不尽相同。

这是因为刘某等人的行为本质上是秘密窃取财物，只不过形式上借用了电脑"黑客"技术，就像偷了别人家钥匙开门入户盗窃一样，与普通盗窃行为没有实质区别。而陈某、曾某虽然都有获利行为，却不是直接通过网络窃取财物，而是通过"黑客"技术侵入了计算机实施了一系列操作，再基于这些违法操作行为获取非法利益。

正是基于行为方式的不同以及法律所保护权益的差异，法律作出了不同的定罪和量刑。案例 82 中刘某构成盗窃罪，案例 83、84 中的陈某、曾某构成破坏计算机信息系统罪。

### 4. "黑客"行为即便不构成犯罪也属于违法行为

在司法实践中，还有一些另类少年"黑客"。有的是出于好奇心理，利用"黑客"技术非法进入计算机系统查看信息，获取计算机信息系统存储、处理或传输的数据，检验自己的"黑客"技术，但并不非法牟利。有的少年"黑客"为了在社交网络内获取个人炫耀的资本，非法侵入并控制计算机信息系统搞恶作剧，如涂鸦、改名、更换人物头像等。这些行为虽然未达到刑事立案标准，不构成犯罪，但是都属于违法行为，可以视情节轻重进行治安处罚。

### 温馨提示

#### 1. 青少年计算机安全知识教育亟待加强

通过研究司法实务中发生的案例可以发现，当前网络"黑客"低龄化趋势较为明显，青少年计算机安全知识教育刻不容缓。

许多未成年人"黑客"认为能"攻陷"他人计算机系统是一件很"酷炫"的事情，可以证明自己计算机水平很高，甚至相互之间产生一种攀比心理。殊不知他们已经处于违法犯罪的边缘，不仅一点儿也不"炫酷"，而且极有可能受到法律的严惩。

有的未成年人掌握了"黑客"技术后，在利益诱惑面前迷失了方向，像案例中的刘某、陈某、曾某一样，抱着侥幸思想，觉得这是件"神不知、鬼不觉"的事情，殊不知法网恢恢，当触犯法律被捕时才后悔莫及。

#### 2. "黑客"行为容易坠入犯罪深渊

与未成年人"黑客"相比，还有一些成年"黑客"，他们大多处于IT行业，逐渐成为职场骨干，但在利益面前也容易陷入犯罪的深渊。这些成年"黑客"往往具有较强的技术能力，但对相关法律知识缺乏深入了解。

在一些IT公司内部出现的利用计算机技术实施犯罪的案件，多是公司内部员工与社会人员串通一气，损害公司利益，有的涉案员工年龄不满30岁，令人扼腕叹息。

### 3. 应当积极预防"黑客"违法行为

对于"黑客"行为，社会各界应引起充分重视。特别是针对未成年人"黑客"，学校在开展计算机应用教学过程中，应当加强计算机安全知识教育，尤其是宣讲相关法律知识，让学生充分认识到"黑客"行为的危害，自觉规范自身行为。针对未成年人利用网络实施的犯罪行为，公检法机关应当本着教育为主的原则，区分刑事案件和治安案件，运用法律手段，严厉打击网络犯罪，挽救失足少年"黑客"，维护网络正常秩序。

## 法条链接

《中华人民共和国刑法》

**第二百八十五条**　违反国家规定，侵入国家事务、国防建设、尖端科学技术领域的计算机信息系统的，处三年以下有期徒刑或者拘役。

违反国家规定，侵入前款规定以外的计算机信息系统或者采用其他技术手段，获取该计算机信息系统中存储、处理或者传输的数据，或者对该计算机信息系统实施非法控制，情节严重的，处三年以下有期徒刑或者拘役，并处或者单处罚金；情节特别严重的，处三年以上七年以下有期徒刑，并处罚金。

提供专门用于侵入、非法控制计算机信息系统的程序、工具，或者明知他人实施侵入、非法控制计算机信息系统的违法犯罪行为而为其提供程序、工具，情节严重的，依照前款的规定处罚。

……

**第二百八十六条**　违反国家规定，对计算机信息系统功能进行删除、修改、增加、干扰，造成计算机信息系统不能正常运行，后果严重的，处五年以下有期徒刑或者拘役；后果特别严重的，处五年以上有期徒刑。

违反国家规定，对计算机信息系统中存储、处理或者传输的数据和应用程序进行删除、修改、增加的操作，后果严重的，依照前款的规定处罚。

故意制作、传播计算机病毒等破坏性程序，影响计算机系统正常运行，后果严重的，依照第一款的规定处罚。

……

**第二百八十七条** 利用计算机实施金融诈骗、盗窃、贪污、挪用公款、窃取国家秘密或者其他犯罪的，依照本法有关规定定罪处罚。

# 第七章

# 不测风云

## 1. 酒后开车后果究竟有多严重？

每逢节假日，朋友们之间总喜欢觥筹交错，推杯换盏，把酒言欢。聚会固然能增进情谊，但是酒后切记不要开车，别让酒精挡住了回家的路。

### 案情回顾

**案例 85：酒后驾车撞人后逃逸依法应承担刑事责任**

一天深夜，张某在参加朋友聚餐过程中喝了几杯白酒，怀着侥幸心理自行驾车回家。行驶至某路段红绿灯路口时，张某觉得夜已深，行人稀少，于是一看到是绿灯便加速通过路口，不料与骑自行车违规横穿该路口的陈某相撞，导致陈某重伤。

事故发生后，张某心中十分害怕，见四下无人便快速驾车驶离现场。张某回到家后彻夜未眠，第二天在家属陪同下到派出所自首，并解释是因为害怕才逃离现场，但隐瞒了自己酒后驾车的事实。交警部门调看了案发路口的摄像头录像，并向当晚与张某一同聚餐的人了解了情况后，依法对张某采取刑事拘留强制措施。

### 以案说法

案例 85 的关键在于是将张某的行为定性为普通的交通事故，还是交通肇事罪。

**1. 张某是否构成交通肇事后逃逸？**

交通肇事后逃逸，是指行为人在发生交通事故后，为逃避法律追究而逃跑的行为。

案例85中，张某虽然声称是因为害怕才逃离现场，并不是为了逃避法律追究。但在实务中对于认定肇事司机逃离现场的主观心态，并不能只听肇事者的一面之词，而要结合案发实际情况综合判定。

张某明知发生了交通事故，却没有尽到法定的义务，如保护现场、抢救伤者、向公安机关报告等，而是快速驶离现场，逃避法律追究，延误了受害人的最佳治疗时机。受害人陈某经过法医鉴定为重伤，因此张某的行为属于交通肇事后逃逸，依法构成交通肇事罪。

**2. 交通肇事后逃逸对责任认定有何影响？**

根据我国相关行政法规规定，发生交通事故后当事人逃逸的，当事人承担全部责任。但是，有证据证明对方当事人也有过错的，可以减轻责任。

案例85中，受害人陈某在红灯时违规横穿马路，本应该负有一定责任，但是因为张某逃逸，导致事故责任认定发生重大变化，由张某承担全部责任。

在诉讼过程中，即使张某有证据证明对方也有过错，但因为自身存在逃逸行为，所以也只能是争取减轻自身责任。张某因为自身不理智的逃逸行为，不得不吞下自己种下的苦果。法律之所以这样规定，就是为了防止肇事者不履行救助义务，教育和引导每个公民都要对自己的行为负责。

**3. 酒后驾车肇事与非酒后驾车肇事性质上有何不同？**

酒后驾驶肇事，属于典型的违反交通运输管理法规的行为，而非酒后驾车肇事，并不一定违反交通运输管理法规，要由交管部门判定是否违规，并确定事故责任。

酒后驾车，如果驾驶员血液中的酒精含量小于或等于20mg/100ml，称之为酒驾，视情节轻重一般要处以罚款、暂扣或吊销驾照、行政拘留等形式的行政处罚；如果驾驶员血液中酒精含量大于或等于80mg/100ml，称之为醉驾，依法构成危险驾驶罪，驾驶员必须承担刑事责任，后果很严重。

根据相关司法解释的规定，交通肇事致一人以上重伤，负事故全部或者主要责任，且系酒后驾车的，以交通肇事罪定罪处罚。案例85中，陈某有违规横穿马路的过错情节，如果张某没有酒后驾驶，且没有逃逸，则其是不用承担刑事责任的。但是张某酒后驾车，而且肇事后逃逸，致使陈某重伤，因此张某构成交通肇事罪。

### 4. 肇事人次日投案如何认定酒驾情节？

在案例85中，张某本以为第二天自首，血液中已无法检测出酒精，不能认定酒驾，也就不会构成交通肇事罪。但是张某打错了如意算盘，司法实务中如果有其他证据证明，一样可以依法认定肇事人系酒驾。

例如，参加聚会者证明张某在交通肇事当晚有饮酒，事故现场有目击证人证明看到张某下车时走路不稳，被害人证言证明肇事人身上有浓烈酒味，或者摄像头有拍到张某下车时的不正当举动等，这些证据经过查实，形成环环相扣的证据链，就能够依法认定肇事人系酒后驾车。交警部门经过调查后，依法对张某采取刑事拘留强制措施是合法的。

### 5. 交通肇事逃逸后自动投案有何法律意义？

我国《刑法》规定了自首，肇事司机在事故发生后自动投案，并如实陈述事实经过，其行为符合自首成立的条件，应依法认定为有自首情节。根据相关司法解释的规定，交通肇事逃逸后自动投案，如实供述自己罪行的，应认定为自首，法官可以根据具体情况决定是否对犯罪嫌疑人从宽处罚，以及对其从宽处罚的幅度。

### 6. 如何对张某进行定罪量刑？

张某酒后驾驶，因交通肇事致陈某重伤之后逃逸，依法构成交通肇事罪。依据我国《刑法》规定，交通肇事后逃逸的，处3年以上7年以下有期徒刑。张某事后有自首情节，可以适当予以从轻处罚。

## 温馨提示

### 1. 发生交通事故后切勿一错再错

案例 85 中张某正确的处理方法，应当是立即下车查看，在车辆后一定距离内设置警示标志，防止被害人受到二次伤害，同时立即拨打电话报警，自己待在原地等候处理。如果被害人伤势比较严重，如流血不止，应当立即驾车送被害人到最近的医院救治，同时报警并在医院等候警方处理。

而张某却一错再错，不仅没有积极救治，而且还驾车逃逸。假设张某因逃逸致使被害人死亡，将会被以交通肇事罪判处 7 年以上有期徒刑。

如果张某一时糊涂，将被害人带离事故现场后驾车逃逸，导致被害人因无法得到救助而死亡或严重残疾的，将会被以故意杀人罪或者故意伤害罪定罪处罚。因此，只有积极救治、等候处理才是正确的处理交通事故的方式。

### 2. 交通肇事者可主动寻求刑事和解

所谓刑事和解，是指犯罪嫌疑人一方积极与被害人及其家属协商，就案件造成被害人的损失进行赔偿，以求得被害人的谅解，由被害人出具谅解书，司法机关根据双方和解情况给予犯罪嫌疑人从轻处理的做法。

案例 85 中，张某争取从宽处罚的途径除了自首，还可以积极适用刑事和解。双方当事人可以通过协商，就赔偿问题达成一致意见，一方面可以最大限度弥补受害人的经济损失，另一方面也给予犯罪嫌疑人认罪悔过的机会，通过赔礼道歉、经济补偿争取法律上从宽处罚。

### 3. 被害人如何维护自身合法权益？

被害人除了要求肇事方承担刑事责任外，还可以通过刑事附带民事诉讼，要求肇事方承担民事侵权的责任。被害人及其家属一般可以在检察机关审查起诉阶段提起刑事附带民事诉讼，将肇事方、保险公司列为共同被告，要求承担赔偿责任。

通常情况下，保险公司需要在其保险范围之内承担赔偿责任，被告人在其法律规定的责任范围内承担保险范围之外的损失。

## 🔗 法条链接

### 1. 《中华人民共和国刑法》

**第一百三十三条** 违反交通运输管理法规，因而发生重大事故，致人重伤、死亡或者使公私财产遭受重大损失的，处三年以下有期徒刑或者拘役；交通运输肇事后逃逸或者有其他特别恶劣情节的，处三年以上七年以下有期徒刑；因逃逸致人死亡的，处七年以上有期徒刑。

**第一百三十三条之一** 在道路上驾驶机动车，有下列情形之一的，处拘役，并处罚金：

（一）追逐竞驶，情节恶劣的；

（二）醉酒驾驶机动车的；

（三）从事校车业务或者旅客运输，严重超过额定乘员载客，或者严重超过规定时速行驶的；

（四）违反危险化学品安全管理规定运输危险化学品，危及公共安全的。

机动车所有人、管理人对前款第三项、第四项行为负有直接责任的，依照前款的规定处罚。

有前两款行为，同时构成其他犯罪的，依照处罚较重的规定定罪处罚。

### 2. 《最高人民法院关于审理交通肇事刑事案件具体应用法律若干问题的解释》

**第一条** 从事交通运输人员或者非交通运输人员，违反交通运输管理法规发生重大交通事故，在分清事故责任的基础上，对于构成犯罪的，依照刑法第一百三十三条的规定定罪处罚。

**第二条** 交通肇事具有下列情形之一的，处三年以下有期徒刑或者拘役：

（一）死亡一人或者重伤三人以上，负事故全部或者主要责任的；

（二）死亡三人以上，负事故同等责任的；

（三）造成公共财产或者他人财产直接损失，负事故全部或者主要责任，无能力赔偿数额在三十万元以上的。

交通肇事致一人以上重伤，负事故全部或者主要责任，并具有下列情形之一的，以交通肇事罪定罪处罚：

（一）酒后、吸食毒品后驾驶机动车辆的；

（二）无驾驶资格驾驶机动车辆的；

（三）明知是安全装置不全或者安全机件失灵的机动车辆而驾驶的；

（四）明知是无牌证或者已报废的机动车辆而驾驶的；

（五）严重超载驾驶的；

（六）为逃避法律追究逃离事故现场的。

## 2. 飙车：马路上的"速度与激情"谁来管？

深夜时分，空旷的马路上传来刺耳的马达轰鸣声，街坊邻居们深受其扰。许多街坊想报警投诉，却常常感到无可奈何，有心无力，等到警察到场早已不见车的踪迹。据媒体报道，因飙车而引发的交通事故屡见不鲜，飙车的社会危害性不言自明。那么，飙车竞速究竟涉及哪些法律问题？谁来遏制马路上的"速度与激情"？

### 案情回顾

**案例 86：设立赌注飙车竞技构成危险驾驶罪**

凌晨时分，许某、张某分别驾驶小轿车在某大道上相互追逐竞驶。通过视频监控录像局部画面计算得出，许某、张某通过监控路段最高时速达到 130 公里，均超过监控路段规定时速 60 公里 50% 以上。

后许某、张某被交警部门拦获。经公安机关查实，二人设立赌注飙车竞技。法院经审理认为，被告人许某、张某无视国家法律，分别驾驶车辆出于竞技目的在道路上多次追逐竞驶，超过规定时速 50% 以上，情节恶劣，已构成危险驾驶罪，依法分别判处许某、张某拘役 2 个月，缓刑 2 个月，并处罚金人民币 4000 元。

### 案例 87：飙车发生严重交通事故构成交通肇事罪

某日夜晚 11 时许，唐某、于某分别驾驶各自豪华跑车在某市外环道路上故意超速行驶，相互追逐，后发生交通事故，造成道路护栏、防护墙等交通设施损坏，并致使唐某车内乘客刘某、徐某重伤。

法院经审理认为，被告人唐某、于某无视法律规定，在道路上驾驶机动车追逐竞驶，情节恶劣，且造成两人重伤的严重交通事故，其行为已构成交通肇事罪，判处唐某有期徒刑 3 年并处罚金 10000 元，判处于某有期徒刑 2 年并处罚金 8000 元。

## 以案说法

#### 1. 飙车竞速在法律意义上属于危险驾驶

法律意义上的危险驾驶，通常是指包括追逐竞驶、酒后驾驶、超载超速行驶等在内的违法驾驶机动车辆的行为。飙车竞速，是一种严重威胁社会公共安全的违法驾驶行为，多发生在深夜，不仅噪声扰民，而且很容易引发严重交通安全事故，属于典型的危险驾驶情形。

飙车竞速中的追逐竞驶，通常表现为出于竞技、赌博、追求刺激，甚至是斗气等目的动机，二人或二人以上分别驾驶机动车，违反道路交通安全规定，在道路上快速追赶行驶的行为。在追逐竞驶过程中，当事人通常事先约定竞驶的起点和终点，分别驾驶大排量或经过改装的机动车，为追求速度而随意变道、闯红灯、大幅超速等，上演一出现实版的"速度与激情"。

#### 2. 危险驾驶行为可能构成犯罪

我国《刑法》已经将危险驾驶行为入罪，使得惩戒马路上的"速度与激情"有法可依，大大提高了对飙车竞速危险驾驶行为的打击力度。根据我国《刑法》规定，在道路上驾驶机动车追逐竞驶，情节恶劣的，处拘役，并处罚金，同时构成其他犯罪的，依照处罚较重的规定定罪处罚。

案例86中，许某、张某设立赌注，在道路上驾驶机动车飙车竞速，属于典型的追逐竞驶，情节恶劣，依法构成危险驾驶罪。

案例87中，唐某、于某不仅驾驶豪车来了一段"速度与激情"，而且造成了人员重伤、交通设施受损的严重后果，二人既有追逐竞驶情节恶劣的行为，又造成交通事故致两人重伤，依法构成危险驾驶罪和交通肇事罪，根据《刑法》规定，应以处罚较重的交通肇事罪定罪处罚。

**3. 未成年人危险驾驶，法律也可以管**

在危险驾驶犯罪嫌疑人中，青年人占绝大多数，其中有相当一部分是喜欢追求刺激的未成年人。根据我国《刑法》规定，已满14周岁不满16周岁的未成年人，对故意杀人、故意伤害致人重伤或者死亡、强奸、抢劫、贩卖毒品、放火、爆炸、投放危险物质罪等八种行为负刑事责任。如果是未满16周岁的未成年人在马路飙车，不能适用危险驾驶罪定罪处罚。但是，这并不意味着法律无可奈何。我国《刑法》同时规定，因不满16周岁不予刑事处罚的，可以责令他的家长或者监护人加以管教；在必要的时候，依法进行专门矫治教育。

💡**温馨提示**

**1. 打击飙车犯罪需要准确掌握证据**

现实生活中，由于"飙车一族"活动时间并不固定，地段也经常变换，具有发现难、取证难的特点，整治起来具有相当难度。要打击和防控飙车犯罪，不仅需要准确掌握证据，而且需要警民配合，通力协作。主要有以下方法：

（1）报警以及调查取证要注意技巧。街坊群众在报警时最好用手机拍摄视频取证，而不是光凭口述。因为没有相关证据，仅凭报警人口头陈述，难以形成证据链锁定嫌疑人的犯罪事实。

（2）公安执法部门可以使用电子技术取证。为了准确记录车速，交警部门可以采用移动雷达测速仪测速，加上视频监控技术，锁定肇事车辆和犯罪嫌疑人。在挡截肇事车辆后，要注意记录挡获经过及犯罪嫌疑人的表现，查实是否属于酒后驾驶、吸毒后驾驶、是否有其他违法行为，以及有无造成严重后果等细节，全程摄像，锁定证据，精准打击此类犯罪。

### 2. 联合多方力量开展普法宣传

飙车轻则扰民，重则引发严重交通事故，因此要坚持群策群力，打防并举。街道社区在开展法治宣传活动过程中，要将"马路飙车"的社会危害性作为宣传的一项重点内容，善于发动群众力量，积极举报马路飙车，对飙车者形成震慑压力。学校要针对未成年人展开安全知识教育和法治教育，使得同学们知晓飙车的危害，起到警示教育的作用。

### 3. 综合运用多种手段防控飙车犯罪

向科技要战斗力，公安交管部门可以在易发生飙车的路段设置雷达测速仪和高清摄像头，不仅可以取证，而且可以对潜在飙车者形成强大震慑。在处罚方面，可以对重点路段飙车行为实施重点处罚。鉴于许多飙车者都开着豪车，不缺钱，因此处罚时可以加大对驾驶证的扣分力度。例如，在一些容易发生飙车的关键路段，超速一次扣 6 分，情节严重的甚至可以直接吊销驾照。如此一来，让飙车者有钱也不能任性，起到良好的打击和预防双重效果。

## 🔄 法条链接

### 《中华人民共和国刑法》

**第十七条** 已满十六周岁的人犯罪，应当负刑事责任。

已满十四周岁不满十六周岁的人，犯故意杀人、故意伤害致人重伤或者死亡、强奸、抢劫、贩卖毒品、放火、爆炸、投放危险物质罪的，应当负刑事责任。

已满十二周岁不满十四周岁的人，犯故意杀人、故意伤害罪，致人死亡或者以特别残忍手段致人重伤造成严重残疾，情节恶劣，经最高人民检察院核准追诉的，应当负刑事责任。

对依照前三款规定追究刑事责任的不满十八周岁的人，应当从轻或者减轻处罚。

因不满十六周岁不予刑事处罚的，责令其父母或者其他监护人加以管教；在必要的时候，依法进行专门矫治教育。

**第一百三十三条**　违反交通运输管理法规，因而发生重大事故，致人重伤、死亡或者使公私财产遭受重大损失的，处三年以下有期徒刑或者拘役；交通运输肇事后逃逸或者有其他特别恶劣情节的，处三年以上七年以下有期徒刑；因逃逸致人死亡的，处七年以上有期徒刑。

**第一百三十三条之一**　在道路上驾驶机动车，有下列情形之一的，处拘役，并处罚金：

（一）追逐竞驶，情节恶劣的；

（二）醉酒驾驶机动车的；

（三）从事校车业务或者旅客运输，严重超过额定乘员载客，或者严重超过规定时速行驶的；

（四）违反危险化学品安全管理规定运输危险化学品，危及公共安全的。

机动车所有人、管理人对前款第三项、第四项行为负有直接责任的，依照前款的规定处罚。

有前两款行为，同时构成其他犯罪的，依照处罚较重的规定定罪处罚。

### 3. 妨碍公务会付出怎样的法律代价？

随着我国公民法治理念的不断提升，知法懂法用法逐渐成为社会大众的普遍共识。但在面对执法人员正当执法时，一些公民表现出不理智、不冷静，有的习惯质疑执法行为并拒不配合，有的采取坚决抵制的态度甚至对执法人员拳脚相向，往往造成十分恶劣的影响。那么，普通群众对公务人员执法行为有异议究竟该如何正确处理？暴力袭击执法人员会产生什么样的后果？

![案情回顾]

### 案例88：女子掌掴执法民警被刑拘

刘某（女）今年26岁，一日她在某大厦门前与出租车司机发生车资纠纷，原因是刘某认为10元路桥费不应该由自己支付，而出租车司机坚持认为按照行业惯例理应由刘某承担。刘某一气之下报警，称出租车司机要将其行李强行载走。

当民警赶到现场处置时，刘某却拒绝在民警的见证下检查行李，并故意称行李内平板电脑不见了。民警调解不成要求双方到派出所接受进一步调查。其间，在民警出示警察证时，刘某质疑执勤民警的真实身份，试图伸手抢夺证件，被民警及时制止。在民警要求刘某回派出所接受调查时，刘某拒绝配合，一边推搡民警，一边高喊"警察打人了"，并用手扇向民警面颊，引发大批群众围观。

受伤民警被送往医院治疗，经诊断为左脸大面积红肿，右手大拇指关节组织挫伤。后警方依法以妨害公务罪对刘某刑事拘留。

### 案例89：男子借酒劲暴力袭击协警被刑拘

某派出所接到报警称有人打架，当值班民警带领协警赶到现场时，发现报警者是一名醉酒的男子王某。民警向王某询问有关情况，王某浑身酒气、口齿不清，并称自己被打，但施暴人员已不知去向。

民警欲带王某回派出所进一步调查了解情况，但王某不仅不配合民警，反而仗着酒劲辱骂民警和协警，不断向民警吐口水、推搡拉扯，导致大量群众围观并造成现场交通堵塞。在带离现场过程中，王某将协警李某摔倒在地。经法医鉴定，李某损伤程度达到轻伤一级。

王某酒醒后供述，自己因经济纠纷与朋友发生肢体冲突，遂报警自称被打，并对自身妨害公务的行为供认不讳："当时借着酒劲，不计后果打伤了民警，现在觉得后悔莫及。"警方以妨害公务罪对王某刑事拘留。

## 👆 以案说法

### 1. 什么是法律意义上的妨害公务？

法律意义上的妨害公务，是指以暴力、威胁方法阻碍国家机关工作人员、人大代表依法执行职务，或故意阻碍国家安全机关、公安机关依法执行国家安全工作任务，虽未使用暴力，但造成严重后果的行为。

### 2. 妨害公务情节严重的，构成犯罪

刘某、王某均实施了暴力阻碍民警执法的行为，且造成了严重后果，依法构成妨害公务罪。

警察作为公务人员，在维护社会治安过程中的重要性不言而喻，也容易成为暴力抗法的对象。因此，我国《刑法》明确规定，对暴力袭击正在依法执行职务的人民警察的，从重处罚。这是因为与妨害其他公务人员执法相比，妨害正在执法的警察执行公务损害了国家权威，使社会处于一种不安定的危险状态，危害性更大。

在案例88中，刘某采用掌掴的暴力方法阻碍正在执法的民警正当执法，致使民警左脸大面积红肿，属于我国《刑法》规定的以暴力、威胁方法阻碍国家机关工作人员依法执行职务的情形，依法构成妨害公务罪，并且应当从重处罚。

### 3. 正确把握妨害公务罪的立案标准

妨害公务必须是以暴力、威胁的方法阻碍公务人员执行公务，或者未使用暴力、威胁方法，但故意阻碍公务人员依法执行公务，造成严重后果的，才能予以立案。

在日常生活中，要正确把握妨害公务罪的立案标准，注意区别妨害公务与不配合公务，防止出现刑罚被滥用的情况。在日常执法过程中，有一些群众因为不理解相关法律法规政策，实施了吵闹、指责、辱骂等不配合执法的行为，如果没有故意阻碍公务人员执行公务，也没有造成严重后果的，一般不构成妨害公务罪。

#### 4. 警察带领协警执行公务，依法受法律保护

在案例 89 中，王某袭击的对象是协警，虽然不是正式警察，但是根据我国法律及相关司法解释的规定，仍然适用我国《刑法》中暴力袭击正在依法执行职务的人民警察从重处罚的规定。

我国法律及相关司法解释之所以这样规定，强调的是保护警察的执法权。警察的执法权并不仅仅由正式警察才能实施，协警在正式警察的带队下，按正式警察的指示所实施的行为，属于警察正当执法权的范围。妨碍公务罪关注的重点在于公务是否受到妨害，虽然协警不具有国家机关工作人员的身份，但协警在警察的带领下，协助警察执行公务，当然属于公务行为。

我国立法设立妨害公务罪的初衷，就是为了保障公务行为的顺利进行，保障公务执行主体行为的权威和效率。如果因为协警不具有正式警察身份，公民便可以不听从指挥，甚至对协警大打出手，那么对协警而言就是不公平的，也会大大打击协警工作的积极性，不利于警察执行公务活动的正常开展。

#### 5. 妨害公务罪的表现形式多种多样

现实生活中，妨害公务的方法、手段多种多样，不仅可以表现为对执法主体人身的伤害，还可以表现为毁损执行公务的标的、毁坏或滞留执行公务的工具等。因此，判断某一行为是否构成妨害公务罪，要聚焦妨害行为对公务行为的影响本身，抓住妨害公务罪的行为本质。

如果妨害行为所针对的对象并非公务执行主体，而是与公务相关的其他载体，如公务用车、执法器械等，那么仍然可能构成妨害公务罪。现实中曾发生过某人看到警察设卡查酒驾，心里十分害怕，为了躲避警察检查，猛打方向盘掉头，不慎撞上设卡的警车，造成警车损坏、交通堵塞的严重后果，同样依法构成妨害公务罪。

### 💡温馨提示

**1. 警察群体容易成为妨害公务罪的对象**

司法实务中，妨害公务类犯罪时有发生，而警察群体又是首当其冲。因此，警察在执法过程中一定要注意录音录像，这既是一种自我保护，也是震慑妨碍公务犯罪的有力手段。从长远来看，警察队伍必须一如既往地加强执法公信力建设，加强普法宣传和自身形象建设。

**2. 公民面对公务人员执法要保持理智冷静**

提高执法公信力，提升群众法治观念，是建设中国法治社会所要面临的重大课题，任重道远。一些公民法治观念比较淡薄，藐视法律和执法者的权威，将个人私权利置于国家公权力之上，挑战国家正常的执法管理秩序。

妨害公务罪的危害性是显而易见的。现实中，发生过许多暴力抗法案件，不仅造成公务人员受伤，而且引发大量群众围观，造成交通长时间堵塞、现场公共秩序混乱等严重后果，社会影响十分恶劣。

我国目前立法对于妨害公务罪入罪的标准把握较严，只要是采取暴力、威胁的方法阻碍公务的行为，都有可能入罪。因此，广大群众在面对执法行为时，一定要保持理智冷静，避免出现案例89中王某追悔莫及的后果。

**3. 注意划清罪与非罪的界限**

在打击妨害公务犯罪的同时，也要划清妨害公务罪与人民群众抵制极少数执法人员违法乱纪行为的界限。

现实中，确实存在极少数国家机关工作人员在执行公务过程中，假公济私，滥用职权，损害群众利益的情况，群众对之进行抵制是可以理解的。但是，在不能辨明真相之前，还是应当先行配合执法，同时做好证据保全工作，如记下执法人员身份信息（警号等）、用手机拍照摄像、留下目击证人联系方式等，以便事后采取其他合法途径予以救济，防止因不明真相、一时的不冷静而触犯法律。

## 法条链接

1. 《中华人民共和国刑法》

**第二百七十七条** 以暴力、威胁方法阻碍国家机关工作人员依法执行职务的，处三年以下有期徒刑、拘役、管制或者罚金。

以暴力、威胁方法阻碍全国人民代表大会和地方各级人民代表大会代表依法执行代表职务的，依照前款的规定处罚。

在自然灾害和突发事件中，以暴力、威胁方法阻碍红十字会工作人员依法履行职责的，依照第一款的规定处罚。

故意阻碍国家安全机关、公安机关依法执行国家安全工作任务，未使用暴力、威胁方法，造成严重后果的，依照第一款的规定处罚。

暴力袭击正在依法执行职务的人民警察的，处三年以下有期徒刑、拘役或者管制；使用枪支、管制刀具，或者以驾驶机动车撞击等手段，严重危及其人身安全的，处三年以上七年以下有期徒刑。

2. 《最高人民检察院关于以暴力威胁方法阻碍事业编制人员依法执行行政执法职务是否可对侵害人以妨害公务罪论处的批复》

……

对于以暴力、威胁方法阻碍国有事业单位人员依照法律、行政法规的规定执行行政执法职务的，或者以暴力、威胁方法阻碍国家机关中受委托从事行政执法活动的事业编制人员执行行政执法职务的，可以对侵害人以妨害公务罪追究刑事责任。

## 4. 合法财产遭到侵犯，该如何理性维权？

现实生活中，公民个人合法财产被侵犯的情况屡有发生。有些公民选择公力救济，报警求助或通过诉讼途径解决；有些公民则喜欢私力救济，通过协商、谈判等方式自行解决。但是有些公民在寻求私力救济过程中，会采取一些过激的方法，结果触犯了法律，不仅让自己维权受阻，还惹出了新的矛盾，得不偿失。

## 案情回顾

### 案例90：担保公司员工"抢"回抵押车辆

小王是某担保公司的员工，这天他接到公司的一项特别任务，要求他前往某市追回一辆与公司签有抵押借款合同的汽车。抵押借款合同中约定，由担保公司保管车辆有关证件，若抵押人不能在约定时间内归还借款，担保公司可行使抵押权。合同中还约定，在抵押期间车辆继续由抵押人使用，担保公司可在抵押车辆上安装GPS定位系统进行监控。

小王到该市后，通过GPS定位系统找到目标车辆，发现车辆早已被抵押人转卖给第三人。小王向公司报告了这一情况，公司认为在抵押车辆上安装的多个GPS很可能会被人为丢弃，如果不及时采取措施拿回抵押车辆就会失去对车辆的监控，于是向小王发出"想方设法追回抵押车辆"的指令。

小王经当地朋友介绍雇用了三名无业人员，并向三人表明自己担保公司员工的身份，四人商量采取"抢"的方法追回汽车。四人在当地租赁一辆汽车一路跟踪目标车辆，当目标车辆进入加油站停车加油时，小王和另外两人迅速上前拉开车门，一把将被害人从驾驶位拽出，导致被害人摔倒在地受轻伤。

小王等人驾车快速驶离加油站，被害人立即报警并呼叫同伴驾车追赶车辆。小王等人心中害怕，也选择报警求助，称被人追赶，可能遭受人身伤害。后警察在路口将小王等人查获。经查，被害人从抵押人手中低价购得车辆，但未办理车辆过户手续。检察机关以故意伤害罪对小王作出批准逮捕决定。

### 案例91：车主"偷"回自己被盗车辆

小刘的一辆车被盗，在报警后案件一直没有侦破。某天小刘在商场购物时意外发现，停车场有辆车与自己被盗的车辆极为相似，其中有道划痕让小刘感到格外熟悉，基本可以确定就是自己被盗的车辆。

为了印证自己的判断，晚上小刘拿着自己备用的车钥匙回到停车场，果不其然可以用备用钥匙打开车门正常启动车辆。小刘喜出望外，急忙驾车打算驶离停车场，结果在停车场闸口处因找不到停车卡而受阻，车场管理员不予放行。小刘几番解释未果后与管理员发生口角，管理员报警求助。警察到场后以涉嫌盗窃罪将小刘带到派出所调查。

后警方查明真相，并顺藤摸瓜将盗车犯罪嫌疑人抓获。经查，犯罪嫌疑人在盗得车辆后，通过伪造单证的方法通过二手车市场将车辆低价卖出。警察对小刘给予了批评教育，未追究其刑事责任。

## 以案说法

### 1. 以非法方式维权后果很严重

案例90、91是在采取自力救济维权过程中触犯法律的典型案例。原本是维护自身正当权益，由于当事人的不理智，采用"抢""偷"等不正当的方式，结果发生不可预料的严重后果。

案例90中，小王等人在维权过程中致人轻伤，要承担故意伤害罪的刑事责任，面临牢狱之灾；案例91中，小刘被带到派出所依法接受调查，人身自由受到限制，哑巴吃黄连，有苦说不出。

### 2. 以非法方式维权可能构成犯罪

相比于案例91，案例90的警示教育意义更大。

我国《刑法》规定，故意伤害他人身体的，处3年以下有期徒刑、拘役或者管制。在案例90中，小王等人追求的是维权的正当目的，但在维权过程中采取故意伤害他人身体的方法，造成被害人受轻伤的后果，依法构成故意伤害罪，应当追究刑事责任。

### 3. 抢劫罪、盗窃罪都必须要求以非法占有为目的

值得注意的是，案例90中小王等人基于使车辆脱离被害人实际控制的目的，当场使用暴力方法强行抢走车辆，貌似符合"抢劫罪"的犯罪模式。但从实质上看，小王在雇用当地三名无业人员时，已经明确表明其担

保公司员工的身份，目的是获得车辆控制权，主观上没有非法占有车辆的目的，缺少抢劫罪"以非法占有为目的"的构成要件。而且，当小王看到被害人追赶时主动报警求援，并没有逃避警方抓捕，也印证了其没有抢劫的故意，因此不构成抢劫罪。案例91中，小刘因为"偷"的是自己被盗的车辆，同样不具有"以非法占有为目的"，因此也不构成盗窃罪。

### 温馨提示

**1. 公民维权手段一定要合法**

小王、小刘的教训是深刻的，公民在维护自身合法权益时一定要注意方式方法，确保手段合法。

在案例90中，小王所在的抵押公司有抵押借款合同，合同中约定当借款人无法按约定归还借款时，担保公司可以直接上门拖车行使抵押权，因此担保公司是具有取得抵押物的合法依据的。

既然具有合法取得财物的权利，小王所在的公司完全可以通过诉讼的方式解决抵押权纠纷，也可以采取报警的方法扣押抵押车辆，还可以让小王等人采取合法方式将抵押车辆留置，万万不应当向小王发出"想方设法追回抵押车辆"这样不负责任的指令。

**2. 私力救济发生意外要及时报警求助**

案例91中小刘发现被盗车辆后，完全可以待在原地报警求助等待警方处理，却被一时的喜悦冲昏头脑，险些酿成大错。如果在维权过程中发生类似于案例90中的意外，造成他人受伤等严重后果的，会受到法律的追究。因此，个人维权一旦出现意外，应当立即报警求助，这是最理性，也是最有法律保障的维权方法。

**3. 以"抢、偷、骗"等非法手段维权有风险**

现实生活中，公民们还可能遇到各种类型的财产纠纷，公民在维权过程中一定要选择合理合法的手段。常见的非法维权手段有"抢""偷""骗"等形式，如果目的只是拿回原本属于自己的财物，则因为不具有"以非法占有为目的"，一般不作为犯罪处理。

但是，"抢、偷、骗"等非法维权形式都存在较大法律风险，一旦被对方识破，就会授人以柄。本来有理的事，因为"抢、偷、骗"这些非法因素的介入，也会变得有理说不清，使本来可以顺利解决的事情变得复杂，因此是不可取的。

## 🔗 法条链接

《中华人民共和国刑法》

**第二百三十四条**　故意伤害他人身体的，处三年以下有期徒刑、拘役或者管制。

犯前款罪，致人重伤的，处三年以上十年以下有期徒刑；致人死亡或者以特别残忍手段致人重伤造成严重残疾的，处十年以上有期徒刑、无期徒刑或者死刑。本法另有规定的，依照规定。

**第二百六十三条**　以暴力、胁迫或者其他方法抢劫公私财物的，处三年以上十年以下有期徒刑，并处罚金；有下列情形之一的，处十年以上有期徒刑、无期徒刑或者死刑，并处罚金或者没收财产：

（一）入户抢劫的；

（二）在公共交通工具上抢劫的；

（三）抢劫银行或者其他金融机构的；

（四）多次抢劫或者抢劫数额巨大的；

（五）抢劫致人重伤、死亡的；

（六）冒充军警人员抢劫的；

（七）持枪抢劫的；

（八）抢劫军用物资或者抢险、救灾、救济物资的。

**第二百六十四条**　盗窃公私财物，数额较大的，或者多次盗窃、入户盗窃、携带凶器盗窃、扒窃的，处三年以下有期徒刑、拘役或者管制，并处或者单处罚金；数额巨大或者有其他严重情节的，处三年以上十年以下有期徒刑，并处罚金；数额特别巨大或者有其他特别严重情节的，处十年以上有期徒刑或者无期徒刑，并处罚金或者没收财产。

## 5. 买房者遇到不良开发商恶意违约该怎么办？

随着我国经济发展和城镇化进程的加快，房价出现或涨或跌的现象不足为奇。但少数不良开发商受利益驱使，为了规避市场房价波动风险动起了歪脑筋，利用中介要起了花招，侵害买家利益。不良开发商是如何利用中介要花招的？买家该怎样破解开发商的"套路"？如果利益受到侵害又该如何见招拆招呢？

### 案情回顾

**案例 92：买房者与销售中介签约，不良开发商拒绝承认**

某房地产开发公司在某区开发了一座名为"假日花园"的楼盘。市民张某来到假日花园售楼部，经过一番讨价还价后决定以每平方米 13800 元的价格购买一套住宅。楼盘销售人员陈某拿出一份《假日花园高层洋房认购协议》与张某签约，协议约定 7 日后签订正式买卖合同，张某按照约定现场刷卡支付定金 8 万元。

到了约定时间，张某联系陈某要求签约，陈某却以种种理由推诿。一个月后陈某打电话通知张某，称开发商不接受认购协议，如果张某想要买房，必须以每平方米 16000 元的价格购买，并告知张某自己是房地产中介公司的员工，受公司委托以房地产开发公司名义销售。

张某经了解得知，受地铁规划等政策因素影响，该楼盘房价出现大幅上涨。张某找到房地产开发公司协商，房地产开发公司称其并没有与张某签订协议，也没有收取定金，陈某是房地产中介公司员工，其行为与本公司无关。张某这时才发现协议文本甲方一栏为"某房地产开发有限公司"，落款处却没有该公司的公章，只有陈某个人签名。定金收据上加盖的是"某房地产中介公司"印章，POS 机小票上也显示收款方为该中介公司。

张某又找到陈某，陈某称之前一直是由房地产中介公司代收定金，房地产开发公司是认可的，现在他们不同意卖，自己也没有办法，只能退还8万元定金给张某。张某不同意退还定金，向仲裁庭申请仲裁。当地仲裁委员会经审理判定，由房地产开发公司承担违约责任，向张某双倍返还定金共计16万元，房地产中介公司员工陈某不承担违约责任。

## 以案说法

### 1. 开发商是如何利用中介耍花招的？

案例92是一起典型的房屋买卖纠纷案。在已签订认购协议、买方已支付定金的情况下，受利益驱使，开发商单方面违约以追求利润的最大化，不仅严重违背商业诚信，也违反了相关法律规定。

案例92中，开发商为了让自己的楼盘卖出更高价，利用中介设置了一道屏障。通过分析案情，不难总结出不良开发商的"花招"套路：

（1）"幕后操控"。开发商不直接派出自己公司的销售人员，而是将楼盘销售工作委托给房屋销售中介公司，让中介公司直接面对客户销售，自己则隐居幕后，静观其变。

（2）"见风使舵"。当中介与客户达成合意，签署认购协议后，如果开发商对价格满意，则对签署的协议予以认可，接收中介代收的定金，正式出面与买家签订正式合同；如果恰好出现政策利好，房价上涨，则不承认中介签署的认购协议的效力，也不接受定金，把违约责任推给中介。

（3）"暗藏玄机"。开发商在售楼部向中介公司提供认购协议格式文本，却不在文本上加盖本公司公章。一方面委托中介在售楼部以自己的名义销售，另一方面却不对外公示与中介签署的委托销售授权协议。一旦出现纠纷，只同意退回买家的定金，自己没有任何损失。如此一来，不良开发商进退自如，在市场房价波动时牢牢掌握主动权，侵害的即是广大买房消费者的利益。

### 2. 开发商企图规避法律风险，玄机在哪里？

从法律上讲，不良开发商是利用合同的相对性来规避法律风险的。

所谓合同的相对性，是指合同关系发生在签订合同双方主体之间，合同的违约责任也只对签订合同的双方具有约束力。

具体在房屋买卖合同中，合同关系发生在卖方房地产开发商和买家消费者之间，如果一方违约，另一方只能向违约一方主张违约责任，而不能向合同之外的第三方主张违约责任。通俗来讲就是，谁签的合同找谁。

案例92中，房地产开发公司将中介公司推到前面，实际中介公司并不是房屋开发商，只是销售中介。一旦房价波动出现上涨，房地产开发公司便以签订合同的中介公司不是房屋所有者为由，不承认认购协议效力，"谁签的合同找谁"，让买房者去找中介。

而事实上，房地产开发公司与中介公司签订了《委托销售代理合同》，委托中介公司代为销售楼盘，中介公司实际上就是房地产开发公司的代言人。由此可见，不良开发商偷梁换柱，从而来欺骗消费者。

**3. 如何运用法律破解不良开发商的花招？**

破解不良开发商花招的关键就是，确认不良开发商与中介之间存在委托代理法律关系，让两者各归其位。

根据我国《民法典》规定，代理人在代理权限内，以被代理人名义实施的民事法律行为，对被代理人发生效力。也就是说，只要确认中介公司是在委托代理权限内，以房地产开发公司名义签订认购协议，那么该协议就对房地产开发公司产生法律效力，违约责任就要由其承担。

案例92中，房地产开发公司并没有将与中介公司签订的《委托销售代理合同》对外公示，也未告知消费者自己与中介公司之间的关系，给张某维权造成了不小的障碍。因此，掌握正确的取证方法是应对不良开发商的关键，张某可选择的取证方法有两种：

（1）争取中介公司的支持。由于中介公司也是受害者，因此张某可以晓以利害，联合中介公司共同维权，让其主动提供与房地产开发公司之间的委托代理协议。

（2）自行取证。中介公司可能基于种种顾虑不提供代理协议，那么张某可以自行举证证明自己有理由相信中介公司及陈某是代表房地产开发公司签约的。

我国《民法典》规定，相对人有理由相信行为人有代理权的，代理行为有效。张某刷卡支付定金的地点是在楼盘销售现场，协议格式文本上的甲方是房地产开发公司，陈某提供的名片上显示的是房地产开发公司销售经理，这些证据都能够有力证明，签约当时张某有理由相信陈某是房地产开发公司的销售代表，违约责任应由房地产开发公司承担。

### 温馨提示

**1. 买房签订购房协议要谨慎**

签订购房协议时一定要认真看清具体条款，从内容和形式两方面进行审查。

（1）在内容上，除了重点查看购房价格、履约时间等内容外，还要特别注意违约责任以及发生争议如何处理的约定。

（2）在形式上，要明确签订合同人的主体资格。如果是个人代表公司签订的，要加盖公章。如果没有加盖公章，个人签字的必须明确签字人的身份以及是否有公司的授权，最好加盖本人指模以示正式。

**2. 出现纠纷要妥善保全证据**

一旦出现纠纷，买房人要注意保管好合同协议文本、签订人名片、定金收据及 POS 机支付小票等证据。销售人员一般要求买房者交回协议文本、定金收据等资料后才同意退还定金，此时买房者为了减少损失，避免定金灭失的风险，可以交回定金收据复制件，但切不可交回协议文本原件，否则就会丧失进一步维权的关键证据。

这是因为，如果没有合同文本原件，就难以证明双方存在合同关系，对主张对方违约双倍返还定金十分不利，因此要妥善保管好协议文本等证据原件，为进一步维权做好准备。

**3. 在法律框架内依法主张自身权益**

在房屋买卖合同纠纷中，买房者处于相对弱势地位，维权之路并不平坦。出现纠纷时，买房者可以选择报警，让警方出面查清事实，搜集证据，给不良开发商施加压力，让其不敢任性违约。还可以向电视台、报纸媒体曝光，通过媒体报道施压，开发商基于商业声誉考虑，也不敢肆意违约。

值得强调的是，维权的方法有许多种，但无论采取何种方法，都必须在法律的框架内进行维权，切不可采用暴力或扰乱社会秩序的过激手段。

## 法条链接

《中华人民共和国民法典》

**第一百六十二条** 代理人在代理权限内，以被代理人名义实施的民事法律行为，对被代理人发生效力。

**第一百七十二条** 行为人没有代理权、超越代理权或者代理权终止后，仍然实施代理行为，相对人有理由相信行为人有代理权的，代理行为有效。

**第五百七十七条** 当事人一方不履行合同义务或者履行合同义务不符合约定的，应当承担继续履行、采取补救措施或者赔偿损失等违约责任。

**第五百八十七条** 债务人履行债务的，定金应当抵作价款或者收回。给付定金的一方不履行债务或者履行债务不符合约定，致使不能实现合同目的的，无权请求返还定金；收受定金的一方不履行债务或者履行债务不符合约定，致使不能实现合同目的的，应当双倍返还定金。

## 6. 明星代言广告，虚假宣传谁担责？

司法实务中查处的虚假广告、虚假宣传案件中，均有相当一部分涉及各领域的明星代言。虚假广告影响广泛，害人不浅，明星代言卷入其中无疑起到推波助澜的负面作用。那么，明星代言虚假广告责任该由谁承担？如果消费者受明星代言虚假广告蒙蔽导致利益受损，又该如何维权呢？

## 案情回顾

### 案例 93：明星代言产品涉嫌虚假宣传引发纠纷

现实生活中，存在不少明星代言保健品、药品、护肤品等商品的情况。有的明星频繁出现在电视、网络广告上宣传保健品，随药附赠的小册子里还有明星的宣传照片和签名；有的明星选择为药品代言，在广告中不停地反复强调药品"专业生产，品质保证，名牌产品，让人放心"，末尾还特别强调"我信赖"；还有的明星为日化美容产品代言，在广告中称产品美白效果十分明显，并晒出自己使用前后的美白效果，十分诱人。而实际上，许多明星代言广告的产品都涉及质量问题和虚假宣传，消费者在明星代言广告的鼓动下购买产品后，出现了不同程度损害身体的症状，引发不少法律纠纷。

## 以案说法

#### 1. 明星有偿代言虚假广告难辞其咎

众多广告商之所以出高价邀请明星代言广告，究其原因就是想借助明星的光环，利用消费者崇拜明星、爱屋及乌的心理，迅速打响产品的知名度，增加权威性，影响和引领消费时尚，进而促进产品的销售。

正常的广告借助明星效应本无可厚非，但有一部分不良商家受利益的驱使，明知自己的产品质量很一般甚至是存在质量问题，仍然一掷千金邀请明星代言进行虚假宣传。如果消费者基于对明星的信任和崇拜，选择购买了虚假广告推荐的产品，该明星又是有偿代言虚假广告的话，那么此时商家和明星都应当承担相应的责任。

#### 2. 代言虚假广告可能承担刑事责任

在司法实践中，构成虚假广告罪的一般是广告主、广告经营者、广告发布者，不包括代言明星。目前，明星代言虚假广告涉及的产品范围涵盖了保健品、药品和普通商品（化妆品）。我国《刑法》规定，广告主、广告经营者、广告发布者违反国家规定，利用广告对商品或服务作虚假宣传，情节严重的，处 2 年以下有期徒刑或者拘役，并处或单处罚金。因此，明星代言一般不承担刑事责任。

但是，在办案过程中，侦查人员也发现有的明星同时具有广告主、广告经营者或者广告发布者身份的情况，此时的明星就具有了双重身份，可以作为刑法惩罚的对象，因此明星制作、发布虚假广告的，本人也可能被追究刑事责任。

此外，我国《广告法》明确规定，医疗、药品、医疗器械广告不得含有表示功效、安全性的断言或者保证的内容，也不能利用广告代言人作推荐、证明。保健食品广告不得涉及疾病预防、治疗功能，声称或者暗示广告商品为保障健康所必需，更不能利用广告代言人作推荐、证明。因此，明星代言药品、保健品是被明令禁止的，一旦实施将依法承担相应法律责任。

### 3. 明星代言虚假广告可能承担民事责任

对于大多数不参与代言产品实际经营的明星来说，"不追究刑事责任"并不等于"不担责"，明星代言虚假广告宣传，可能承担民事责任。

我国《广告法》明确规定，关系消费者生命健康的商品或者服务的虚假广告，造成消费者损害的，其广告经营者、广告发布者、广告代言人应当与广告主承担连带责任。例如，明星代言化妆品广告，如果在明知广告利用特效技术的情况下，仍然坚持为其代言，则涉嫌虚假宣传，依法应当与广告主一同承担民事连带责任。

### 温馨提示

### 1. 消费者选择产品不能只看明星代言

明星代言广告，类似于以自己的明星形象为商品做了一次品质担保，因此其行为要受到法律的规范和约束。药品、保健品是关系消费者健康的产品，法律已明文规定明星不得代言。

如果明星明知是虚假广告而代言的，则可能成为相关犯罪嫌疑人的共犯，依法要受到法律的追究。明星免费代言广告，一旦商品出了质量问题，该明星如果尽到了基本的注意义务，可以不必担责。但是，如果该明星收取了酬劳，则必须对商品质量负责。

### 2. 消费者面对产品质量问题维权的方法

消费者如果不慎购买了明星代言的除药品、保健品之外的其他商品，并因产品质量导致自己的合法权益受损的话，该如何维权呢？

（1）消费者可以依法要求广告主承担民事赔偿责任。

（2）如果广告经营者、广告发布者不能提供广告主的真实名称、地址和有效联系方式，消费者还可以要求广告经营者、广告发布者先行赔偿。

（3）如果属于关系消费者生命健康的商品或者服务的虚假广告，造成消费者损害的，消费者可以向广告主、广告经营者、广告发布者、广告代言人一并提出主张，要求他们共同承担连带赔偿责任。

在司法实践中，消费者维权可以先与广告主进行协商索赔，在协商不成的情况下可以向产品质量监督部门、消费者权益保护部门举报或投诉，请有关职能部门依职权查处或介入主持调解索赔。如果上述维权手段仍不理想，消费者可以直接将经营者和代言者列为被告，向法院提起诉讼。

### 3. 明星代言不是重点，产品质量才是关键

明星作为公众人物，代言广告应当三思而后行，充分考虑代言风险，作出谨慎的选择。消费者也应当提高对广告的甄别能力，在选择产品时不能只看明星，而应当从产品本身的性能、质量、价格等多个角度对产品作出综合考量，避免产品质量带来的风险。

## 🔄 法条链接

#### 1.《中华人民共和国刑法》

**第二百二十二条** 广告主、广告经营者、广告发布者违反国家规定，利用广告对商品或服务作虚假宣传，情节严重的，处二年以下有期徒刑或者拘役，并处或单处罚金。

#### 2.《中华人民共和国广告法》

**第十六条** 医疗、药品、医疗器械广告不得含有下列内容：

（一）表示功效、安全性的断言或者保证；

（二）说明治愈率或者有效率；

（三）与其他药品、医疗器械的功效和安全性或者其他医疗机构比较；

（四）利用广告代言人作推荐、证明；

（五）法律、行政法规规定禁止的其他内容。

药品广告的内容不得与国务院药品监督管理部门批准的说明书不一致，并应当显著标明禁忌、不良反应。处方药广告应当显著标明"本广告仅供医学药学专业人士阅读"，非处方药广告应当显著标明"请按药品说明书或者在药师指导下购买和使用"。

推荐给个人自用的医疗器械的广告，应当显著标明"请仔细阅读产品说明书或者在医务人员的指导下购买和使用"。医疗器械产品注册证明文件中有禁忌内容、注意事项的，广告中应当显著标明"禁忌内容或者注意事项详见说明书"。

**第十八条** 保健食品广告不得含有下列内容：

（一）表示功效、安全性的断言或者保证；

（二）涉及疾病预防、治疗功能；

（三）声称或者暗示广告商品为保障健康所必需；

（四）与药品、其他保健食品进行比较；

（五）利用广告代言人作推荐、证明；

（六）法律、行政法规规定禁止的其他内容。

保健食品广告应当显著标明"本品不能代替药物"。

**第五十六条** 违反本法规定，发布虚假广告，欺骗、误导消费者，使购买商品或者接受服务的消费者的合法权益受到损害的，由广告主依法承担民事责任。广告经营者、广告发布者不能提供广告主的真实名称、地址和有效联系方式的，消费者可以要求广告经营者、广告发布者先行赔偿。

关系消费者生命健康的商品或者服务的虚假广告，造成消费者损害的，其广告经营者、广告发布者、广告代言人应当与广告主承担连带责任。

前款规定以外的商品或者服务的虚假广告，造成消费者损害的，其广告经营者、广告发布者、广告代言人，明知或者应知广告虚假仍设计、制作、代理、发布或者作推荐、证明的，应当与广告主承担连带责任。

### 3.《中华人民共和国消费者权益保护法》

**第四十五条**　消费者因经营者利用虚假广告或者其他虚假宣传方式提供商品或者服务，其合法权益受到损害的，可以向经营者要求赔偿。广告经营者、发布者发布虚假广告的，消费者可以请求行政主管部门予以惩处。广告经营者、发布者不能提供经营者的真实名称、地址和有效联系方式的，应当承担赔偿责任。

广告经营者、发布者设计、制作、发布关系消费者生命健康商品或者服务的虚假广告，造成消费者损害的，应当与提供该商品或者服务的经营者承担连带责任。

社会团体或者其他组织、个人在关系消费者生命健康商品或者服务的虚假广告或者其他虚假宣传中向消费者推荐商品或者服务，造成消费者损害的，应当与提供该商品或者服务的经营者承担连带责任。

## 7. 买卖假药会面临哪些法律问题？

随着我国市场监管力度的不断加大，市面上假货的生存空间越来越小。但受高额利润的驱使，一些不法分子仍然铤而走险，制售假货，牟取暴利。这其中尤以制售假药危害最大，影响最为恶劣，直接威胁消费者的生命健康，其历来是制假售假领域重点打击的对象。

### 案情回顾

### 案例 94：成人用品店销售假冒壮阳药

何某经营一家成人用品店，主要销售计划生育、情趣类用品。在经营期间经常有顾客想要购买壮阳类药物，让何某感到有利可图。

于是，何某陆陆续续从上门推销人员手中，以及批发市场内购进一批假壮阳药，并利用消费者购买计生、情趣用品的机会，趁机进行虚假宣传、推销假药，获利数万元。

经市场监督管理部门认定，何某经营的壮阳类药品只是普通的维生素，没有任何壮阳效果，均属于假药。后法院依法判处何某有期徒刑 1 年 2 个月，并处罚金人民币 1 万元，涉案假药依法予以没收销毁。

### 案例 95：连锁药店不看发票违规进药销售

黄小姐怀孕后身体出现不适，听医生朋友介绍说可以买一些保胎类药物自行服用。黄小姐找到附近的某医药连锁店，在店员的热情介绍下购买了一盒保胎药，没想到服用后不仅身体不适未见缓解，反而出现流产迹象，幸而后经医院及时诊治尚无大碍，黄小姐一气之下向药监部门举报。

后经查实，该店直接负责人陈某未履行药品质量审核义务，在未有合法发票的情况下购入三盒保胎药，并将其中一盒销售给黄小姐。

经鉴定，三盒药品所含成分与国家标准严重不相符，均为假冒产品。陈某被法院以销售假药罪判处有期徒刑 6 个月，并处罚金 2000 元。

## 以案说法

### 1. 什么是法律意义上的假药？

假药害人不浅，令人深恶痛绝，根据《药品管理法》的规定，假药包括：药品所含成分与国家药品标准规定的成分不符、以非药品冒充药品或者以他种药品冒充此种药品、变质的药品、药品所标明的适应症或者主治功能超出规定范围。案例 94 中的假药属于以非药品冒充药品，案例 95 中的假药则属于所含成分与国家标准不符。

此外，国家禁止使用的或未取得批准文号生产的，或者变质、被污染不能药用的药品，按假药处理。

### 2. 制售假药者，依法应当承担刑事责任

我国《刑法》明文规定，行为人主观上明知自己生产、销售的是假药，客观上实施了生产、销售假药行为的，依法以生产、销售假药罪论处。

行为人只要实施了生产、销售假药行为，就应当依法追究刑事责任，不以"足以危害人体健康危险"为要件，表明了打击制售假药犯罪行为的决心和力度，也对药品销售者承担的责任提出了明确要求。

### 3. 药店应当尽到充分审查药品的义务

在案例 95 中，药店作为药品销售渠道得到一般消费者的信赖，但药店负责人没有尽到应尽的审查义务，让假药得以流入药店销售，并使消费者身体健康受到侵害。而且，该药店销售的保胎药以孕妇为主要使用对象，根据相关司法解释的规定，生产、销售的假药以孕产妇、婴幼儿、儿童或者危重病人为主要使用对象的，应当酌情从重处罚。

司法实践中，不少药品销售企业负责人往往以自身不知为由主张减轻责任，法院一般会结合嫌疑人口供和行为综合认定其主观故意。案例 95 中，虽然药店负责人口供称不知是假药，但其并未采取审查发票等相关措施，随随便便就让药品上架销售，主观上具有放任危害结果发生的间接故意，属于故意犯罪的情形，依法应当承担刑事责任。

## 温馨提示

### 1. 假药屡禁不绝的原因

司法实务中，尽管公检法机关不断加大打击制造销售假药犯罪力度，但是假药问题依然屡禁不止。

在案例 94 中，涉及一种较为特别的假药——成人用品假药。司法实务中，有的成人用品店店主与何某一样，看到有利可图，认为假药虽假，但只要对人体健康不造成危害，"吃不死人"，就不会有什么影响；有的店主觉得这类药物消费者基于个人隐私方面的考虑，不会选择向有关部门举报，因此销售起来风险不大；还有的店主认为，如果一旦被查处，可以自己不知道销售的是假药来辩解，逃避法律责任。这些想法都是错误的。

由于假药利润颇高，正规药品和假药之间差价较大，隐含着巨大利益，因此让许多不法分子铤而走险。特别是随着网上购物的兴起，药品网上售价比实体渠道售价要低很多，经营假药的不法分子更青睐于从网上收购假药，心存侥幸，逃避法律监管。

### 2. 消费者要通过正规途径购药

消费者应当清醒地认识到假药的危害，对自身健康负责，养成通过正规途径购药用药的消费习惯。案例 94 中，受何某鼓动购买壮阳药物的消费者，大都是为了省钱省事，不加甄别，盲目购药，置自身健康于不顾；案例 95 中的黄小姐为贪图方便，不慎买到假药，险些酿成大错，教训深刻。

### 3. 不慎购买到假药要注意保留证据

消费者在发现买到假药时，应当妥善保全购买凭证、假药样品、包装等证据，并及时向药品监管部门举报，维护自身合法权益。如果消费者买到假药却碍于情面不去举报，只会助长犯罪分子的嚣张气焰，让更多的消费者受骗。监管部门应当有针对性地加大监管力度，特别是重点排查小型民营医疗机构、个体私营药店、成人用品店等经营场所，扩大监管范围，覆盖药品生产、批发等各个环节，揭露各类制售假药违法犯罪手法，引导公众从正当渠道购买正规药品。

## 法条链接

### 1.《中华人民共和国刑法》

**第一百四十一条** 生产、销售假药的，处三年以下有期徒刑或者拘役，并处罚金；对人体健康造成严重危害或者有其他严重情节的，处三年以上十年以下有期徒刑，并处罚金；致人死亡或者有其他特别严重情节的，处十年以上有期徒刑、无期徒刑或者死刑，并处罚金或者没收财产。

药品使用单位的人员明知是假药而提供给他人使用的，依照前款的规定处罚。

### 2.《中华人民共和国药品管理法》

**第九十八条** 禁止生产（包括配制，下同）、销售、使用假药、劣药。

有下列情形之一的，为假药：

（一）药品所含成份与国家药品标准规定的成份不符；

（二）以非药品冒充药品或者以他种药品冒充此种药品；

（三）变质的药品；

（四）药品所标明的适应症或者功能主治超出规定范围。

有下列情形之一的，为劣药：

（一）药品成份的含量不符合国家药品标准；

（二）被污染的药品；

（三）未标明或者更改有效期的药品；

（四）未注明或者更改产品批号的药品；

（五）超过有效期的药品；

（六）擅自添加防腐剂、辅料的药品；

（七）其他不符合药品标准的药品。

禁止未取得药品批准证明文件生产、进口药品；禁止使用未按照规定审评、审批的原料药、包装材料和容器生产药品。

**3.《最高人民法院、最高人民检察院关于办理危害药品安全刑事案件适用法律若干问题的解释》**

**第一条**　生产、销售、提供假药，具有下列情形之一的，应当酌情从重处罚：

（一）涉案药品以孕产妇、儿童或者危重病人为主要使用对象的；

（二）涉案药品属于麻醉药品、精神药品、医疗用毒性药品、放射性药品、生物制品，或者以药品类易制毒化学品冒充其他药品的；

（三）涉案药品属于注射剂药品、急救药品的；

（四）涉案药品系用于应对自然灾害、事故灾难、公共卫生事件、社会安全事件等突发事件的；

（五）药品使用单位及其工作人员生产、销售假药的；

（六）其他应当酌情从重处罚的情形。

## 8. 出借、冒用身份证或者使用虚假的身份证会面临哪些法律问题？

如今身份证已广泛应用于社会生活各个领域，成为我国公民最常使用的证明身份的证件。身份证虽小，却很容易引发法律纠纷。那么，当身份证丢失、被冒用、被伪造或者被他人借用时，都会产生怎样的法律后果？公民该如何妥善处理由身份证引发的法律纠纷呢？

 案情回顾

### 案例96：借身份证签劳动合同，发生工伤索赔遭拒

邹某借用老乡曾某的身份证与某公司签订了劳动合同，公司一直以曾某的名义为邹某购买社保。后邹某在工作中不幸遭遇工伤事故，经鉴定其伤残等级为四级。邹某向社保部门申请工伤保险赔偿时遭到拒绝，理由是购买社保的不是邹某本人。

出院后，邹某欲返回公司上班，公司认为邹某借用他人身份证签订劳动合同属于欺诈行为，合同应归于无效，不同意邹某返回公司上班。

双方协商不成，邹某向劳动仲裁部门申请仲裁，劳动仲裁庭最终裁决确认双方劳动关系解除，裁令公司支付邹某一次性伤残补助金差额2万元、经济补偿金3000元及赔偿金12000元。

### 案例97：身份证竟被他人冒用办理婚姻登记

赵某与女友到婚姻登记处办理结婚登记，没想到却被工作人员告知其已经办理过结婚登记，不能重复办理。赵某大惊，女友更是怒火中烧，大骂赵某是骗子。

后赵某经查询得知，一个陌生人冒用他的身份信息与他人办理了结婚登记。赵某认为婚姻登记处审查不严，让自己蒙受了不白之冤，侵犯了自

身权益，遂向婚姻登记处提出撤销冒用者登记行为，宣告其婚姻无效。

婚姻登记处表示，婚姻登记机关无法准确鉴定身份证真伪，拒绝作出撤销行为。赵某遂以婚姻登记处为被告向法院提请行政诉讼。

### 案例 98：以虚假身份证开户存款合同关系无效

黄某用自己的照片以"潘某某"的名义制作一张假身份证，之后便用该身份证在某银行存储多笔定期存款。其间，黄某以"潘某某"的名义陆续支取了部分存款，但有 6 笔存款尚未到期。

后黄某不慎将 6 张存单丢失，到银行办理挂失手续时被银行发现其使用假身份证。银行方面以黄某持假身份证为由拒绝办理挂失手续，并没收了黄某的假身份证。

双方多次交涉未果，黄某遂诉至法院。法院最终判令确认"潘某某"与银行的 6 笔存款关系无效，银行返还存款本金 136900 元。

### ☞ 以案说法

#### 1. 以虚假身份订立劳动合同无效，公司有过错的须补偿

每个公民都要对自己的行为负责。案例 96 中，邹某遭受工伤，本应由工伤保险基金向邹某支付赔偿款，但因为其以虚假身份信息签订劳动合同，根据我国《劳动合同法》的规定，以欺诈、胁迫的手段或者乘人之危，使对方在违背真实意思的情况下订立或者变更劳动合同的，劳动合同无效。邹某入职时提供虚假身份材料，属于以欺诈手段订立劳动合同，因此劳动合同归于无效，邹某无法享受工伤保险待遇。

但是，公司由于核实员工信息不严，也存在一定过错。根据我国相关法律法规的规定，用人单位在与劳动者签订劳动合同、办理社会保险等事项时，应该尽到必要的审查义务。若因其审查不严，导致劳动者以虚假身份信息无法获得工伤保险待遇的，公司也要承担部分责任。因此，公司要对邹某工伤承担部分责任，支付其一部分经济补偿金及工伤保险待遇款项。

#### 2. 冒用他人身份证骗得婚姻登记的行为可撤销

案例 97 中，婚姻登记处作为法定的婚姻登记机关，依照法律规定行使

婚姻登记行政职权，其作出的婚姻登记具体行政行为本质上属于行政确认行为。

婚姻登记处在接到结婚登记当事人的申请后，应当对当事人出具的证件、证明材料进行审查并询问相关情况，对符合结婚条件的，应当予以登记并发给结婚证。但是，婚姻登记处的审查只是形式意义上的审查，对当事人提供的证件、材料不具备真实性审查的条件和能力。

案例 97 中，第三人冒用赵某的身份信息，是导致婚姻登记处登记错误的主要原因。虽说错误登记的行为导致赵某无法登记结婚，但是婚姻登记处无权自行纠正。

当事人发现个人身份信息被人冒用于婚姻登记，可以依法申请行政复议或者提起行政诉讼。如果提起行政诉讼，法院经审理查明事实后，可依据行政法律法规的规定，依法判决撤销婚姻登记机关为冒用身份证人所作出的婚姻登记行为。

### 3. 利用虚假身份证开户，存款合同关系无效

案例 98 中，由于存款人必须以自己身份证上的真实姓名存款，而黄某使用名为"潘某某"的虚假身份证到银行办理存款，违反了个人存款账户必须实名制的相关规定，因此根据我国《民法典》相关规定，黄某与银行订立的存款合同违反了法律、行政法规的强制性规定，应认定为无效合同。

根据公安机关调查结论以及法院司法鉴定结果，黄某属于 6 笔定期存款的实际存款人，因此银行应当将 6 笔存款本金返还给黄某，但是无须支付利息。这是因为，银行并非专门的身份证件管理部门，对黄某在开户存款时出示的身份证件已进行了必要的审查，虽未能及时发现是假证件，但主观上并无过错。而黄某明知我国实行个人存款账户实名制，仍故意使用假身份证存款，因此导致合同无效的过错责任在于黄某。利息作为一种法定孳息，应以法律关系的成立和有效为产生条件，合同无效，利息就没有产生的合法依据。因此，黄某无权要求银行支付存款利息。

## 温馨提示

**1. 身份证丢失了怎么办？**

公民丢失居民身份证后，应当向常住户口所在地派出所申报丢失补领。公民办理丢失补领证件，相当于向公安机关告知证件丢失的事实，不需要另行办理挂失和登报声明。

**2. 身份证被冒用，本人是否要承担法律责任？**

居民身份证是公民法定的身份证件，公民在使用居民身份证证明身份时，各相关证件使用部门负有核对人、证一致性的义务，确认无误后方可为持证人办理相关业务。冒用他人居民身份证是违法行为，在依照国家规定应当提供身份证明的活动中，使用伪造、变造的身份证，或者盗用他人身份证，情节严重的，冒用者需要承担刑事责任。丢失证件者，一般无须对自己未实施的行为承担责任，不过为了避免因丢失身份证引起的不便和麻烦，还是应当妥善保管好自己的身份证。

**3. 身份证还可能涉及哪些违法行为？**

行为人使用虚假证明材料骗领居民身份证、非法扣押他人居民身份证，以及出租、出借、转让居民身份证都属于违法行为，需要根据不同情节承担不同法律责任；如果行为人冒用他人身份证导致相关损害发生的，当事人可以提起民事侵权诉讼，要求对方承担民事侵权损害赔偿责任；如果行为人实施了伪造、变造、买卖居民身份证的行为，则性质更为恶劣，具有严重的社会危害性，依法可追究行为人的刑事责任。

## 法条链接

**1.《中华人民共和国刑法》**

**第二百八十条**　伪造、变造、买卖或者盗窃、抢夺、毁灭国家机关的公文、证件、印章的，处三年以下有期徒刑、拘役、管制或者剥夺政治权利，并处罚金；情节严重的，处三年以上十年以下有期徒刑，并处罚金。

伪造公司、企业、事业单位、人民团体的印章的，处三年以下有期徒刑、拘役、管制或者剥夺政治权利，并处罚金。

伪造、变造、买卖居民身份证、护照、社会保障卡、驾驶证等依法可以用于证明身份的证件的，处三年以下有期徒刑、拘役、管制或者剥夺政治权利，并处罚金；情节严重的，处三年以上七年以下有期徒刑，并处罚金。

**第二百八十条之一** 在依照国家规定应当提供身份证明的活动中，使用伪造、变造的或者盗用他人的居民身份证、护照、社会保障卡、驾驶证等依法可以用于证明身份的证件，情节严重的，处拘役或者管制，并处或者单处罚金。

有前款行为，同时构成其他犯罪的，依照处罚较重的规定定罪处罚。

**2.《中华人民共和国民法典》**

**第一百四十六条** 行为人与相对人以虚假的意思表示实施的民事法律行为无效。

以虚假的意思表示隐藏的民事法律行为的效力，依照有关法律规定处理。

**第一百五十三条** 违反法律、行政法规的强制性规定的民事法律行为无效。但是，该强制性规定不导致该民事法律行为无效的除外。

违背公序良俗的民事法律行为无效。

**3.《中华人民共和国劳动合同法》**

**第二十六条** 下列劳动合同无效或者部分无效：

（一）以欺诈、胁迫的手段或者乘人之危，使对方在违背真实意思的情况下订立或者变更劳动合同的；

（二）用人单位免除自己的法定责任、排除劳动者权利的；

（三）违反法律、行政法规强制性规定的。

对劳动合同的无效或者部分无效有争议的，由劳动争议仲裁机构或者人民法院确认。

**4.《中华人民共和国行政诉讼法》**

**第七十条** 行政行为有下列情形之一的，人民法院判决撤销或者部分撤销，并可以判决被告重新作出行政行为：

（一）主要证据不足的；

（二）适用法律、法规错误的；

（三）违反法定程序的；

（四）超越职权的；

（五）滥用职权的；

（六）明显不当的。

5. 《中华人民共和国居民身份证法》

**第十六条**　有下列行为之一的，由公安机关给予警告，并处二百元以下罚款，有违法所得的，没收违法所得：

（一）使用虚假证明材料骗领居民身份证的；

（二）出租、出借、转让居民身份证的；

（三）非法扣押他人居民身份证的。

**第十八条**　伪造、变造居民身份证的，依法追究刑事责任。

有本法第十六条、第十七条所列行为之一，从事犯罪活动的，依法追究刑事责任。

后记 POSTSCRIPT

# 走向全民普法的新时代

社会生活日新月异，法律规定也在与时俱进。当中国社会昂首迈进新时代之时，依法治国的理念已逐渐成为公众共识。

各类法律法规不断健全、频繁亮相，网络新闻媒体对法治事件的宣传范围之广，引发的关注度之高、影响力之大，前所未有。在这样的时代背景下，作为法律人不禁感慨：全民普法也迎来了新时代、新机遇。

本书密切关注高空抛物、校园欺凌、网络主播等社会热点问题，既是以问题为导向，也是回应时代发展的法律需求。我们自参加工作以来，一直从事法律实务工作，每时每刻都在感受时代的脉搏，保持着学习的状态，不敢有丝毫懈怠。其实并不是我们有多么的勤奋和自律，而是不学习就无法满足工作的实际需要。社会不断在发展，法律也在持续更新迭代，各种错综复杂的法律问题摆在面前，作为法律人有责任、有义务去正视和解决，怎能熟视无睹、视而不见呢？

不学习，不知道。不普法，又怎能期待社会公众自然而然知法、懂法、用法呢？

作为检察官，能够运用自己的专业知识，把一些典型的、热点的法律问题挑选出来，然后用通俗易懂的语言解读清楚，这是我们能够做到的事，而且是可以努力做好的事。

从某种意义上讲，每个法律人都有责任致力于法律知识的传播，力所能及地开展普法工作。哪怕是与亲友的一场交谈，与邻居的一次闲聊，与同学的一场聚会，都有可能成为一个普法的场景和契机。

用专业架起法律与公众之间沟通的桥梁，消除公众对法律理解上的误区，解决生活中常遇到的法律问题，对提升公民法治意识、营造社会法治氛围都具有十分积极和重要的意义。

这本《生活法律指南》几经修改，顺利出版，恰逢我们分别从事检察工作二十年、十二年。多年的写作积累孕育出《做自己的法律顾问》《公民法律思维养成50讲》和这本"指南"。

虽然"指南"略显单薄，但我们坚信，在普法写作生涯中，这只是一个逗号或顿号。在我们检察生涯新的时间节点上，期待以这本"指南"为新起点，不断去开拓普法更为广阔的天地，遇见更多、更新、更好的作品。

特别感谢我们各自所在的广东省人民检察院、广州市黄埔区人民检察院对我们多年的培养和支持，感谢广东检察官（培训）学院、广东省职务犯罪检察（深圳）研究中心为我们学习成长提供的平台，以及各位领导、同事、朋友们对我们的关心和鼓励，还有家人在我们背后默默地支持和奉献。

感谢中国法制出版社和王佩琳编辑对本书出版付出的辛勤汗水。

感谢您选择了本书，选择对我们的信任。只争朝夕，时不我待，让我们携手一起走向全民普法的新时代。希望本书能够给您带来愉悦的阅读体验，期待与您再次相会。

**图书在版编目（CIP）数据**

生活法律指南：以案说法版 / 李涛，李丹萍著 . —
北京：中国法制出版社，2023.9

　　ISBN 978-7-5216-3409-9

　　Ⅰ . ①生… Ⅱ . ①李… ②…李　Ⅲ . ①法律-案例-
中国　Ⅳ . ①D920.5

　　中国国家版本馆 CIP 数据核字（2023）第 082803 号

责任编辑：王佩琳（wangpeilin@ zgfzs.com）　　　　　封面设计：周黎明

---

**生活法律指南：以案说法版**

SHENGHUO FALÜ ZHINAN：YI AN SHUO FA BAN

著者/李涛，李丹萍

经销/新华书店

印刷/三河市紫恒印装有限公司

开本/710 毫米×100 毫米　16 开　　　　　　　　印张/ 17.25　字数/ 201 千

版次/2023 年 9 月第 1 版　　　　　　　　　　　　2023 年 9 月第 1 次印刷

---

中国法制出版社出版

书号 ISBN 978-7-5216-3409-9　　　　　　　　　　　　　　　定价：58.00 元

北京市西城区西便门西里甲 16 号西便门办公区

邮政编码：100053　　　　　　　　　　　　　　　　传真：010-63141600

网址：http：//www.zgfzs.com　　　　　　　　编辑部电话：010-63141836

市场营销部电话：010-63141612　　　　　　　　印务部电话：010-63141606

（如有印装质量问题，请与本社印务部联系。）